融合报道培训教程

徐　踊　李　韧　夏宗斌　主编

光明日报出版社

图书在版编目（CIP）数据

融合报道培训教程 / 徐踊，李韧，夏宗斌主编. 北京：光明日报出版社，2025. 2. -- ISBN 978-7-5194-8499-6

Ⅰ. G212

中国国家版本馆 CIP 数据核字第 2025PE1088 号

融合报道培训教程

RONGHE BAODAO PEIXUN JIAOCHENG

主　　编：徐　踊　李　韧　夏宗斌

责任编辑：周文岚　　　　策　　划：高　栋
封面设计：吴　睿　　　　责任校对：张　丽
责任印制：曹　净

出版发行：光明日报出版社
地　　址：北京市西城区永安路 106 号，100050
电　　话：010－63169890（咨询），010－63131930（邮购）
传　　真：010－63131930
网　　址：http：//book. gmw. cn
E － mail：gmrbcbs@gmw. cn
法律顾问：北京市兰台律师事务所龚柳方律师

印　　刷：华睿林（天津）印刷有限公司
装　　订：华睿林（天津）印刷有限公司
本书如有破损、缺页、装订错误，请与本社联系调换，电话 010－63131930

开　　本：170mm×240mm　　　　印　　张：14.5
字　　数：237 千字
版　　次：2025 年 2 月第 1 版
印　　次：2025 年 2 月第 1 次印刷
书　　号：ISBN 978-7-5194-8499-6

定　　价：78.00 元

前　言

为更好地开展通讯员融媒体培训，《中国城镇水务》报社与西南政法大学媒介素养科普基地、西南政法大学新闻传播学院达成战略合作意向，作为合作的一项重要内容，双方决定针对媒体发展新形势和宣传工作新要求，编写一本融合报道培训教材。基地组织学院新闻学教研室、网络与新媒体教研室、省级实验教学示范中心、新媒体中心的专家学者、硕博士研究生一起组成编写小组，会同《中国城镇水务》报社的采编团队调研、探讨，最终形成了今天大家拿到手上的这本《融合报道培训教程》。

如今，传媒生态格局日新月异，行业媒体转型大势所趋，融合报道已成为全媒体时代的主要形态。本教程旨在帮助读者认识融合报道生态，掌握融合报道的策划理念和制作方法，围绕新媒体时代融合报道的变革与创新，以及融合报道的具体实践流程，学习和掌握融合报道的新闻策划形式，领悟融合报道的采写流程创新。本教程梳理了融合报道编辑的基本要求和实操工具，以及不同媒体技术在融合报道中的应用，并对融合报道的法律治理和政策进行了讨论，以供读者更深入地理解和学习。

本教程引用的很多新闻报道案例，来自各类公开出版物和互联网，我们对于原作者表示衷心的感谢。本书所引著述和参考文献尽可能查找到原始出处，并予以标注。但百密一疏，如有引注错误或疏漏，欢迎来函指出。我们热忱地欢迎本教程的使用者提出宝贵的意见和建议，帮助我们改进。

2024 年 5 月

目　录

第一章　融合报道导言①

【内容提示】

随着工业 4.0 时代的到来，处于第四次新技术革命中的互联网技术、移动通信技术以及社交媒体平台迅速发展，信息传播方式发生了根本性的变革。传统媒体（如报纸、广播、电视）面临着新兴媒体（如网络新闻、移动应用、社交媒体）的挑战，为了适应这种技术变革，传统媒体需要与新兴媒体融合，生产出融合新闻，融合报道应运而生。本章主要内容：①融合报道的概念和起源；②融合报道的特点和优势；③融合报道在新闻传播中的应用；④融合报道的发展现状及趋势。

第一节　融合报道的背景

新兴科技的迅猛发展，互联网的出现已打破报纸、广播、电视传统媒体三足鼎立的局面，成为第四媒体。互联网的发展也给传播方式带来了革命性的变革。在媒介融合的大背景下，融合新闻应运而生，随之融合报道也逐渐代替传统的单一报道模式，越来越受重视。

一、媒介融合与融合新闻

提及融合报道，就必须了解媒介融合。“融合”一词于 20 世纪 70 年代被引入新闻传播学领域。1978 年，美国麻省理工学院尼古拉斯·尼葛洛庞帝教授认为计算机工业、出版印刷工业和广播影视工业存在着一种相互交融

① 本章由李韧教授和博士研究生宋菲编写。

的发展趋势，而三者交融的部分将成为成长最快、创新最多的领域。[①]

（一）媒介融合概念的提出

1983年，美国马萨诸塞州理工大学伊契尔·索勒·普尔教授率先提出了“Media Convergence”（媒介融合）的概念。他认为，“媒介融合”就是各种媒介呈现出多功能一体化的发展趋势，历来划分清晰的传播形态聚合是由数字电子科技的发展导致的。随后，美国哈佛大学的安瑟尼·G. 欧廷格教授和法国的西蒙·诺拉教授、阿兰·孟克教授还分别创造了“Compunication”（计算机通信）和“Telelmatiqu”（电信技术）两个概念，试图全方位地反映数字融合发展趋势。[②]

随着时间的推移，媒介融合的概念逐渐扩展，涵盖了更广泛的媒介要素的结合、汇聚和融合。媒介融合体现在多个维度，一是媒介形态的融合。指不同传统媒介形态（如报纸、广播、电视）的融合，以及崛起的新兴媒介（如互联网、移动设备），这些媒介之间相互借鉴和融合，形成新的媒介形态。二是媒介功能融合。媒介融合不仅仅是媒介形态的物理合并，还包括了媒介的功能性整合，比如，编辑、报道、分发等新闻生产流程的融合。三是传播手段的融合。随着数字技术的发展，不同的传播手段（如卫星、电缆、互联网）变得相互兼容，为媒介内容的传播提供了更多选择和可能性。四是所有权的融合。媒介所有权和结构的改变，包括传统媒体与新兴媒体之间的资本融合，以及媒体集团之间的合并与收购。五是组织结构的融合。在媒介融合的背景下，媒体组织的结构和运营模式也在发生变化，传统的新闻编辑室开始采用跨媒介、跨平台的运作方式。六是文化的融合。媒介融合还带来了不同文化形式和内容的融合，不同的文化元素和价值观念通过媒介融合得以交流和传播。

媒介融合的驱动力主要来自技术进步、市场变化和受众需求的演变。技术进步使得媒介之间的界限变得模糊，市场变化要求媒体提供更丰富、更便捷的服务以满足受众需求，而受众需求的多样化则推动了媒体提供多样化的内容和服务。

---

① 罗杰·菲德勒．媒介形态变化：认识新媒介［M］．明安香，译．北京：华夏出版社，2000：45—46.

② 王晓宁．融合新闻传播新论［M］．南京：南京师范大学出版社，2020：2.

（二）媒介融合下的融合新闻

在媒介融合的大背景下，新闻媒体开始对新闻生产与传播进行统一规划，对新闻资源进行优化，利用技术手段通过不同的渠道进行有效传播，“融合新闻”也应运而生。

美国“背包记者”先驱人物、著名的融合新闻学者简·斯蒂文斯给出了“融合新闻”的定义。他认为，融合新闻即文本、照片、视频、音像、图表以及互动性的集合体，它以非线性结构出现在新闻网站上，不同媒介的内容相互补充且不重叠。[①]

作为一种全新的新闻形态，融合新闻充分利用了数字技术，将文字、声音、图片、视频等多种媒体元素融合在一起，以满足现代受众多样化的信息需求和交互体验，提高新闻报道的价值和效果。

融合新闻突破了传统媒体之间的界限，实现了各种媒介资源的整合。新闻采编流程进行了重新规划，实现了资源共享和优势互补，提高了新闻报道的效率和质量。

数字技术和通信技术的持续发展，已经让媒体传播终端展现出明显的数字化倾向。众多的电信和互联网服务提供商进军传播终端领域，他们与传统媒体紧密结合，共同推出了多样化的数字移动终端。这些使得新闻内容能够更迅速、更简便地渗入人们的日常信息获取中。借助多媒体技术的力量，文字、声音、图片、视频、超链接以及 GPS 位置信息等多元要素被无缝整合，为新闻带来了更加丰富多彩的视觉呈现，极大地提升了其传达效果。

融合新闻满足了现代受众个性化、互动性强的信息需求。受众不再是被动的信息接收者，而是能够主动从各种媒介中筛选出自己所需信息的参与者。这种交互式的传播模式赋予了受众在信息选择方面更大的主动权，使他们能够根据自己的兴趣、需求和偏好来定制个性化的信息内容。

融合新闻的出现，使得新闻信息更全面。通过融合来自不同渠道和来源的新闻信息，可以获得更加全面和丰富的信息，使新闻报道更具有说服力。

融合新闻也使得信息更客观，避免单一来源或渠道的报道带来的偏见和片面性，从而更客观地反映事件的真相和多方面的观点。

同时，融合新闻也使得报道效率进一步提升。将不同来源的信息整合在

---

① 徐明华．融合新闻报道［M］．武汉：华中科技大学出版社，2019：12.

一起，避免冗余和重复的报道，从而提高报道的效率和效果。将不同来源的新闻信息进行整合和分析，从而形成更有价值的新闻故事，增加新闻的阅读价值和影响力。

融合新闻可以将来自不同渠道和来源的信息进行整合和分析，加快新闻的传播速度，提高新闻的时效性和新闻媒体的竞争力。融合新闻还可以将不同来源的新闻信息整合在一起，从而拓展新闻报道的深度和广度，反映事件的多方面观点和影响。

二、中国互联网的发展与报业的转型

在我国，融合新闻的发展是随着互联网的发展而发展的。同时，随着网络的发展，传统报业面临生存危机，亟须转型升级，融合报道的意义也逐渐凸显。

（一）互联网融入大众生活

1987 年，中国科学家钱天白教授发出了第一封电子邮件，这标志着中国互联网的诞生。1994 年 4 月 20 日，中国正式接入国际互联网，开启了中国互联网发展的新篇章。此后的 30 多年时间里，中国互联网开始飞速发展，成为大众生活不可或缺的一部分。

尤其是进入 2000 年，中国互联网实现了爆发式增长。互联网应用领域不断拓宽，从最初的电子邮件、在线聊天，发展到电子商务、在线娱乐、社交媒体等。中国互联网用户数量迅速增加。

随着智能手机的普及和移动通信技术的发展，移动互联网成为主流。微信、微博等社交媒体平台的出现，推动了中国互联网的进一步普及和深化。移动互联网的发展，使中国互联网用户规模达到全球领先水平。

2010 年以后，随着大数据、云计算、人工智能等新技术的广泛应用，中国互联网已经迈入了数字经济的新时代。在这一时代中，数字技术深度渗透到经济社会的各个领域，推动着中国互联网的持续创新与发展。

互联网的发展，随之而来的是新闻生产方式的变革。互联网技术的更迭为融合报道提供了技术基础和平台。随着互联网技术的不断进步，多媒体传播、实时互动、数据挖掘等技术手段日益成熟，使得新闻报道能够更加丰富、实时和互动，为融合报道的实现提供了可能。

互联网的发展推动了传统媒体与新兴媒体的融合。在这个过程中，报纸、广播、电视等传统媒体与互联网等新兴媒体之间的界限越来越模糊，新闻采集、编辑、发布等流程发生了变化，形成了跨媒体、跨平台的融合报道模式。

在互联网环境下，受众对新闻信息的需求更加多样化、个性化，体现了较强的互动性。融合报道能够满足这些需求，通过整合不同媒体的优势，提供更加全面、深入和多元的新闻内容，增强受众的阅读体验。

在全球化背景下，互联网的发展使得信息传播更加迅速和广泛，舆论引导的重要性日益凸显。融合报道作为一种高效的传播方式，可以帮助媒体更好地进行舆论引导，传播社会主义核心价值观，维护社会稳定。

（二）报业转型的现实需要

2005 年，中国报业遭遇拐点。8 月 26 日，作为“中国传媒海外第一股”的北青传媒公布截至 6 月底的半年业绩，上半年净利润 17 万元，较去年同期的 6630.9 万元大降 99.7%；营业收入总计 3.683 亿元，较上年同期的 5.138 亿元下跌 28.32%。[①]

而后十余年的时间里，报业一直面临着读者缺失、广告发行等业务营收整体下滑的局面。具体而言，互联网和移动设备的普及使得人们获取信息的方式发生了根本性变化。相比传统报纸，新媒体提供了更快、更便捷、更多元化的信息获取渠道，吸引了大量受众，这直接导致了报纸阅读率的下降和广告收入的减少。年青一代更倾向于使用社交媒体和其他数字平台来获取新闻和信息，这使得传统报业在年轻群体中的影响力下降。

新媒体的互动性和即时性使得信息的传播更为迅速和广泛，而报纸的传播效果相比之下显得较为单一和缓慢。随着广告商的流失和订阅量的减少，传统报业面临着巨大的经济压力。为了保持运营，报业不得不寻求新的商业模式和收入来源。

大数据、云计算、人工智能等技术的发展，信息的生产、编辑和分发方式发生了变革，传统报业必须适应这些技术变化以提高效率和竞争力。

报业转型不仅是为了生存，更是为了在新的媒体环境中保持和增强其社会影响力，报业转型迫在眉睫。任何人都难以与大趋势抗衡，即便是之前不

---

① 吴海民．媒体变局：谁动了报业的蛋糕？——关于报业未来走势的若干预测 [J]．中国报业，2005（11）：23.

愿转型的一些媒体，在如此大的压力下，也不得不顺应互联网发展，开始走上具有革命意义的转型之路。

传统报业在转型发展中，融合报道占据重要地位。随着互联网和移动设备的普及，信息传播渠道发生了根本性变化，新兴的数字媒体如博客、社交网络、新闻应用等提供了更快、更互动的信息服务。传统报业面临着巨大的竞争压力，融合报道可以整合不同媒介的优势，提升竞争力。

现代受众对新闻的需求更加多元化和个性化，他们希望获得即时、互动且富含多媒体元素的新闻体验。融合报道能够结合文字、图片、视频、数据等多种元素，提供更为丰富和立体的新闻内容，更好地满足受众的需求。

融合报道可以通过多种渠道和平台传播，包括印刷媒体、网站、移动应用、社交媒体等，这样可以扩大新闻的覆盖范围，提高新闻的传播效率和影响力。

报业转型需要探索新的商业模式以适应数字时代。融合报道可以吸引更多的广告商和投资者，因为它能够提供更多的广告位置和更高效的广告效果，同时也为付费内容、定制服务等创造了可能。

融合报道对于新闻机构提出了新的要求，即在采编、发布等各个环节实现跨部门、跨媒介的紧密协作。这种协作模式有助于消除传统报业内部存在的隔阂与壁垒，推动知识与资源在不同部门、不同媒介之间的自由流动与共享，从而显著提升新闻机构的工作效率，更好地适应数字化时代的需求。通过融合报道，报业可以更好地塑造和维护品牌形象。提供高质量、多形式的新闻内容有助于树立专业、权威的品牌形象，增强受众的忠诚度。

在转型过程中，报业需要遵守相关的法律法规和行业标准。融合报道有助于报业更好地适应监管要求，通过合法合规的方式提供新闻服务。

报业转型需要融合报道来应对多方面的挑战，融合报道是报业在数字时代生存和发展的重要策略之一。

三、融合报道产生的基础

融合报道的产生是技术、政策、市场等多方面因素的综合作用，这些也为推动融合报道的发展提供了坚实的基础。

（一）技术基础

互联网技术的飞速发展和移动通信技术的普及为融合报道提供了技术支

撑。云计算、大数据、人工智能等技术的应用使得新闻内容的生产、编辑和分发变得更加高效和智能化。这些技术手段为新闻媒体提供了新的工作方式和工具，使得传统媒体与新媒体的融合成为可能。

融合报道充分利用了数字移动通信技术的优势，其意义不仅局限于信息的传输和接收过程，更体现在反馈和互动机制上。这种技术革新催生了新型的新闻传播和生产方式，如移动端首发和移动直播等，它们极大地丰富了新闻报道的多样性，提升了受众的参与感和体验度。通过这些方式，融合报道能够更好地适应数字化时代的需求，满足受众对于快速、便捷获取新闻信息以及实时参与互动的需求。

互联网平台所提供的大数据、云计算等先进技术，为融合报道的精确性提供了坚实的技术支撑。通过大数据的分析和挖掘，新闻机构能够更准确地把握受众的需求和兴趣，实现个性化的内容推送。云计算的强大计算能力，使得新闻机构能够高效处理海量数据，提升新闻报道的时效性以及报道的深度。同时，互联网平台也为新闻的产生、传播、接收和反馈提供了技术支持。

多种媒体传播方式的融合使得新闻产品呈现出多样化的界面效果。同时在融合报道的生成、传播、接收、反馈和互动过程中，社交媒体和自媒体被得以优先考虑。

（二）政策支持

政府对媒体融合的政策支持和引导是融合报道发展的关键外部因素。国家对媒体融合发展给予了高度重视，出台了一系列政策文件，为融合报道提供了有力的政策支撑。这些政策文件明确了媒体融合发展的战略地位和任务目标，为媒体开展融合报道提供了指导和保障。在政策的支持下，融合报道在我国得到了迅速发展，为提高新闻传播效果和舆论引导能力发挥了重要作用。

2014 年 8 月 18 日，中央全面深化改革领导小组第四次会议审议通过了《关于推动传统媒体和新兴媒体融合发展的指导意见》；2020 年 9 月，中共中央办公厅、国务院办公厅印发了《关于加快推进媒体深度融合发展的意见》，从重要意义、目标任务、工作原则三方面明确了媒体深度融合发展的总体要求。

不仅如此，安徽、四川等地出台了《媒体融合发展行动计划》等政策措施，对媒体融合发展的具体举措进行了细化，提出了具体的目标和任务，支持本地区媒体融合发展。这些计划和措施为融合报道提供了实践指导，推动了融合报道的实践探索。

（三）市场需求

融合报道的市场需求主要来自受众对多元化、高质量新闻报道的渴望，以及媒体对提升品牌影响力、扩大市场份额的追求。

随着互联网的普及和移动通信技术的发展，受众对新闻报道的实时性要求越来越高，同时单一的报道方式已经无法满足受众的信息消费习惯和日益多样化的需求，他们更希望通过多种媒体形式（如视频、音频、图表等）来获取新闻信息。基于此，融合报道借助互联网和移动社交媒体的优势，利用新媒体技术手段来满足受众对新闻报道的需求。

在信息爆炸的时代背景下，传统媒体和新媒体都在寻求创新和突破，以提高自身的竞争力。融合报道作为一种新兴的报道形式，能够提高媒体的传播效果，增强媒体的市场影响力。不仅如此，融合报道能够帮助媒体机构打造更具影响力和传播力的品牌形象。通过整合多种媒体资源和传播渠道，媒体机构能够制作出更为专业的新闻产品，从而提升自己在受众心中的认知度和美誉度。

第二节　融合报道的定义

随着互联网技术的不断发展，媒介技术的不断创新，融合报道也应运而生。融合新闻让融合报道成为一种新的传播方式。

融合报道是在数字化移动通信技术和互联网信息平台的强大支撑下产生的一种新闻传播方式。它通过多媒体采集、统一平台加工、全媒体发布以及用户互动等创新手段，打破了传统媒体与新兴媒体之间的固有界限，形成了一种全新的、多元化的新闻传播模式。融合报道充分利用了数字移动通信技术和互联网信息平台的优势，将文字、图片、音频、视频、H5、VR、AI等多种元素融合在一起，根据新闻自身的特点，选择最适宜的媒介手段进行报道，使新闻产品呈现出多样化的表现效果。

融合报道体现了信息传播由大众传播向人际传播转移和回归的趋势。其主要特点是以数字移动通信技术的应用为基础，在新闻传送、接收、互动等各个环节都有体现，并催生出移动端和移动直播等；以互联网信息平台为依托，大数据、云计算等技术为融合报道的精确性提供了有力支持；以不同媒体传播方式方法的融合为标志，整合不同媒体的传播方式和方法，将多种元素融合在一起；以社交媒体和自媒体为优选，以社交媒体和自媒体为首选平台进行新闻生产和传播。

融合报道的兴起对新闻业产生了深远影响，不仅改变了新闻报道的传播理念，还影响了新闻传播理论、舆论和技术等深层次领域。在新媒体的背景下，融合报道成为主流媒体拓展新媒体空间的一种常态，推动了新闻业的创新和发展。

一、融合报道的传播特点

随着新媒体技术的发展，与传统报道相比，融合报道在传播方式上也发生了改变，它将新闻的生产与传播精准化，进而提升了新闻报道的传播力、引导力、影响力和公信力。

（一）传播主体的多元性

从传统意义上来讲，大众传播是由专业化的媒介组织运用先进的信息技术和产业化的手段，以社会上一般大众为对象而进行的大规模的信息生产和传播的活动，并进而提出大众传播的第一个特征就是大众传播的传播者是从事信息生产和传播的专业化的媒介组织。[①]在融合新闻的传播中，传播者不再是单一的主体，也不再掌握唯一的信息来源，大众都可以参与到新闻的生产中，与从事信息生产和传播的专业化媒介组织共同构成融合报道的传播主体。

随着互联网信息技术的迅猛发展，大众获取信息的渠道也越来越宽，“新闻受众”的界定也逐渐模糊。没有纯粹的受众主体，也不存在单一的传播主体，受众主体和传播主体的身份限定也逐渐模糊，受众也开始向用户进行角色转变。融合报道中，大众既可以是新闻的参与者，也可以是新闻的记录者，人人都是自媒体。

同时，融合报道给媒体行业带来了前所未有的挑战。报纸、广播、电视等媒体记者纷纷由只掌握单一技能的记者转型为能够熟练掌握文字采写、摄

---

① 郭庆光．传播学教程［M］．北京：中国人民大学出版社，2011：23.

影、视频拍摄、制作等多项技能的全媒体人才，以便适应新的传播环境，满足融合报道需求。

（二）传播元素的整合性

将多媒体元素进行整合是融合报道的一大特征。在当前的碎片化阅读时代，“快餐式新闻”正潜移默化地影响着大众的阅读习惯。但是，对大部分受众来说，他们除了要及时了解新闻，对于新闻事件的深层次分析和解读也是他们的所需。如何平衡深度报道和快速阅读习惯之间的关系？这就需要综合运用文字、图片、视频等多种媒介元素，根据新闻内容的特点选择最适宜的表现形式。突破技术限制，选择最适合的内容表达形态，实现新闻报道内容与形式的最佳匹配。例如，文字能够提供详细的信息和深度分析，对于需要大量信息传递的新闻事件，以文字报道为主，以其他报道为辅；图片能够生动展现瞬间场景，传递视觉冲击力，视频则能够给人以身临其境的现场感，那么对于需要直观展示现场情况的新闻，则使用图片或视频报道。

以第33届中国新闻奖融合报道一等奖作品《深蓝！深蓝！》为例，2022年4月22日，人民海军首部航母主题宣传片《深蓝！深蓝！》在中国军号平台上发布。它通过视频的方式展现人民海军的雄威，其拍摄手法丰富多元，许多珍贵镜头都是第一次出现，全片具有很强的视觉感和冲击力，使观众身临其境，获得了一次较强的视觉体验。

（三）传播技术的创新性

技术的迭代更新改变了人们的生活方式，同时也改变了大众的传播方式。在融媒体时代，融合报道借助于数字移动通信技术和互联网信息平台，通过大数据、云计算等技术，展现了其强大的跨媒介、跨平台传播优势。这些数字技术，为融合报道提供了丰富的新闻背景资料。通过对这些资料进行分析和处理，可以获取更全面、更准确的新闻信息，使报道和传播更具精准性。

数字移动通信技术，使融合报道被赋予鲜明的“移动化”特色。体现在传播过程中报道的移动端首发，实现了移动直播。同时，在新闻接收、受众反馈和互动交流等各个环节，也展现了移动通信技术的便捷和高效。以2022年6月14日中央广播电视总台播出的《三星堆新发现｜古蜀国的青铜时代》融媒体直播特别节目为例，该直播打破了传统直播中单一的画面传送的传播方式，而是在直播的过程中借助云渲染技术，将三星堆考古发掘大棚、数字博物馆以及古蜀王国等场景呈现在受众面前，受众得到了沉浸式的新闻场景体验，这也是国内首次打造的新闻场景沉浸式数字直播现场。同时，公众通过扫描大屏直播挂出的二维码即可登录《三星堆奇幻之旅》大型数字交互空间，以“穿越”的方式梦回3000多年前的古蜀王国，近距离感受古蜀国在青铜器技艺上的辉煌成就。这个报道虽然是以直播为主，但是融合了多项新媒体技术，以全新的传播方式，构建起三星堆文化与公众之间的“超级链接”。

（四）传播效果的直观性

与传统报道相比，融合报道因为充分依托互联网平台，利用新媒体技术实现了新闻信息的快速传播和广泛覆盖，使之具有更广泛的受众群体，能够更好地满足不同用户的个性化需求。融合报道的多种传播形态，使新闻信息更加生动、形象、立体，更好地吸引大众的注意力，增强传播效果的直观性，便于进行二次传播。

参与性、互动性是融合报道传播效果的直观体现，而对优质内容的完美呈现是获取良好传播效果的必要前提。融合报道通过利用多种媒体资源，对新闻事件进行更深入、全面的报道，在提高新闻内容质量的同时，也满足了受众对深度报道的需求。

以2022年10月15日上线的人民日报视频客户端“视界”出品的微视频《新千里江山图》为例，视频运用了三维模型＋电脑动画图像等多种新媒体技术，将新时代十年的发展成就和奋斗故事融入名画之中，展现了中国的“硬实力”和“软实力”。这件融合报道作品以美学的视角弘扬了时代主旋律，又不失单调、乏味的传播方式，使之迅速传播发酵，发布后引爆互联网，微信不到半小时阅读超过10万＋，视频号突破10万＋。据统计，视频的全网播放量超过6.6亿，达到了极强的传播效果。

二、融合报道的叙事体系

由于融合报道运用了新媒体等多种媒介，以“跨媒介”为核心的全新叙事体系得以形成。所谓“跨媒介叙事”是指“一个跨媒体故事横跨多种媒体平台展现出来，其中每一个新文本都对整个故事做出了独特而有价值的贡献”[①]。

---

① 亨利·詹金斯．融合文化：新媒体和旧媒体的冲突地带［M］．杜永明，译．北京：商务印书馆，2015：157.

（一）故事化的叙事方式

融合报道通常采用故事化的叙事方式，将新闻事件以情节为主线进行展开。注重设置故事情节，通过情节的设置，增强报道的吸引力。同时，故事化的叙事方式也强调情感元素的融入，使得新闻报道更加具有感染力。通过描绘人物的情感状态、展现事件背后的故事，触发大众的情感共鸣，进而提高报道的影响力。

以第31届中国新闻奖融合创新一等奖作品《“最美逆行者”系列融媒报道》为例，该作品是南方都市报2020年2月20日以抗击疫情为主题推出的系列融媒体报道，包括海报《你们摘掉口罩的样子，很美!》、图文报道《千言万语尽在脸上》、H5“疫痕”在线照相馆等，报道引发广泛共鸣。作品通过故事化的叙事手段，将奋战在疫情一线的医务工作者无私奉献的高尚品格得以展现，是抗“疫”报道中体现主流价值观的现象级传播爆款。

（二）多样化的叙事视角

融合报道采用的不同身份、不同立场等相结合的混合多元叙事视角，其多样性使情节更丰富，情感更饱满，报道更有层级、更具张力。

在2020年3月21日津云客户端播发的《【津云微视】无胆英雄张伯礼》短视频专题报道中，记者通过采访10位张伯礼院士的“身边人”，从不同的角度来展现张伯礼武汉抗“疫”过程中的点滴瞬间。通过采访找到的5张珍贵照片，10位“身边人”通过讲述照片背后的故事，从六方面入手，展现张伯礼院士以勇气的担当构筑生命防线，诠释医者仁心的感人事迹。

随着互联网时代的发展，Vlog报道以其多元化的叙事视角被大众接受，成为融合报道的方式之一。在近几年的全国两会报道中，记者通过自拍出镜，以Vlog的形式记录自己在现场的所见所闻所感，以亲切对话的方式报道新闻，增加了与大众的情感交流，也使得报道本身更有温度。

（三）互动性的叙事结构

融合报道注重与受众的互动，通过留言、评论、点赞等方式收集受众反馈，及时回应受众关切，增强受众的参与感和黏性。这种互动性的叙事结构能够提升受众的参与感，使报道更加具有活力和生命力。

如何产生良好的互动性，其离不开数据化和可视化的呈现方式，将复杂的新闻事件以更加直观和易于理解的方式传播给大众，进而提升大众对新闻的理解力和认知度，增强报道的说服力和可信度。

第 31 届中国新闻奖融合创新一等奖作品《听・见小康》，以 H5 的形式呈现，其不拘泥于传统新闻报道思路，以“听”和“见”为重要着力点，实现多种媒介资源、生产要素的有效整合，带给读者新颖别致的观看体验。采用技术手段，融合了 100 余个视频、音频，凸显“听”和“见”的特色。与传统的 H5 新闻作品不同，该作品用户体验感强，用户通过点击 H5 界面上的图片或是文字，可以跳转到下一页面，兼具了普及性和趣味性。同时，将线下活动采集的 5644 条百姓“小康心愿”，拍摄的 6350 余张百姓“小康笑脸”，收集的超过 10500 个百姓签名融入了作品中，使得作品的互动性更强。

三、融合报道的呈现策略

融合报道的呈现策略旨在充分利用现代新媒体的科技手段，创新新闻传播方式，提高新闻内容的传播效果和影响力。通过多元化、互动性、个性化的呈现形式，受众在获取新闻信息的同时，享受到更加丰富、立体的阅读体验。

（一）适应时代的移动化策略

随着移动互联网的普及，移动设备成为人们获取信息的主要渠道。第 52 次《中国互联网络发展状况统计报告》显示，截至 2023 年 6 月，我国网民规模达 10.79 亿人；我国手机网民规模达 10.76 亿人，网民使用手机上网的比例为 99.8%；我国网络视频用户规模为 10.44 亿人，其中短视频用户规模为 10.26 亿人。[①]由此可见，移动互联网已经深入渗透我们的生活，成为生活不可或缺的一部分。因此，融合报道要适应移动端的特点，呈现出简洁明了的界面设计、易于阅读的内容布局以及适合触屏操作的互动功能。通过移动化呈现，受众可以更方便地获取和分享新闻信息。

为了顺应移动化趋势，鼓励生产出更多优质的融合报道作品，针对传统主流媒体所创作的融合新闻作品，中国新闻奖也与时俱进地进行了一系列的调整和优化。2018 年，“媒体融合奖项”首次在第 28 届中国新闻奖设立，以表彰那些在媒体融合方面有突出表现的新闻作品。随着短视频的迅猛发展，到了 2020 年，第 30 届中国新闻奖对奖项设置进行了进一步的细化。其

① 中国互联网络信息中心．第 52 次《中国互联网络发展状况统计报告》[R/OL]．(2023-08-28) [2024-01-19]．https：//www.cnnic.net.cn/n4/2023/0828/c88—10829.html.

中，“短视频新闻”被拆分为“短视频现场新闻”和“短视频专题报道”两项，根据短视频新闻特点进行更精准评价。同时，将“新媒体创意互动”简化为“创意互动”，继续保留“移动直播”“融合创新”奖项。到了2022年，第32届中国新闻奖再次进行了重大调整，取消了原有的“媒体融合”奖项，设立了“融合报道”和“应用创新”两个奖项。这一变化旨在更加明确地倡导应用信息网络技术，推动新闻作品和信息服务产品的创新与发展。

通过这些调整，中国新闻奖不断适应媒体融合发展的新要求，推动新闻行业在内容、形式、技术等方面的创新与进步。同时，也为广大新闻工作者提供了更广阔的创作空间和展示平台，激励他们创作出更多具有传播力、引导力、影响力和公信力的优秀新闻作品。

（二）交互性生产的平台化策略

应用平台建设是融合报道内容生产的重要基础。通过在不同平台上发布有针对性的内容，可以吸引更多受众关注。同时，利用平台大数据分析，可以实现对受众需求的精准定位，从而提高新闻内容的传播效果。

以由人民日报客户端推出的“人民号”为例，人民号是面向全国媒体、党政机关、各类机构和优质自媒体的聚合平台。“人民号”利用了先进的人工智能技术，为入驻的媒体、党政机关和自媒体提供移动端内容生产和分发的全流程服务。它既有弘扬主流价值观的正面舆论导向，又可以为广大用户提供更加丰富、多元、个性化的阅读体验。

人民号依托人民日报社的资源优势，在发挥媒体功能的同时，与国家机构形成社会服务与治理的合力。如2018年中国国际进口博览会前期，人民号平台主动邀请进博会官方账号入驻，通过与国家机构的合作，人民号扩展了自主可控平台在垂直领域的影响力，协助国家进行社会公共治理。①

（三）矩阵传播的整合化策略

进入融媒体时代，媒体面临着严峻的挑战。形成矩阵传播，将各平台进行整合，是媒体进行融合报道的出路之一。将多种媒介形式（如文字、图片、音频、视频等）整合在一起，以丰富多样的方式呈现新闻内容。而在此过程中，各种媒介形式的有机结合，使新闻信息更加全面、立体地展现给

---

① 蔡雯，汪惠怡．主流媒体平台建设的优势与短板——从三大央媒的平台实践看深化媒体融合［J］．编辑之友，2021（5）：26－31．

大众。

以新华社为例，其旗下拥有一体化媒体发布平台，包括新华网、新华社客户端、微信公众号、微博账号，以及新华社官方的抖音号和快手号等。此外，新华社还与中国新华新闻电视网英语电视台（CNC）、新华睿思、新华丝路以及新华社海外社交平台（New China）等海外传播平台相互协作，共同构建了一个强大的传播矩阵，从而提升了传播效果。

在每年的国家重要会议、活动的报道中，新华社会根据新闻内容结合各平台特点来进行融合报道，充分发挥矩阵传播的整合优势，达到最佳的传播效果。例如，在新华社微信公众号平台，对信息进行精选组合以快讯的形式推送，以实现传播的及时性；在微博平台，报道内容以简洁图文报道和短视频为主，以实现传播的直观性；在新华社客户端平台，利用新媒体技术对新闻进行立体化的呈现，以实现传播的交互性；在新华网平台，注重文字内容的丰富性和数据的直观可视化展示，从而为用户提供更加专业的信息解读以及深度新闻的报道，以实现传播的专业性。

第三节　融合报道的发展现状

融合报道作为新闻传播领域的重要内容，将多种媒体形式和传播渠道融合在一起，为受众提供更为丰富、多元的新闻报道体验。从报道形式上来看，融合报道不再局限于单一的文字、图片或视频报道，而是将这些元素进行有机结合，以满足不同受众群体的需求。同时，虚拟现实、增强现实等新技术也被应用到融合报道中，为受众带来更为沉浸式的新闻体验。从传播渠道上来看，融合报道利用了互联网和移动社交媒体的优势。媒体通过建立自己的新闻网站、开发移动应用、入驻社交媒体等方式，打造传播平台，实现共享资源、互通有无，进一步扩大了新闻报道的传播范围和影响力。

在我国的融合报道发展过程中，融合报道出现了一些新的特点和趋势。例如，数据新闻和可视化报道的兴起，使得新闻报道更加直观、易懂；用户参与和互动的增加，提高了新闻报道的互动性和传播效果；人工智能等新技术的应用，给新闻报道的生产和传播带来了更多的可能性。

一、融合报道的发展历程

媒介融合的不断发展促进了融合报道的发展，从我国的媒体发展阶段来看，融合报道经历了报纸（广电）上网、网络报纸（广电）、全媒体、媒体深度融合四个阶段。

（一）报纸（广电）上网阶段：1995—2000 年

1995 年 10 月 20 日，《中国贸易报》创建电子日报，揭开了我国报纸（广电）上网的序幕。[①]这个阶段主要是以传统媒体如报纸、电视等为主体，通过建立自己的网站，将内容复制粘贴到网络平台，实现内容的在线传播。这个阶段的融合报道主要体现在传播渠道的拓展上，但并未对传统媒体的内容生产方式和传播模式产生根本性影响。

（二）网络报纸（广电）阶段：2000—2014 年

进入千禧年 2000 年，新华社、人民日报网站更名为新华网、人民网。在这个阶段，传统媒体开始尝试利用互联网进行内容生产和传播。网络报纸在保留传统报纸内容的基础上，增加了多媒体元素和互动性，“两微一端”（微博、微信、手机客户端）逐渐占据媒体发布新闻的主要位置，使得新闻报道更加生动和立体。同时，电视媒体也开始探索网络直播、点播等新的传播方式，融合报道初见雏形。

（三）全媒体阶段：2014—2020 年

2014 年 8 月 18 日，中央全面深化改革领导小组第四次会议审议通过了《关于推动传统媒体和新兴媒体融合发展的指导意见》，会上习近平强调：“推动传统媒体和新兴媒体融合发展，要遵循新闻传播规律和新兴媒体发展规律，强化互联网思维，坚持传统媒体和新兴媒体优势互补、一体发展，坚持先进技术为支撑、内容建设为根本，推动传统媒体和新兴媒体在内容、渠道、平台、经营、管理等方面的深度融合，着力打造一批形态多样、手段先进、具有竞争力的新型主流媒体，建成几家拥有强大实力和传播力、公信力、影响力的新型媒体集团，形成立体多样、融合发展的现

---

① 王晓宁．融合新闻传播新论［M］．南京：南京师范大学出版社，2020：4.

代传播体系。要一手抓融合，一手抓管理，确保融合发展沿着正确方向推进。”①

这一时期各种媒介形态开始全面融合，形成一个多元化的传播体系。在这个阶段，传统媒体和新媒体之间的界限逐渐模糊，内容生产、传播渠道和接收终端都实现了多元化。例如，同一篇新闻报道可以通过文字、图片、视频等多种形式进行呈现，并通过不同的传播渠道进行分发。

（四）媒体深度融合阶段：2020 年至今

2020 年 9 月，中共中央办公厅、国务院办公厅印发了《关于加快推进媒体深度融合发展的意见》（简称《意见》），《意见》的出台，也标志着我国进入了媒体深度融合阶段。在这个阶段，各种媒介形态不仅实现了内容、渠道和终端的融合，还实现了生产流程的融合。即各种媒介形态在内容生产上形成了一个统一的流程，实现了资源共享和协同工作。

目前，我国的融合报道正处于媒体深度融合阶段。在这个阶段，各种媒介形态之间的融合更加深入和全面，不仅提高了新闻传播的效率和效果，还为用户提供了更加便捷、多元和个性化的信息服务。

二、融合报道的应用

作为现代新闻传播中的一种新型报道方式，融合报道借助数字移动通信技术和互联网信息平台，整合多元化的传播媒介、技术手段等，形成了全新的新闻传播模式，其发展至今在不同平台上的应用也有所不同。

（一）在新闻网站中的应用

近年来，随着互联网的普及和传媒技术的不断发展，融合报道作为一种新闻报道的模式在新闻网站中得到了广泛的应用。融合报道将多种媒体形式有机地结合在一起，通过多媒体渠道呈现给受众，有效地传递信息。

融合报道在新闻网站中的应用使得新闻报道更加全面和多样化。通过结合文字、图片、音频和视频等多种媒体形式，融合报道可以提供更加全面的信息，以满足不同受众的需求。受众可以通过阅读文字、观看图片和视频、听取音频等多元化的方式获取信息，使得新闻更加丰富和生动。

---

① 共同为改革想招一起为改革发力 群策群力把各项改革工作抓到位［N］. 人民日报，2014-08-18（1）.

不仅如此，融合报道在新闻网站中的应用还可以增强新闻的传播效果和影响力。传统的文字报道可能难以准确地传达事件发生的情景和氛围，而融合报道通过结合多媒体元素，可以更真实地再现现场情景，使得受众更加深入地了解事件。同时，融合报道也增加了新闻传播的互动性，受众可以通过评论、分享和点赞等互动方式参与到新闻报道中，扩大了新闻的传播范围。

现代人生活节奏快，对于信息获取的要求也越来越高。融合报道将多种媒体元素结合在一起，使得受众可以在短时间内获取到更多的信息，提供更高效的新闻传播服务。同时，新闻网站也可以通过算法技术对用户的浏览行为进行分析，对不同受众推送更加个性化的新闻内容，提高了新闻的传播效果。

融合报道在新闻网站中的应用不仅使新闻报道更加丰富和多样化，提高了新闻的传播效果和影响力，还提高了新闻的传播效率。未来，随着媒体技术的不断创新和用户需求的不断变化，融合报道在新闻网站中的应用将进一步发展壮大，为新闻传播带来更多的创新和可能。

（二）在移动应用程序中的应用

在移动应用程序的发展过程中，融合报道作为一种新闻报道的模式也得到了广泛的应用。移动应用程序使得用户可以随时随地获取新闻信息，而融合报道则可以更好地适应用户的使用习惯和媒体消费行为，提供更加多样化和丰富的新闻内容。

融合报道在移动应用程序中的应用可以通过多种媒体形式来呈现新闻信息。文字、图片、音频和视频等多媒体元素的融合可以为用户提供更加丰富的视听体验，使得新闻信息更加生动有趣。例如，通过在新闻报道中加入图片和视频，用户可以更直观地了解事件的发生过程和现场情况。

移动应用程序具有广泛的覆盖面和使用率，通过在移动应用程序中进行融合报道，可以将新闻信息传递给更多的用户。无论是通过新闻网站的移动应用程序还是通过社交媒体平台的应用程序，融合报道都可以实现跨平台传播，提高新闻的传播效果和影响力。

不同用户对新闻内容的需求各异，有的更喜欢文字报道，有的更喜欢图片和视频。通过融合报道的方式，在移动应用程序中可以提供多种形式的新闻内容，满足不同用户的偏好，增加用户的参与度和黏性。

移动应用程序具有便捷的操作和快速的更新特性，可以方便新闻机构和记者实时发布新闻内容。而融合报道的多媒体形式和用户参与的机制也可以为新闻机构提供更多的创作和互动方式，提高新闻的制作效率和传播效果。

通过多媒体的形式、跨平台的传播和用户参与的机制，融合报道可以更好地满足用户的需求，提高新闻传播的效果和影响力，推动新闻机构和移动应用程序的发展。

（三）在社交媒体平台中的应用

在社交媒体快速发展和普及的背景下，融合报道在社交媒体平台的应用越来越重要。社交媒体平台如微信、微博等成为人们获取和分享新闻的主要渠道之一。融合报道的特点和优势使其成为社交媒体平台上的理想新闻传播模式。

社交媒体平台提供了多种发布形式，包括文字、图片、视频等。这与融合报道的多媒体特点相契合，使得新闻的表达更加多样化和丰富化。通过将不同形式的媒体元素结合在一起，融合报道能够更好地吸引用户的注意力，增加新闻的可读性和可分享性。

社交媒体平台的用户参与度很高，用户可以即时评论、分享和点赞新闻内容。融合报道能够激发用户的参与欲望，通过引用用户生成的内容或回复，进一步增加新闻的互动性和趣味性。用户参与的增强也使得融合报道更加符合用户的需求和兴趣，提高了新闻的传播效果和影响力。

社交媒体平台也提供了更广泛的受众群体。在社交媒体上，新闻不再受限于传统媒体的地域限制和时效性，可以快速传播到世界各地。融合报道通过多媒体的形式和社交媒体的传播力量，能够更好地传递新闻信息，增强新闻的传播效果和影响力。

总体而言，融合报道在社交媒体平台中的应用有助于扩大新闻的受众群体，增加新闻的互动性和趣味性，提高新闻的传播效果和影响力。在未来，随着社交媒体平台的进一步发展和技术的创新，融合报道在社交媒体上的应用将会得到更广泛和深入的发展。新闻机构和媒体人需要充分利用社交媒体平台的特点和优势，不断探索和创新融合报道的方式和形式，以适应快速变化的媒体环境和用户需求。

三、国外融合报道的发展模式

新媒体时代的到来，使传统媒介生态被打破，融合报道成为传播的主要手段。但由于世界各国经济发展水平、媒体发展基础等各不相同，融合报道的发展模式也有所差异。

（一）美国 CNN iReport“公民新闻”模式

CNN（美国有线电视新闻网）的公民新闻模式主要体现在其平台“iReport for CNN”上。iReport 是 CNN 于 2006 年推出的一个互动式新闻平台，旨在鼓励普通公民提交新闻故事、图片和视频。这个平台允许用户分享他们在新闻现场的观察和体验，成为“公民记者”参与到新闻报道中来。

iReport 平台上，任何人都能够成为新闻报道者，只要他们有关于某个新闻事件的视角或信息，都可以上传分享。这种模式极大地拓宽了新闻来源，使得更多的普通公民可以参与到新闻传播过程中。

“公民记者”可以实时上传新闻故事和多媒体内容，使得新闻报道更加快速。在一些突发新闻事件中，“公民记者”往往能比专业记者更早地到达现场，及时上传信息。由于“公民记者”来自不同的背景和行业，他们的报道视角更加多元，可以提供更加丰富和全面的信息。这种多样性使得新闻报道更加贴近普通民众的视角。

iReport 平台允许用户之间进行评论和互动，这有助于形成一个新闻讨论社区。用户可以对“公民记者”的报道进行评价，也可以分享自己的看法和观点。

值得一提的是，尽管 iReport 鼓励“公民记者”参与报道，但 CNN 会对这些报道进行审核，确保它们的准确性和可靠性。此外，CNN 还会对部分优秀的故事进行深度报道，使得公民新闻和专业新闻相辅相成。

同时，为了提高“公民记者”的新闻素养，CNN 还会提供一些培训和指导，教他们如何更好地进行新闻报道。这有助于提升“公民记者”的专业水平，提高他们的报道质量。

CNN 的公民新闻模式通过鼓励普通公民参与新闻报道，丰富了新闻来源，提高了新闻的时效性和多样性。同时，通过专业的审核和培训，保证了新闻报道的质量。这种模式在提高新闻传播效率的同时，也使得新闻更加贴近普通民众的生活。

（二）英国《卫报》的“数据新闻”模式

数据新闻报道是一种新型的融合报道方式，是一种跨越学科、跨越领域的新闻生产模式，对于新闻从业人员的融合思维方式和灵活变通的操作能力提出了新要求，划定了新标准。[①]

① 徐明华．融合新闻报道［M］．武汉：华中科技大学出版社，2019：20.

英国《卫报》作为全球知名媒体，在数据新闻领域具有先进的实践模式和丰富的经验。其数据新闻模式具有明确的战略定位、专业化的团队分工、丰富的产品形态等特点。这些使《卫报》在全球媒体中脱颖而出，成为数据新闻领域的佼佼者。

《卫报》将数据新闻视为应对新媒体冲击、提升新闻竞争力的关键策略之一，明确提出“开放新闻”观。在这一理念指导下，《卫报》将数据分析和可视化技术融入新闻报道过程，以数据驱动的方式进行新闻采编和叙事。

《卫报》建立了专门的数据新闻团队，负责收集、分析、过滤和可视化数据，以产生新闻报道。团队成员具有不同的专业背景，如统计学、数据科学、新闻学等，实现了数据新闻报道的专业化和分工化。

通过数据博客等特色栏目，定期发布数据新闻作品，为读者提供丰富、多元的信息呈现形式。例如，2009 年，《卫报》开创了数据博客，被学界称为数据新闻发展的里程碑。

在数据新闻实践中，《卫报》高度重视数据的来源、处理和呈现过程的透明性，确保新闻报道的可靠性和公信力。例如，在 2011 年伦敦骚乱报道中，通过分析推特上的海量数据，揭示了事件背后的社会情绪和动态。

鼓励跨部门协作是《卫报》数据新闻的一大特色。《卫报》将数据新闻方法应用于各个新闻领域，提升整体报道质量。此外，《卫报》还利用数据新闻技术，对政治、经济、社会等各个领域进行深入分析和报道。

（三）日本广电领域多平台融合模式

在日本，融合报道最为突出的是广播电视领域的多平台融合，它在日本的媒体融合发展进程中起到了至关重要的作用。

日本广播公司不仅制作传统的电视和广播内容，还积极生产适用于互联网和移动设备的内容。这包括将电视节目改编为网络特别版，制作原创的网络视频以及开发与观众互动的数字内容。通过这样的内容融合，日本广播公司能够拓展其内容的影响力和受众基础。

在日本，广播公司不仅通过电视和广播波段传递内容，还通过官方网站、社交媒体平台、移动应用等多种渠道进行内容分发。例如，NHK 电视台除了经营电视和广播频道外，还提供在线视频服务，并在 YouTube、Twitter 等社交平台上更新内容，实现跨平台的无缝衔接。

在产业结构上，日本的广播业与电信业、互联网服务业之间存在一定的融合。例如，总务省作为监管机构，对通信和广电进行统一管理，促进了不同产业间的协作和资源共享。此外，广播公司也与各种内容创作者、技术提供商合作，共同开发新技术、新平台，推动媒体产业的整体发展。

随着数字技术的发展，日本广播公司采用高清、4K、8K 等技术提升节目质量，并通过云计算、大数据等现代信息技术优化内容创作和用户体验。技术的融合使得广播公司能够更高效地制作和分发内容，同时也为用户提供更加丰富和个性化的服务。

为了提高观众的参与度，日本的广播公司不断创新交互方式。例如，NHK 电视台在其节目中嵌入二维码，观众可以通过手机扫码参与投票、评论等互动环节。此外，还有通过虚拟现实（VR）技术让用户沉浸式体验节目内容的做法。

在规制层面，日本政府对于媒体融合有一定的政策支持和引导，例如，对于跨媒体内容的版权保护、对于网络广播的监管政策等，都为广播领域的多平台融合提供了制度保障。

四、国内融合报道的发展模式

我国的融合报道从开始萌芽阶段至今已经经历了几十年的发展，也逐渐形成自己的特色，融合报道发展进一步增强。

（一）人民日报的"中央厨房"模式

2015 年，人民日报率先在新闻生产上进行媒体融合，创建"中央厨房"模式。该模式是一种创新的全媒体新闻生产、传播和运营体系，主要目的是推动媒体融合，提高新闻报道的效率和质量。这一模式 2017 年得到了进一步的推广和发展，全国陆续已有几十家媒体开始了"中央厨房"的建设。"中央厨房"模式的发展对于推动我国媒体融合发展和提高新闻报道质量具有重要的示范和引领作用。

在组织架构方面，"中央厨房"建立了包括总编调度中心、采编联动平台以及融媒体工作室在内的一整套融合体系。这个体系以融合为核心，运作高效。总编调度中心担当指挥核心的角色，主要职责是对重大选题和采访工作进行总体规划、策划、指导以及协调；采编联动平台作为一个持续运作的机构，负责根据总编调度中心的规划执行相关任务，并负责全媒体新闻产品的制作和加工。

通过集中式的新闻生产，媒体能够高效地整合人力资源、信息资源、渠道资源等，打造出一套团队、多个分发渠道的运营模式，从而提升新闻素材的使用效率。在保证一次采集的基础上，各媒体可以根据自身特点进行多元化的加工和传播，实现个性化新闻生产。通过集中管理和协调，“中央厨房”模式可以提高新闻生产的效率，节约人力和物力成本。

基于信息数据共享的理念，“中央厨房”为各个子媒体提供新闻信息，使各子媒体能够在保持自身特色的同时，实现资源的共享和协作。

“中央厨房”不仅为人民日报旗下的媒体提供服务，而且为整个媒体行业构建了一个促进高质量内容创作的共享平台。它汇聚了来自各方的资源，共同推动了媒体的融合发展。

（二）主流媒体的“报网融合”模式

随着我国媒体融合进程的不断深入，传统报业也在积极找寻创新发展之路，与互联网融合，寻求转型，“报网融合”模式由此出现。所谓“报网融合”是指传统报纸媒体与网络新媒体在内容生产、传播渠道、运营管理等方面的深度结合，共同构建起一种全新的媒体运营模式。这种模式旨在发挥报纸的深度报道和网络的即时传播优势，实现资源共享、优势互补，以提升媒体的整体竞争力和影响力。目前，国内主流报业都有其手机新闻客户端，在扩大媒体的影响力的同时，也为媒体创新发展提供了新的机遇。

内容融合上，传统报纸媒体将新闻内容进行数字化处理，通过网络平台进行即时传播，同时，网络新媒体也会根据用户需求和网络特点，对报纸内容进行再加工和优化。

渠道融合上，报纸和网络在传播渠道上实现互补。报纸通过实体发行和数字版面拓宽覆盖面，而网络则通过社交媒体、移动应用等多种平台扩大影响力。

技术融合上，利用现代信息技术，如大数据、云计算、人工智能等，对用户数据进行分析，为用户提供个性化的新闻服务，同时，也为报纸内容的生产和分发提供技术支持。

（三）基于算法推荐的“用户数据”模式

媒介融合给传统媒体带来了不小的冲击，纷纷向融合新闻报道转型。为了注重新闻的互动性、大众的参与性，国内诞生了一批基于算法推荐的用户大数据新闻客户端，今日头条就是典型的代表。

今日头条的用户数据模式是基于其算法推荐引擎的，这种模式主要通过收集和分析用户的行为数据，为用户提供实时、精准、个性化的新闻资讯，提高了用户的阅读体验。

今日头条通过用户在平台上的行为，如浏览、搜索、点赞、评论等，收集用户的行为数据。此外，今日头条还会收集用户的基本属性数据，如年龄、性别、地域等。

今日头条将收集到的原始数据进行处理，提取有价值的信息，如用户兴趣、阅读习惯等。基于处理后的数据，今日头条为每个用户构建了一个详细的用户画像，包括用户的兴趣偏好、行为习惯等。

利用机器学习算法，今日头条根据用户画像为用户推荐个性化的新闻资讯。算法会根据用户的兴趣偏好、阅读习惯等，对海量新闻资讯进行筛选和排序，为用户提供最可能吸引其注意力的内容。算法推荐系统会根据用户的反馈，如阅读、点赞、评论等行为，不断优化推荐结果，提高用户体验；实时为用户提供推荐，用户在打开今日头条时，就能看到最新的、感兴趣的新闻资讯。

五、融合报道的发展趋势

随着互联网技术的进一步进步和发展，同时也随着智媒体时代的到来，融合报道将继续沿着多元融合、个性定制、移动优先等方向发展，不断提升新闻传播的效果和质量。

（一）媒体融合技术的创新

随着技术的不断进步和媒体环境的变化，融合报道模式将在媒体融合技术的创新方面得到发展。新的技术将不断出现，拓宽融合报道的方式和形式。随着互联网、移动通信和数字技术的迅速发展，新的媒体技术将不断涌现，如虚拟现实、增强现实和人工智能等。这些新技术将为融合报道提供更多可能性，例如，通过虚拟现实技术可以实现身临其境的新闻体验，通过增强现实技术可以提供更加直观的新闻图像。

新的技术也将改变融合报道的制作方式和流程。传统的新闻报道需要记者进行采访、写作和编辑等一系列过程，而随着自动化技术的进步，新闻报道的制作将更加智能化和自动化。例如，利用自然语言处理和机器学习等先进技术，自动化地生成和编辑新闻稿件成为可能，这不仅提升了新闻报道的效率，同时也提高了报道的质量。

新的技术也将为融合报道提供更好的媒介工具和平台。随着移动互联网的普及，手机成为人们获取新闻信息的主要渠道。因此，新闻机构需要不断创新和改进移动应用程序和社交媒体平台，提供更好的用户体验和服务。例如，通过应用程序和平台的优化，可以实现融合报道的即时发布和快速传播，满足用户的多样化需求。

在未来，还有许多其他技术的创新将对融合报道产生影响，诸如人工智能和大数据技术等手段可以应用于新闻报道中。人工智能技术能够深入挖掘和分析大量信息，为新闻报道提供全面且精确的数据支撑。此外，大数据技术也有助于新闻机构更准确地把握受众的需求和兴趣点，精准地推送相关新闻内容。

（二）用户参与度的增强

在融合报道模式的发展趋势中，用户参与度的增强是一个重要方面。新闻机构需要更加重视用户需求，鼓励用户参与新闻创作和传播。

用户参与可以通过各种互动方式实现，如评论、点赞、分享等。新闻机构可以设置评论区域，鼓励读者对新闻内容进行评论和讨论，从而形成更加活跃的新闻社区。此外，新闻机构还可以通过社交媒体平台，鼓励读者在自己的社交账号上分享有价值的新闻内容，扩大新闻的传播范围。

新闻机构可以提供更多的用户参与渠道，例如，举办线上或线下的新闻讲座、座谈会等活动，邀请读者参与，开展针对性的深度讨论。通过这种方式，新闻机构可以更好地了解读者的需求和兴趣，提供更加贴近读者需求的新闻内容。

此外，新闻机构还可以鼓励读者参与新闻创作。例如，开设读者投稿专栏，鼓励读者分享自己的观点、经验和故事。通过读者的参与，新闻报道可以更加全面客观，同时也能够增加读者对新闻的兴趣和参与度。

不仅如此，新闻机构还可以利用用户数据进行精准定制。通过对用户行为和偏好的分析，新闻机构可以根据不同用户的需求提供个性化的新闻内容，并将其推送给相关用户。这样一来，用户可以更加方便地获取到自己感兴趣的新闻内容，同时也增加了用户对新闻的参与度和忠诚度。

通过鼓励用户参与新闻创作和传播，新闻机构可以更好地了解用户需求，提供更加丰富多样的新闻内容，进一步推动新闻传播的发展。

（三）算法的应用

算法的应用是融合报道模式发展的一个重要趋势。随着技术的不断进步，算法的应用在新闻传播中起到了越来越重要的作用。通过算法技术可以对大量的信息进行挖掘和分析，从而提高新闻的制作和传播效果。算法可以帮助新闻机构迅速地从海量的数据中筛选出最重要和最有价值的信息，并提供给受众。同时，算法还可以根据受众的喜好和兴趣推送定制化的新闻内容，提高用户的阅读体验。

算法的应用可以帮助新闻机构进行更精准的定位和观众分析。通过对用户数据的分析，算法可以了解受众的需求和兴趣，进而为他们提供更加个性化的新闻推荐。这样一来，新闻机构可以更好地了解受众的需求，制定更具针对性的新闻策略，提高新闻的传播效果和影响力。

算法的应用还可以帮助新闻机构进行虚拟现实和增强现实的创新报道。通过利用算法技术，新闻机构可以将虚拟现实和增强现实技术与新闻报道相结合，为受众提供更加丰富、沉浸式的新闻体验。这种创新报道方式不仅可以吸引更多的受众，还可以提高新闻的传播效果和受众的参与度。

总之，随着技术的不断进步，算法的应用在融合报道模式中扮演着越来越重要的角色。通过对大量信息的挖掘和分析，算法可以提高新闻的制作效率和传播效果。同时，算法的应用还可以帮助新闻机构进行受众分析和定位，提供个性化的新闻推荐，以及创新的虚拟现实和增强现实报道方式。这些都将推动融合报道模式的发展，提升新闻传播的效果和影响力。

【问题思考】

1. 融合报道有哪些特征？
2. 我国融合报道经历了哪几个阶段，各有什么特点？
3. 媒体深度融合时代的融合报道特点是什么？
4. 融合报道的发展趋势是什么？

第二章　融合报道的策划[①]

【内容提示】

在当今复杂多变的媒体环境中，融合报道作为一种全面而多元的新闻表达形式崭露头角。其独特之处在于从策划的最初阶段就要求全面考虑各方面的要素。本章旨在揭示融合报道策划的关键元素和操作技巧，深入探讨融合报道策划的全过程，为读者提供关键的步骤和实用技巧，使其能够熟练地策划出富有深度和多样性的融合报道。本章主要内容：①融合报道策划的方式与要求；②融合报道选题的策划思路；③融合报道新闻线索的搜寻方式；④融合报道新闻价值的判断原则。

第一节　策划的方式和要求

随着多媒体技术的不断发展，融合报道作为一种将多种媒体形式和内容元素结合在一起的报道形式，逐渐成为新闻传播领域的热门话题。融合报道旨在通过整合不同的媒体资源和呈现方式，提供更为全面、深入和多层次的信息，以满足受众对于多样性和深度的信息需求。融合报道策划的成功与否往往关系到报道的效果和受众的接受程度，因此，深入探讨融合报道策划的方式和要求具有重要意义。本节将对融合报道策划的方式与要求进行详细论述，以期为新闻从业者提供一套实用的融合报道策划指南，帮助他们更好地应对多媒体时代的挑战，提升新闻报道的质量和影响力。

① 本章由李韧教授和博士研究生杨璐强编写。

一、融合报道策划方式

在《新闻采访与写作》一书中提到，采访策划的主要方法涉及报道主题的确定与报道素材的获取两方面。[①]而融合报道作为新闻报道的一部分，笔者认为同样应该遵循这一原则。因此，接下来将从明确主题以及多媒体素材获取与选择这两方面对于融合报道策划的方式进行更详细的论述。

（一）明确主题

不论是文学作品、广播剧、电影，还是新闻报道，主题的选择与确立都被认为至关重要。俗话说“文章成败在立意”，将这一观点引申到新闻报道领域，我们可以得出一个结论：一个新闻报道的成功与否，很大程度上取决于所选择和确立的主题。主题的质量直接关系到新闻报道的深度、吸引力和社会价值，因此在报道的策划阶段，主题的选择就决定了报道成败的一半。[②]

因此，在融合报道的策划阶段，首要任务仍然也必须是清晰地界定报道的主题。主题的明确定义对于整个报道的核心信息至关重要，而设定明确的目标则有助于确保报道在整体结构上的一致性和连贯性。这一步骤的关键在于明晰地了解报道的焦点，以便有效地整合多媒体元素，形成一个有力而令人印象深刻的融合报道。

明确主题不仅仅是确定报道的中心议题，更是为报道提供一个有机的结构。通过定义主题，策划团队能够在后续的步骤中紧密围绕核心信息展开工作，确保各个媒体元素都与主题相关联，形成一个统一的叙事框架。这种一体化的思考过程有助于避免信息碎片化和报道内容的杂乱性。

然而，需要明确的是，主题的优劣并非一成不变的标准，而是相对的。一个出色的主题能够为报道注入生机，使其更具独特性和引人入胜的特点。相反，一个不够独到或不具吸引力的主题可能使报道显得平庸乏味，难以引起受众的兴趣。因此，主题的选择不仅需要与报道的实质内容相契合，还需要考虑到时事背景、受众的关注点以及社会热点等因素，以确保报道能够在

---

① 《新闻采访与写作》编写组．新闻采访与写作［M］．北京：高等教育出版社，2019：114－115.

② 渠波．浅谈新闻主题的重要性［J］．新闻传播，2011（10）：115.

当下社会环境中引发共鸣。

具体明确主题的方式有以下几点。

1. 确定报道目标和定位

在策划融合报道之前，首先要明确报道的目标和定位。这包括确定报道的主题、受众群体、传播渠道等，以便为后续的策划和报道提供明确的方向。

2. 收集和分析新闻线索

通过多种渠道收集新闻线索，并对这些线索进行筛选和分析。选择与报道目标和定位相关的新闻线索，作为报道的素材和内容。

3. 确定报道角度和重点

根据新闻线索和报道目标，确定报道的角度和重点。可以选择独特的视角、挖掘深层次的内容，或者关注社会热点问题等，使报道更具吸引力和影响力。

4. 制订报道方案

根据报道角度和重点，制订具体的报道方案。包括报道的结构、内容、形式、传播渠道等，确保报道方案能够准确传达主题和重点。

主题的选择与确立在融合报道策划中具有至关重要的意义。它不仅决定了报道的核心信息和结构，还直接关系到报道的深度、吸引力和社会价值。因此，在策划融合报道时，首要任务是清晰地界定报道的主题，确保其与报道的实质内容相契合，并考虑到时事背景、受众的关注点以及社会热点等因素。通过确定报道目标和定位、收集和分析新闻线索、确定报道角度和重点以及制订报道方案等步骤，可以确保融合报道的主题明确、内容丰富、形式多样，提高报道的质量和效果。

（二）多媒体素材获取与选择

在进行融合报道策划时，关键的一环是努力获取并精心挑选多媒体素材，以更好地呈现报道的主题和最终的表达方式。这包括在文字、图片、视频、音频等多种媒体形式中进行获取与选择，确保每个元素都能有效地传达信息，而不是简单地进行重复或堆砌。

在多媒体素材获取方面，主要有以下几种获取方式。

1. 官方渠道获取

政府机构、企事业单位等官方渠道是获取多媒体素材的重要途径。这些机构通常会发布新闻图片、视频、音频等多媒体素材，供媒体使用。

2. 社交媒体获取

社交媒体平台上充斥着大量的用户生成内容，包括图片、视频、音频等。可以通过关注相关账号、参与话题讨论等方式，获取与报道主题相关的多媒体素材。

3. 专业素材库

一些专业的图片库、视频库和音频库提供丰富的多媒体素材，可以根据需要购买或使用。这些素材库通常提供高质量的素材，适合用于融合报道。

4. 记者自采

记者可以通过现场采访、拍摄等方式获取第一手的多媒体素材。这需要记者具备一定的摄影、摄像和录音等技能。

5. 合作与交换

与其他媒体或机构建立合作关系，进行素材的交换和共享。这可以扩大素材来源，提高报道的丰富性和多样性。

6. 使用开源素材

一些开源网站和平台提供免费的多媒体素材，包括图片、视频、音频等。可以在遵守相关规定的前提下，使用这些开源素材。

另一方面，在素材的选择过程中，需要考虑报道的整体氛围和感觉，并注意每个素材的贡献，确保它们相互协调，使得每个素材都能为受众提供更加丰富和深入的理解，从而共同构建一个具有说服力和生动感的整体呈现。文字部分要精准表达核心信息，图片和视频要有吸引力且与主题相关，音频则可以用来增添情感层面或提供更深入的解释。例如，在文字部分，可以精准地表达核心信息，通过生动的描写和有趣的叙述方式吸引读者的注意力。在图片和视频方面，可以选择与主题相关的视觉元素，如实地采访的瞬间、关键事件的照片或视频片段，以增加报道的真实感和吸引力。而音频部分则可以通过采访录音或背景音效，为报道增添情感层面或提供进一步的解释。

此外，融合报道策划还需要注重平衡，避免过度使用某种形式而忽略其他可能有助于报道的媒体元素。时刻提醒自己融合报道不是单一形式的报道，例如，报纸或是广播，而是多种媒体形式和内容元素结合在一起的报道形式，整个多媒体元素的选择过程旨在服务于报道的目的，创造出一种引人入胜、信息全面的视听体验，提升报道的质量和受众的互动体验。通过巧妙策划，能够使报道更具吸引力和影响力。例如，如果报道涉及社会问题，可以通过选用引人深思的图片、深入的文字报道以及相关专家的音频评论来全面展现问题的多方面。总体而言，多媒体元素的选择应该在服务于报道目的的同时，创造出一个引人入胜、信息全面的视听体验。这一过程的巧妙策划有助于提升报道的质量和受众的互动体验。

融合报道策划中的多媒体素材获取与选择是提升报道质量和受众体验的关键环节。通过多样化且精心的素材获取方式，如官方渠道、社交媒体、专业素材库等，可以丰富报道内容。而在素材选择过程中，要注重整体协调性和贡献度，确保文字、图片、视频、音频等多媒体元素相互补充，共同构建生动且具有说服力的报道。同时，避免过度依赖单一媒体形式，保持平衡与多样性。最终，巧妙策划的多媒体元素将创造出引人入胜、信息全面的视听体验，提升报道的质量和受众的互动体验，使报道更具吸引力和影响力。

二、融合报道策划要求

在前一部分，我们讨论了融合报道策划的方式，强调了在进行融合报道策划时，需要确立明确主题以及获取与选择多媒体素材。通过这两个步骤进行的报道策划是确保最终呈现出来的融合报道的质量和效果的前提与基础。而在这两方面，我们需要遵循一系列要求和原则，以保证报道的深度性、时效性和全面性。现在让我们从主题与素材这两个关键角度入手，深入探讨融合报道策划的要求与原则。

（一）融合报道策划在确定主题方面的要求与原则

1. 深度挖掘与时效性结合

在确定融合报道的主题时，我们必须平衡深度挖掘和时效性的考量。在深度挖掘方面，对于所选定的主题，必须进行全面的研究和分析，以确保对其有深刻的理解。这可能包括调查相关历史、现状、专家观点以及相关统计数据等。透过深度挖掘，报道能够提供更为丰富和深入的信息，以满足读者对于详尽报道的期望。这种全面的研究方法有助于确保报道的准确性和可信度，同时为读者提供更深层次的洞察。

与此同时，主题的选择还需综合考虑时效性因素。在确定主题时，编辑和记者应紧密关注当前社会热点和事件，以确保选定的主题与时事相联系，从而增加报道的吸引力和关注度。这需要通过及时收集并深入分析新闻线索，把握时事动态，以确保报道能够在公众关注的话题中占据一席之地。这种密切关注时事的做法有助于报道保持与社会同步，使其更具实用性和实效性。编辑和记者可以通过与时事事件的对话，使报道更加贴近受众关心的问题，同时确保报道的时效性，使其在新闻领域中保持竞争力。这样的全面考虑不仅提高了报道的关注度，还符合新闻专业准则，确保报道的质量和可信度。

总体而言，融合报道的主题选择需要在深度挖掘和时效性之间找到平衡。深度挖掘确保报道具备足够的深度和洞察力，而时效性则确保报道与当前社会热点密切相关，使其更具吸引力和实用性。这种综合考虑有助于报道既有深度和广度，又能与时事同步，为读者提供高质量、实用且富有时效性的信息。

2. 社会关联性和受众契合度

在融合报道策划的过程中，在确定主题时，我们需要深思熟虑的另一个关键因素是社会关联性和受众契合度。

在确定融合报道的主题时，首先要考虑的是主题的社会关联性。这意味着我们选择的主题必须与当前社会的热点、关切点以及人们日常生活密切相关。报道的主题应当反映社会的动态变化，揭示社会存在的问题，并传递社会的声音。一个富有社会关联性的主题能够引起人们的广泛关注，从而有效提升报道的影响力。

其次，我们需要考虑受众契合度。在进行融合报道时，我们必须深入研究我们的目标受众，了解他们的兴趣、需求、价值观和生活方式，以确保报道主题与这些因素高度契合。报道的主题需要与这些因素高度契合，以确保我们的报道能够引发受众的兴趣，满足他们的需求，反映他们的价值观。这种受众契合度的要求与李荣良老师在《新闻学概论》① 中讨论的新闻价值的重要性概念有些接近。通过提高受众契合度，我们可以增强报道的吸引力，使我们的报道更易于被受众接受和传播。

选择融合报道的主题时，我们需要同时考虑社会关联性和受众契合度，以确保我们的报道既具有社会价值，又能吸引和影响目标受众。这种综合考

---

① 李良荣．新闻学概论［M］．上海：复旦大学出版社，2001：263.

虑有助于确保报道更贴近社会实际，更有效地传达信息，从而提升报道的质量和影响力。

3. 信息深度与全面性

在确定融合报道的主题时，必须综合考虑信息的深度和全面性。首先，信息深度的追求意味着我们在主题选择阶段需要进行深入挖掘，以呈现观众未曾接触过的新颖视角和未知领域。这要求我们通过深入研究、调查和利用多种资源，确保报道能够提供观众最有价值、最具深度的信息。深度信息的传递不仅能够使观众对主题有更深入、更全面的理解，还能够激发他们的思考和参与，从而提高报道的整体影响力。

同时，全面性的考量也至关重要。在追求深度的同时，我们不能忽视报道的广度。一份有价值的报道需要覆盖与主题相关的多方面，以呈现观众一个全面、多层次的信息画卷。这要求我们具备跨学科、跨领域的知识和视野，能够从不同的角度和维度对主题进行深入的剖析和解读。通过确保报道的全面性，我们能够为观众提供一种更为丰富、多元的信息体验，使其更加全面而充实地了解所报道的主题。

因此，为了确保融合报道的质量和影响力，我们在选择主题时必须平衡信息的深度和全面性。这样的平衡能够使报道既有足够的深度和新颖性，又能够覆盖到相关领域的多方面，从而为观众呈现一个既引人入胜又全面丰富的报道。

（二）融合报道策划在获取与选择素材方面的要求与原则

1. 采访的广泛性和深入性

融合报道策划在素材获取与选择方面有着明确而关键的要求，其中采访的广泛性和深入性是至关重要的一方面。

首先，广泛性的采访要求涵盖相关领域的权威人士、专家和当事人，以确保信息的多角度和多维度。通过广泛采访，报道能够更全面、更丰富，从不同的视角呈现事实，提升报道的权威性和深度。权威人士和专家的观点能够为报道注入专业性，而当事人的第一手信息则使报道更为真实和生动。

其次，深入性的采访要求在信息挖掘过程中深入探讨，努力获得独特的素材。在采访中，需要超越表面了解，深入了解采访对象的思想、观点、背景和环境。这样的深入挖掘不仅能够为报道增色添彩，更能让观众更深入地理解报道的主题和事件。独特的素材则为报道赋予吸引力和独特性，使观众更容易产生共鸣和关注。

综合而言，采访的广泛性和深入性是融合报道策划中不可或缺的要素。通过广泛而深入的采访，可以确保报道在信息的呈现上更具全面性和深度，提高报道的可信度和吸引力，进而更好地满足观众的需求，提升报道的影响力。

2. 素材真实性和多样性

融合报道策划在获取和选择素材方面还需要着重考虑素材的真实性和多样性。

首先，素材的真实性是报道的基石。在素材的搜集和筛选过程中，维持真实性至关重要。确保所使用的素材都基于真实可信的事实，这样的报道才能够赢得观众的信任和尊重，建立起可靠的新闻来源。为了保证真实性，可以通过直接采访相关人士、专家或当事人来获取第一手的信息，并采用录音、录像等方式记录采访内容以便核实。官方渠道发布的信息通常具有高可信度，如政府机构、权威媒体、行业协会等，可作为可靠的报道来源。实地调查是确保报道内容与实际情况相符的有效途径，同时能收集到其他渠道无法获取的独特素材。

其次，追求素材的多样性也是融合报道策划的核心要求。不仅要关注文字形式的信息，还要积极收集和利用图片、视频等多媒体形式的素材。这些多样化的素材形式可以更全面、生动地呈现事件，满足不同受众的阅读需求，使报道更具吸引力和丰富性。例如，对于某一事件的报道，除了文字描述外，收集相关的现场图片、视频记录等素材是必要的。这样的多元素材能够让报道更加立体和深入，让观众通过多种视听方式更好地理解事件，形成更全面的观点和认知。此外，多媒体素材还能促进受众的互动和参与，增强报道的传播效果。

总的来说，在融合报道策划中，保持素材的真实性和多样性是至关重要的。只有真实可靠的素材，并且通过多种形式呈现，才能更好地满足不同受众的需求，提高报道的质量和影响力。

3. 信息筛选与权衡

融合报道策划在素材的获取与选择方面，需要深入进行信息的筛选和权衡。

首先，信息的筛选是关键步骤之一。在收集大量素材后，必须根据报道的主题和目标对这些素材进行仔细筛选和过滤。评估每个素材的相关性、可信度以及与报道目标的契合度是至关重要的。只有能最有效地支持报道主题和目标的素材才应被采用。

在筛选信息时，必须避免片面性和偏见。片面的信息可能只是事件真相的一部分，而偏见则可能损害报道的客观性和公正性。因此，务必追求全面客观的报道，确保选用的素材尽可能反映事件的整体真相。

其次，权衡不同信息也是非常必要的。在确认相关素材后，需要对它们进行权衡和比较。不同素材各有优劣，需要根据报道的需要对它们进行权衡和取舍。有时，某些素材可能很引人注目，但若不能最好地支持报道的主题和目标，则需要考虑是否使用其他更有说服力的素材。

总的来说，融合报道策划在获取与选择素材方面需要深思熟虑、仔细筛选。通过综合评估和比较素材，避免信息的片面性和偏见，确保选用的素材能最佳地支持报道的主题和目标，提升报道的质量和影响力。

通过以上要求与原则的论述，融合报道策划将更有针对性和可操作性，确保最终呈现给受众的报道作品既深刻又有广泛吸引力。

第二节　选题的策划思路

融合报道选题的策划思路是整个报道成功的基石，它决定了报道的方向、主题和呈现方式。在信息爆炸的时代，新闻报道的竞争越发激烈，如何从海量信息中筛选出有价值的题材，并通过多种媒体形式的融合呈现，吸引受众的关注，是媒体人需要不断探索和面对的重要挑战。本节将详细介绍融合报道的选题策划思路，帮助读者了解如何找到人民都关注的好选题，为成功的融合报道打下一个坚实的基础，以期帮助读者更好地把握融合报道的方向和主题，为打造高质量的融合报道提供指导。

确定融合报道选题的关键在于精准地定位社会问题的所在。① 通常而言，我们可以从多方面来把握融合报道选题的来源，以确保报道既有深度又有广度。一是关注时事热点，二是利用大数据技术，三是关注基层和民生，

① 田烨．融合新闻理论与实践研究［M］．南昌：江西人民出版社，2021：94.

四是创新呈现方式。通过对这些方面的关注，编辑和记者可以更全面地了解社会问题的选题来源，为读者提供丰富、多元的信息，引发其对社会现象的深刻思考。

一、关注时事热点

在融合报道的选题策划中，关注时事热点是至关重要的。时事热点通常是受众关注的焦点，它们反映了当前社会的动态和趋势，吸引了广泛的关注和讨论。因此，从时事热点中发掘与报道主题相关的选题，可以为融合报道提供丰富的素材和话题。

一方面，我们需要密切关注时事热点的发展和变化。这包括社会、政治、经济、文化等各个领域的热点事件，如政策调整、突发事件、社会问题等。通过持续关注和深入了解时事热点，我们可以及时发现与报道主题相关的选题，为融合报道提供有力的支持。另一方面，我们需要对时事热点进行深入分析和解读。这包括了解事件的背景、原因、影响等方面，以及分析其对社会、经济、文化等方面的影响和意义。通过对时事热点的深入分析，我们可以为受众提供全面、深入的信息和分析，帮助他们更好地理解和应对当前的社会动态。

2018 年 10 月 24 日，新华社与网易新闻在港珠澳大桥正式通车当天联合推出了名为“1 分钟漫游港珠澳大桥”的 H5 融合报道产品。这款产品精准地捕捉到了港珠澳大桥通车这一重大时事热点，将其与现代科技手段相结合，通过 H5 的形式呈现给广大网友。这不仅体现了新华社与网易新闻对时事热点的敏锐洞察力，也展示了它们在新闻报道方面的创新精神。这一产品的推出，不仅精准地契合了网友们对这座被誉为“世界奇迹”的建筑的好奇心，同时也满足了他们对国家重大工程落成的爱国情怀。

这款产品利用动画形式模拟呈现了港珠澳大桥的壮丽景象，让网友们通过长按界面的方式，以第一视角在短短的一分钟内“亲身穿越”这座长达 55 千米的大桥。在这次“穿越”过程中，网友们不仅能够亲身体验大桥的雄伟壮观，还能通过拍照互动的方式保存大桥的实景照片。这些照片还可以以明信片的形式分享到用户自己的社交平台上去，让更多的人共同欣赏这一壮丽的建筑。

凭借简约却足够新颖的互动设计，这一产品在短短不到 3 天的时间内就获得了 3500 万的页面浏览量。[①]足以证明这款产品的受欢迎程度和影响力。这一 H5 融合报道产品的推出，不仅让网友们更深入地了解了港珠澳大桥的美丽和价值，也进一步激发了他们的爱国情怀和对国家重大工程的关注与支持。

同时，《1 分钟漫游港珠澳大桥》这款 H5 融合报道产品的推出也是新华社与网易新闻在数字化报道领域的一次重要尝试和创新。通过精准契合网友们的好奇心和爱国情怀，以及凭借简约却足够新颖的互动设计，这款产品成功吸引了大量网友的关注和参与，为港珠澳大桥的宣传和推广做出了积极的贡献。

此外，这款 H5 融合报道产品还通过互动设计的方式让网友们更加直观地了解港珠澳大桥的各项特点和优势。例如，在“穿越”过程中，网友们可以通过第一视角感受到大桥的宽广和壮观；通过拍照互动的方式，网友们可以保存下大桥的实景照片并分享到社交平台上去，让更多的人共同欣赏这一壮丽的建筑。这些互动设计不仅增加了产品的趣味性和互动性，也让网友们更加深入地了解了港珠澳大桥的特点和优势。

《1 分钟漫游港珠澳大桥》这款 H5 融合报道产品的推出不仅满足了网友们对国家重大工程的好奇心和爱国情怀，也通过互动设计和创新形式提高了产品的吸引力和影响力。这一产品的成功推出也体现了新华社与网易新闻在数字化报道领域的创新能力和敏锐的市场洞察力。

总之，关注时事热点是融合报道选题策划的重要方向之一。通过密切关注时事热点的发展和变化以及进行深入分析和解读，我们可以为融合报道提供丰富、有价值的选题，为受众提供全面、深入的信息和分析。

二、利用大数据技术

在当今数字化的时代，数据已经渗透到我们生活的方方面面，它不仅记录着现实世界的运行状态，更揭示着其背后的深层规律和趋势。在新闻报道中，大数据技术的运用已经成为一种趋势。大数据技术能够处理海量信息，通过对数据的挖掘和分析，可以发现潜在的新闻价值和趋势。因此，利用大数据技术进行融合报道选题策划是一种非常有效的方式。

首先，大数据技术可以帮助记者更快速地获取和筛选信息。在传统的新闻报道中，记者往往需要花费大量时间和精力去寻找和收集信息。而现在，

---

① 黄河，刘琳琳．新媒体实务（第 2 版）[M]．北京：中国人民大学出版社，2021：43.

通过大数据技术，记者可以轻松地获取到大量的数据和信息，从而更好地了解报道主题的相关情况。其次，大数据技术可以帮助记者发现潜在的新闻价值和趋势。通过对数据的挖掘和分析，记者可以找到与报道主题相关的独特选题，以及潜在的新闻价值和趋势。这可以帮助记者更好地把握报道的方向和重点，提高报道的质量和影响力。最后，大数据技术还可以帮助记者更好地了解受众的需求和兴趣。通过对受众的行为和兴趣进行分析，记者可以更好地了解受众的需求和兴趣，从而更好地制订报道计划和方案。

2016 年，Buzz Feed News 推出的《天空中的间谍》数据新闻，无疑是一次在新闻界引起广泛关注的创新实践。这一选题的诞生，源于 Buzz Feed News 团队对大数据技术的深入理解和巧妙运用。他们通过航班追踪网站 Flightradar24，对涉及此次事件的 200 架联邦飞机进行了详尽的数据跟踪与分析，从而揭示了隐藏在数据背后的深刻故事。①

在数据收集阶段，Buzz Feed News 团队展现了极高的专业素养和技术能力。他们利用航班追踪网站，成功获取了大量关于政府监视行为的数据。这些数据不仅数量庞大，而且具有极高的准确性和实时性，为后续的新闻报道提供了坚实的基础。

在数据分析环节，Buzz Feed News 团队同样表现出色。他们运用先进的数据可视化技术，将飞行轨迹、监视范围、监视频率等复杂信息以直观的图片、动画等形式展现出来（图 2－1）。这些可视化作品不仅美观易懂，更重要的是，它们帮助读者更好地理解了政府监视行为的本质和影响。

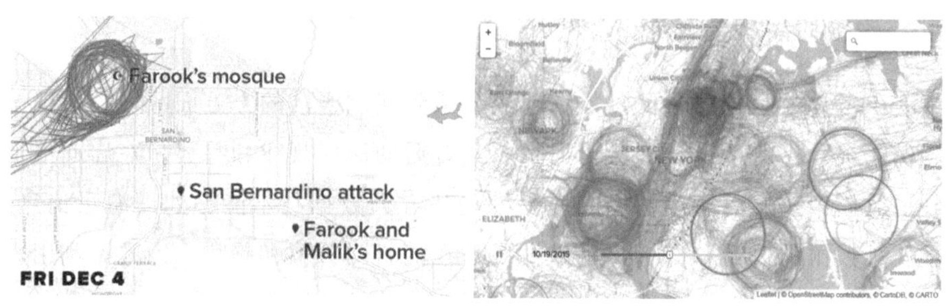

图 2－1　BuzzFeed News 推出数据新闻作品《天空中的间谍（Spies in the Skies）》中的数据地图

① 田烨．融合新闻理论与实践研究［M］．南昌：江西人民出版社，2021：101.

更为难能可贵的是，Buzz Feed News 团队还通过深入挖掘和分析数据，发现了政府监视行为的一些重要规律和趋势。这些发现不仅增加了新闻报道的深度和广度，也为公众提供了更多有价值的思考角度。

除了充分利用大数据技术的优势外，《天空中的间谍》还展现了大数据技术在新闻报道中的创新应用。通过与 AR 增强现实技术的结合，Buzz Feed News 团队成功地将建筑物、街道、交通工具、人流等地面情况逼真地呈现在读者面前。这种创新的呈现方式不仅增强了读者的沉浸感，也使得新闻报道更加生动和形象。①

总的来说，《天空中的间谍》数据新闻是一次非常成功的利用大数据技术寻找新闻选题的实践。它充分展示了大数据技术在新闻报道中的巨大潜力和价值。通过这一案例，我们不仅可以看到大数据技术在新闻选题、数据收集和分析等方面的强大能力，还能感受到它在提升新闻报道质量和影响力方面的重要作用。

此外，《天空中的间谍》还为未来的融合报道选题提供了新的思路和方向。它告诉我们，在大数据时代，新闻工作者不仅需要具备敏锐的新闻嗅觉和扎实的业务能力，还需要掌握先进的数据处理和分析技术。只有这样，才能更好地挖掘数据背后的故事，为公众提供更多有价值的信息和观点。

最后，《天空中的间谍》数据新闻的成功也离不开 Buzz Feed News 团队的卓越执行力和创新精神。他们敢于尝试新技术、新方法，勇于挑战传统新闻报道的边界和限制。正是这种勇于创新和追求卓越的精神，使得《天空中的间谍》能够在众多新闻报道中脱颖而出，成为一次具有里程碑意义的实践。

总之，利用大数据技术进行融合报道选题策划是一种非常有效的方式。通过大数据技术，记者可以更快速地获取和筛选信息，发现潜在的新闻价值和趋势，更好地了解受众的需求和兴趣。同时，也需要记者具备相关的技术和知识，以便更好地运用大数据技术进行融合报道选题策划。

三、关注基层和民生

在融合报道的选题策划中，关注基层群众的生活和民生问题是一个非常

① 那宁宁．全球“数据新闻奖”的数据可视化类获奖作品研究［D］．兰州：兰州大学，2018：27—28.

重要的方向。基层群众是社会的基石，他们的生活状况、问题与需求往往直接关系到整个社会的稳定和发展。因此，深入挖掘与基层群众息息相关的选题，是融合报道的重要任务之一。

一方面，我们需要深入了解基层群众的生活状况。通过实地走访、调查问卷、访谈等方式，了解他们的生活环境、工作情况、教育医疗等方面的状况，以及他们所面临的问题和困难。这样可以帮助我们找到真正有价值、有意义的选题。另一方面，我们需要关注民生问题。民生问题涉及人民群众的切身利益，如教育、医疗、就业、社保等。通过关注这些民生问题，我们可以发现与人民群众息息相关的社会热点和难点，为融合报道提供丰富的素材和话题。

2014 年，网易新闻中心在“网易数读”栏目发布了一篇聚焦农村小学“撤点并校”现象的数据新闻，标题为《农村小学十年间数量减半，学生求学路变远》，其就是典型的聚焦基层和民生的融合报道，具有很高的价值和意义。

首先，这篇新闻关注了农村小学教育的重要问题。农村小学数量的减少和学生的求学之路变远，直接关系到农村教育的质量和学生的未来发展。通过报道这一现象，引起了社会对农村教育问题的关注和思考，有助于推动相关政策的制定和实施。其次，这篇新闻采用了数据新闻的形式，通过具体的数据和图表，生动地展示了农村小学数量和学生的变化情况。这种形式不仅具有直观性，能够让读者更好地理解和接受信息，同时也提高了新闻的可靠性和客观性。最后，这篇新闻还涉及农村家庭教育开支增大、校车安全事故频发等问题，进一步揭示了农村教育问题的复杂性和严峻性。这有助于引起社会的广泛关注和讨论，推动相关问题的解决。

这篇《农村小学十年间数量减半，学生求学路变远》的数据新闻从融合报道关注基层和民生的选题角度出发，具有很高的价值和意义。它不仅揭示了农村教育问题的严重性，也呼吁社会各界共同关注和解决这一问题，为农村教育的健康发展贡献力量。

关注基层和民生是融合报道选题策划的重要方向之一。通过深入了解基层群众的生活状况和关注民生问题，我们可以找到真正有价值、有意义的选题，为受众提供全面、深入的了解和分析。

四、创新呈现方式

在选题策划时，创新报道的呈现方式是提升报道吸引力和受众体验的关键。随着科技的不断发展，虚拟现实（VR）和增强现实（AR）等技术手段为新闻报道提供了全新的呈现方式。而作为结合了新时代技术而诞生的新时代新闻类型——H5 新闻中的模拟体验类新闻就是其中的典型。

模拟体验类新闻是一种利用虚拟现实（VR）和增强现实（AR）等先进技术，模拟还原新闻事件现场的新闻报道方式。这种报道方式为用户提供了第一视角的沉浸式新闻阅读体验，使读者能够更加深入地了解新闻事件，增强对新闻的感知和理解。

网易新闻与暴风魔镜携手推出的 H5 作品《中国的 5 个侧影》，以其独特的全景视频形式，为观众揭开了小康社会建设的五大层面——住房、就业、教育、医疗和扶贫的神秘面纱。这部作品不仅巧妙地将国民经济、文化发展、社会建设等宏大主题融入 360°全景视频之中，更是以此直观且生动地触达年轻观众的心弦。[①]

每一帧画面，都仿佛是一扇时空之门，邀请观众自由穿梭于不同的新闻场景之中。在这里，观众不再是新闻的旁观者，而是身临其境的参与者，能够自主选择视角，深入探索新闻背后的细节与故事。尤其是在住房篇章中，作品通过全景镜头捕捉了鄂尔多斯“筑巢”计划的现场实况，使观众能够真切感受到楼市复苏的紧迫性与挑战。

总之，这种创新的新闻报道方式，不仅有效拉近了年轻人与严肃政治议题如两会之间的距离，更赋予了传统新闻报道一种前卫且富有科技感的“极客”风格。通过这种方式，作品成功提升了用户的参与感和体验感，使新闻报道不再是单调的文字或平面图像，而是一场丰富多彩、感官全开的沉浸式体验。

这些技术手段的应用不仅丰富了报道的呈现方式，还为受众提供了更加生动、有趣的阅读体验。在选题策划时，我们应该积极探索这些新的技术手段，将其融入新闻报道中，为受众提供更加全面、深入的新闻报道。

---

① 黄河，刘琳琳．新媒体实务（第 2 版）［M］．北京：中国人民大学出版社，2021：58.

第三节　新闻线索的寻找

新闻线索，又被称为采访线索或报道线索，可以是那些难以觉察甚至瞬息即逝的迹象，也可能是私下传播的某种说法，甚至是人们习以为常但被忽视的迹象。[①]在融合报道的策划过程中，新闻线索的寻找是至关重要的环节。新闻线索是报道的起点，它提供了报道的方向和主题。一个好的新闻线索应该具有引人入胜、引发共鸣的特点，能够引起受众的关注和兴趣。因此，我们需要深入剖析有效的方法和策略，以确保选定的主题既能引起受众的关注，又能呈现信息的客观性和全面性。为此，本节将首先讲述新闻线索的来源与获取方式，之后将对新闻线索的选择与评估进行讨论，以期为融合报道的策划提供一套全面、实用的新闻线索寻找与评估方法。

一、新闻线索的来源和获取

新闻线索是新闻报道的起点，对融合报道策划来说，获取可靠的新闻线索至关重要。新闻线索的主要来源和获取方式有以下几点。

（一）新闻发布会和官方公告

新闻发布会和官方公告是新闻报道的重要来源之一，也是融合报道策划中获取新闻线索的重要渠道。政府机构、企业、社会团体等定期或不定期发布官方公告，这些公告通常会涉及政策调整、法规发布、经济数据、社会事件等方面的重要信息。

通过参加新闻发布会或关注官方公告，记者和编辑可以获取到权威、及时的新闻线索。这些新闻线索不仅具有高度的可信度，而且通常都是经过官方认证的，因此更加可靠。同时，官方公告的发布往往具有较高的时效性，能够为记者和编辑提供最新的新闻素材。

在融合报道策划中，新闻发布会和官方公告的作用更加重要。记者和编辑可以通过参加新闻发布会或关注官方公告，了解最新的政策动态和社会热点，从而为融合报道提供有力的支持。同时，官方公告的发布也可以为记者和编辑提供更多的背景信息和数据支持，帮助他们更好地理解和分析新闻

---

① 《新闻采访与写作》编写组．新闻采访与写作［M］．北京：高等教育出版社，2019：135.

事件。

需要注意的是，新闻发布会和官方公告虽然具有权威性和可信度，但也可能存在一些问题和不足。因此，在获取新闻线索时，记者和编辑需要保持警惕，对获取的信息进行核实和验证，确保信息的准确性和可靠性。同时，他们也需要根据实际情况进行灵活选择和运用，以获取更加全面、深入的新闻线索。

（二）社交媒体和互联网热点

社交媒体和互联网已经成为现代社会信息传播的重要平台，它们不仅是人们交流和互动的工具，也是新闻线索的重要来源之一。社交媒体上用户生成的内容（UGC）以及互联网上的热点事件、话题等，往往能够引发公众的关注和讨论，从而成为新闻报道的素材。

通过关注社交媒体和互联网热点，记者和编辑可以获取到新颖、有趣的新闻线索。这些线索可能涉及社会问题、公共事件、科技创新等方面，也可能是一些突发的新闻事件。社交媒体和互联网的普及使得这些线索更加多样化和及时，记者和编辑可以通过这些平台快速获取新闻素材，为融合报道提供支持。

在融合报道策划中，社交媒体和互联网热点的关注尤为重要。记者和编辑可以通过对社交媒体和互联网热点的分析和研究，了解公众对于某些问题的关注程度和态度，从而为报道策划提供参考。同时，社交媒体和互联网上的热点事件也可以为融合报道提供更加丰富和有趣的素材，提高报道的质量和吸引力。

需要注意的是，社交媒体和互联网上的信息虽然丰富多样，但也可能存在一些虚假和不实的信息。因此，在获取新闻线索时，记者和编辑需要保持警惕，对获取的信息进行核实和验证，确保信息的准确性和可靠性。同时，他们也需要根据实际情况进行灵活选择和运用，以获取更加全面、深入的新闻线索。

（三）记者和通讯社的消息

记者和通讯社是新闻报道领域的重要专业机构，他们拥有专业的信息采集和传播能力，能够为新闻报道提供高质量、高时效性的新闻线索。

记者是新闻报道的第一线人员，他们深入现场、亲历事件，能够获取到第一手的新闻素材。通过与记者的合作，可以了解事件的具体经过、现场情况，获取更加详细、深入的新闻线索。同时，记者对于事件的观察和分析也能够为报道提供更加深入的思考和见解。

通讯社则是专业的信息传播机构，他们拥有广泛的信息来源和专业的信息分析能力，能够为新闻报道提供全面、客观的新闻线索。通过与通讯社的合作，可以获取到各个领域的新闻动态、政策变化、经济数据等信息，为融合报道提供更加全面、深入的素材。

在融合报道策划中，与记者和通讯社建立联系是获取高质量、高时效性新闻线索的重要途径。通过与他们的合作，可以获取到更加权威、及时的新闻线索，为融合报道提供有力的支持。同时，与记者和通讯社的合作也能够促进信息共享和资源整合，提高新闻报道的效率和质量。

需要注意的是，与记者和通讯社的合作需要建立在互信、互利的基础上，双方需要保持良好的沟通和合作关系。同时，在获取新闻线索时，也需要对信息进行核实和验证，确保信息的准确性和可靠性。

（四）公众调查和反馈

公众调查和反馈是新闻报道中不可或缺的一部分，它们为新闻报道提供了丰富的素材和视角。通过公众调查，我们可以深入了解社会问题和现象，收集公众的意见、观点和需求，从而挖掘潜在的新闻线索。

公众调查可以采取多种形式，如问卷调查、访谈、焦点小组等。通过问卷调查，我们可以收集大量的数据和信息，了解公众对于某一问题的看法和态度。通过访谈和焦点小组，我们可以深入了解公众的意见和需求，获取更加详细和深入的新闻线索。

同时，公众反馈也是了解受众需求和关注点的重要途径。通过关注公众对新闻报道的反馈，我们可以了解受众对于报道的满意度、关注点和改进建议，从而为后续报道提供参考。

在融合报道策划中，公众调查和反馈的作用更加重要。通过公众调查，我们可以获取更加全面、深入的新闻线索，为报道策划提供有力的支持。同时，关注公众反馈也可以帮助我们改进报道方式和方法，提高报道的质量和效果。

需要注意的是，公众调查和反馈虽然重要，但也需要根据实际情况进行灵活选择和运用。在选择调查方式和样本时，需要确保其代表性和客观性。在收集反馈时，需要关注受众的多样性和意见的真实性。同时，对于获取的线索和反馈需要进行深入的分析和研究，确保其对于新闻报道的实际价值和意义。

（五）合作伙伴和可靠来源的信息共享

在新闻报道领域，与合作伙伴和可靠来源建立信息共享机制是一种高效且可靠的获取新闻线索的方式。这种合作不仅可以拓宽新闻线索的来源，提高新闻素材的多样性和质量，还能增强新闻报道的权威性和可信度。

合作伙伴可以是其他媒体机构、非政府组织、行业协会等，他们通常拥有特定的信息渠道或对特定领域有深入的了解。通过与这些机构建立合作关系，我们可以共享资源，互通有无，从而获取到更加全面、深入的新闻线索。

例如，与其他媒体机构合作，可以实现新闻线索的互换和共享。这样不仅可以避免重复报道，还可以提高新闻报道的效率和准确性。与非政府组织和行业协会合作，则可以获取到更加专业、深入的信息和数据，为新闻报道提供更加全面、客观的素材。

与可靠来源的合作也是获取高质量新闻线索的重要途径。可靠来源可能是政府官员、专家学者、企业高管等，他们能够提供权威、准确的信息和数据。通过与这些可靠来源建立合作关系，我们可以获取到更加权威、可靠的新闻线索，为新闻报道提供更加准确、深入的素材。

在融合报道策划中，与合作伙伴和可靠来源的合作显得尤为重要。通过与他们建立信息共享机制，我们可以获取到更加全面、深入的新闻线索，为报道策划提供有力的支持。同时，这种合作也可以促进信息共享和资源整合，提高新闻报道的效率和质量。

需要注意的是，与合作伙伴和可靠来源的合作需要建立在互信、互利的基础上。双方需要保持良好的沟通和合作关系，确保信息的准确性和可靠性。同时，对于获取的线索和信息也需要进行核实和验证，确保其真实性和准确性。

融合报道策划中获取新闻线索需要多方面的渠道和来源。通过综合运用以上几种方式，结合实际情况进行灵活选择和运用，可以获取到丰富多样的新闻线索，为融合报道策划提供有力的支持。

二、新闻线索的选择和评估

融合报道作为一种新兴的新闻传播形式，对于新闻线索的选择和评估显得尤为重要。以下是五方面的分析，以帮助我们更好地进行新闻线索的选择和评估。

（一）时效性

新闻报道的根本要素之一在于其时效性，它直接关系到新闻报道的及时性和新鲜度。在选择和评估新闻线索时，时效性是一个至关重要的因素。

首先，时效性决定了新闻报道的及时性。新闻事件的发生和发展是瞬息万变的，如果报道不及时，新闻就可能失去其时效性和新鲜度，甚至失去新闻价值。因此，在选择新闻线索时，我们需要关注事件的最新进展和动态，以便及时报道。

其次，时效性也影响了新闻报道的新鲜度。新鲜度是指新闻报道的内容是否具有新颖性和独特性。如果报道不及时，新闻事件的发展就可能被其他媒体抢先报道，导致新闻报道失去新鲜度。因此，在选择新闻线索时，我们需要关注事件的最新进展和动态，以便在第一时间报道出具有新颖性和独特性的内容。

此外，时效性还与新闻报道的质量和效果密切相关。如果报道不及时或缺乏新鲜度，就可能导致新闻报道的质量下降，影响受众的阅读体验和信任度。因此，在选择和评估新闻线索时，我们需要充分考虑时效性的因素，以确保新闻报道的及时性和新鲜度。

时效性是评估新闻线索的重要因素之一。同时，我们还需要关注事件的最新进展和动态，以便在第一时间报道出具有新颖性和独特性的内容。

（二）受众兴趣和需求

受众是新闻传播的最终目标，了解受众的兴趣和需求对于选择和评估新闻线索至关重要。这是因为受众的兴趣和需求直接影响着新闻报道的传播效果和影响力。

首先，我们需要分析受众的年龄、性别、职业、地域等方面的特征。不同年龄、性别、职业和地域的受众对于新闻的需求和兴趣是不同的。例如，年轻人可能更关注娱乐、时尚等方面的新闻，而老年人可能更关注健康、养生等方面的新闻。因此，在选择新闻线索时，我们需要考虑这些特征，选择更符合受众需求的新闻线索。

其次，我们需要了解受众对于新闻的关注点和需求。受众对于新闻的需求是多种多样的，包括了解国内外大事、社会热点问题、娱乐八卦等。因此，在选择新闻线索时，我们需要关注这些需求，选择更具有吸引力和价值的新闻线索。

此外，我们还需要考虑如何满足受众的需求。这包括选择合适的报道角度，深入挖掘事件背后的原因和背景，提供相关的背景资料和数据等。只有满足受众的需求，才能提高新闻报道的质量和效果。

了解受众的兴趣和需求对于选择和评估新闻线索至关重要。在选择新闻线索时，我们需要充分考虑受众的特征和需求，选择更符合受众需求的新闻线索。同时，我们还需要关注如何满足受众的需求，提高新闻报道的质量和效果。

（三）内容创新性和多样性

在融合报道中，内容创新性和多样性是吸引受众的重要因素。这是因为现代社会信息丰富，受众对于新闻报道的要求也越来越高，他们不仅希望获得准确的信息，还希望获得具有创新性和多样性的内容。

首先，我们需要分析新闻线索的内容是否具有创新性。创新性是指新闻报道的内容是否具有新颖性和独特性，是否能够给受众带来新的思考和启示。如果新闻线索的内容缺乏创新性，那么即使报道得再好，也难以吸引受众的关注。因此，在选择新闻线索时，我们需要关注事件的新颖性和独特性，选择更具有创新性的新闻线索。

其次，我们需要分析新闻线索的内容是否能够提供多样化的信息。多样性是指新闻报道的内容是否具有丰富性和多样性，是否能够满足不同受众的需求。如果新闻线索的内容过于单一，那么即使报道得再好，也难以满足受众的需求。因此，在选择新闻线索时，我们需要关注事件的多样性和丰富性，选择更具有多样性的新闻线索。

此外，我们还需要考虑如何通过融合报道的形式，将内容创新性和多样性发挥到极致。融合报道是一种综合运用多种媒体手段进行报道的方式，它可以更好地展现新闻线索的内容和价值。通过融合报道的形式，我们可以将文字、图片、视频等多种媒体手段相结合，更好地展现新闻线索的创新性和多样性。同时，我们还可以通过深入挖掘事件背后的原因和背景、提供相关的背景资料和数据等方式，提高新闻报道的质量和效果。

内容创新性和多样性是吸引受众的重要因素。在选择新闻线索时，我们需要充分考虑内容的新颖性和独特性、丰富性和多样性等因素，选择更具有创新性和多样性的新闻线索。同时，我们还需要考虑如何通过融合报道的形式，将内容创新性和多样性发挥到极致。

（四）社会影响和价值

社会影响和价值是评估新闻线索的重要标准之一。新闻报道不仅仅是传递信息，更是对社会现象、社会问题和社会事件进行揭示、解读和引导的过程。因此，选择和评估新闻线索时，我们需要深入分析其可能产生的社会影响和价值。

首先，我们需要关注新闻线索所涉及的社会问题或社会现象。这些内容往往直接关系到社会大众的利益和生活质量，因此具有广泛的社会关注度。选择具有社会问题的新闻线索，能够引发公众的讨论和思考，推动社会进步和发展。

其次，我们需要分析新闻线索对于社会的影响和价值。一个好的新闻报道不仅能够揭示社会问题，还能够通过深入的调查和分析，为公众提供有价值的观点和建议。这样的报道能够引起社会的共鸣，促进社会共识的形成，进而推动社会的进步和发展。

此外，我们还需要考虑新闻线索的社会价值和意义。一个具有深远社会影响的新闻报道，往往能够引发公众的思考和反思，推动社会的变革和发展。这样的报道不仅具有新闻价值，更具有社会价值和历史意义。

社会影响和价值是评估新闻线索的重要标准之一。在选择和评估新闻线索时，我们需要关注其涉及的社会问题或社会现象，分析其可能产生的社会影响和价值，从而更好地进行新闻报道，为社会进步和发展做出贡献。

（五）可操作性

可操作性是评估新闻线索的重要因素之一，它直接关系到新闻报道的顺利进行和效果。在实际操作中，我们需要考虑新闻线索的获取难度、采访难度、编辑难度、发布难度等因素，以确保新闻报道的顺利进行。

首先，我们需要考虑新闻线索的获取难度。如果新闻线索难以获取，那么报道的难度就会增加，甚至可能导致报道失败。因此，在选择新闻线索时，我们需要关注其获取的难易程度，选择更容易获取的新闻线索。

其次，我们需要考虑采访难度。采访是新闻报道的重要环节，如果采访难度过大，那么报道的质量和效率就会受到影响。因此，在选择新闻线索时，我们需要关注其采访的难易程度，选择更容易采访的新闻线索。

此外，我们还需要考虑编辑难度和发布难度。编辑是新闻报道的重要环节，如果编辑难度过大，那么报道的质量和效率就会受到影响。发布是新闻报道的最终环节，如果发布难度过大，那么报道的传播效果就会受到影响。因此，在选择新闻线索时，我们需要关注其编辑和发布的难易程度，选择更容易编辑和发布的新闻线索。

同时，我们还需要考虑新闻线索的成本效益比。新闻报道需要投入人力、物力和财力等成本，如果成本过高而效益过低，那么报道的经济效益和社会效益就会受到影响。因此，在选择新闻线索时，我们需要综合考虑其成本和效益，选择更具有成本效益比的新闻线索。

可操作性是评估新闻线索的重要因素之一。在选择和评估新闻线索时，我们需要充分考虑其获取难度、采访难度、编辑难度、发布难度等因素，以确保新闻报道的顺利进行。同时，我们还需要考虑其成本效益比，以确保新闻报道的经济效益和社会效益的平衡。

在选择和评估融合报道的新闻线索时，我们需要综合考虑时效性、受众兴趣和需求、内容创新性和多样性、社会影响和价值以及可操作性等因素。只有这样，我们才能选择出具有价值的新闻线索，并制作出高质量的融合报道。

第四节　新闻价值的判断

在信息时代的浪潮中，新闻报道作为传递信息、引导舆论的重要途径，其价值判断显得尤为重要。融合报道作为新闻传播的新形式，更加需要我们深入思考和准确判断新闻价值。新闻价值判断是融合报道策划的关键环节，它关系到报道的方向、内容以及传播效果。因此，我们有必要对融合报道的新闻价值判断进行深入探讨和研究。为此，本节将首先对于新闻价值进行简要的介绍，包括定义、重要性以及构成的要素，之后对于新闻价值判断的方法进行讨论，最后对于新闻价值判断的注意事项进行探讨，以期为媒体人和新闻从业者提供一套系统、科学的新闻价值判断方法和标准。

一、新闻价值的概念与构成要素

（一）新闻价值的概念

新闻价值，作为衡量新闻传播重要性的标准，关注的不仅是事实本身，更在于其内涵对受众产生的广泛关注程度和传递的价值观影响力。这一标准在新闻传播中扮演着至关重要的角色，引导着新闻从业者在选择和呈现新闻事实时的方向。在评估新闻价值时，除了关注事件的实质重要性外，还需考虑其在社会、文化和道德层面上的共鸣度，以确保所传达的信息能够触动受众的情感共鸣点，并引发对社会现象的深刻思考。这种综合性的新闻价值评估，有助于打破信息碎片化，使新闻更具整体性和深度，为受众提供更具启发性和洞察力的新闻体验。①

新闻价值在融合报道策划中具有重要意义。新闻价值是新闻报道的核心要素，它决定了报道的吸引力和影响力。在融合报道策划中，新闻价值的评估和挖掘是至关重要的。通过深入分析新闻价值，记者和编辑可以确定报道的重点和方向，选择具有社会意义和公众关注度的新闻线索进行报道。同时，新闻价值也可以指导报道的呈现方式和传播策略，使报道更加生动、有趣，吸引受众的关注和参与。因此，新闻价值在融合报道策划中具有不可或缺的重要性，它是确保报道质量和影响力的关键因素之一。

（二）新闻价值的构成要素

融合报道作为现代新闻传播的一种重要形式，着眼于整合不同来源和多元视角，以更全面、深入的方式呈现新闻。其核心价值在于将多方信息整合为一体，为受众提供更丰富、更全面的视角。曾祥敏曾在《电视采访：融合报道中的人、故事与视角（第3版）》中认为电视新闻价值要素除了包括美国新闻界公认的新闻价值五要素——时效性、重要性、显著性、接近性、新奇性外，还增加了一个可视性。②融合报道作为一个多种媒介形式融合的报道方式，也属于视听媒体的一部分，所以笔者认为曾祥敏为电视新闻价值增加的要素——可视性也是融合报道的新闻价值要素之一。接下来，我们将系统介绍上述六个新闻价值要素，以期为新闻从业者提供更具学术性和理论指导的视角。

1. 时效性

指新闻报道的时间与新闻事件发生的时间之间的差距。时效性越强，新

① 田云兵，向腾蛟．报纸安全出版须把好“三关”[J]．中国地市报人，2019（4）：53－55．

② 曾祥敏．电视采访：融合报道中的人、故事与视角（第3版）[M]．北京：中国传媒大学出版社，2018：42－44．

闻价值越高。新闻报道需要及时、迅速地传递信息，让受众了解最新的情况。

2. 重要性

指新闻事件的重要程度或影响力。重要性越高的新闻事件，其新闻价值也越高。这类新闻通常涉及国家、社会、经济、文化等重大问题，对人们的生活和利益产生深远影响。

3. 显著性

指新闻事件或人物在公众中的知名度和显著程度。显著性越高的新闻事件或人物，其新闻价值也越高。这类新闻通常涉及名人、重要机构、大型活动等，容易引起公众的关注和讨论。

4. 接近性

指新闻事件与受众之间的地理、心理或情感上的接近程度。接近性越高的新闻事件，其新闻价值也越高。这类新闻通常涉及受众身边的人和事，容易引起共鸣和关注。

5. 新奇性

指新闻事件的新奇程度或独特性。新奇性越高的新闻事件，其新闻价值也越高。这类新闻通常涉及新的技术、新的发现、新的趋势等，能够引起公众的好奇心和探索欲望。

6. 可视性

指新闻报道的可视化程度和表现力。可视性越高的新闻报道，其新闻价值也越高。这类报道通常采用生动的图像、视频、图表等形式，使受众更直观地了解新闻事件的情况和背景。

这六个新闻价值要素是相互关联的，一个新闻事件可能具有多个要素，从而使其具有更高的新闻价值。在新闻报道中，记者需要综合考虑这些要素，选择具有较高新闻价值的新闻事件进行报道，以吸引受众的关注和兴趣。

二、新闻价值判断的方法和步骤

融合报道中的新闻价值判断是新闻报道的核心环节，它直接影响到新闻报道的质量和效果。通过对新闻线索的收集、信息的分析、要素的评估、受众需求的考虑、媒体定位的结合以及多种因素的综合考虑，我们可以逐步建立起一套科学、有效的新闻价值判断方法。这些方法和步骤不仅有助于提高新闻报道的准确性和客观性，还能更好地满足受众的需求，提升媒体的品牌形象。因此，深入探讨融合报道中的新闻价值判断方法和步骤，对于提高新闻工作者的专业素养和新闻报道质量具有重要意义。

（一）收集新闻线索和信息

新闻线索是新闻报道的起点，收集新闻线索是新闻价值判断的第一步。记者需要利用多种渠道，如社交媒体、互联网、通讯社、政府部门、竞争对手等，收集尽可能多的新闻线索和信息。这些线索可能包括事件发生的时间、地点、涉及的人物、事件起因、发展状况等信息。收集到的线索和信息需要进行筛选和整理，去除虚假和无关的信息，保留真实且具有新闻价值的线索。

（二）分析新闻事件的构成要素

收集到新闻线索和信息后，需要进行深入的分析和研究，因此，确定新闻事件的基本构成要素是我们接下来需要做的。新闻事件的基本构成要素涵盖时间、地点、涉及人物以及事件的起因、经过和结果等方面。这些要素的确定可以帮助记者更好地了解新闻事件的本质和特点，为后续的新闻价值判断提供基础。

（三）评估新闻价值

评估新闻价值是融合报道中的关键步骤之一，需要考虑多个因素。首先，要判断新闻事件的重要性，即新闻事件对社会、经济、政治等方面的影响程度。其次，要考虑新闻事件的时效性，即新闻事件发生的时间与报道时间之间的差距，以及该事件的新鲜程度和时效性。此外，显著性、接近性、新奇性和可视性也是评估新闻价值的重要因素。

（四）考虑受众需求和兴趣

评估新闻价值时，需要考虑受众的需求和兴趣。受众是新闻报道的接收者，他们的需求和兴趣直接影响到新闻报道的质量和效果。因此，记者需要了解受众的特点和喜好，根据受众的需求和兴趣来确定新闻报道的角度和重点。

（五）结合媒体定位和报道策略

不同的媒体有不同的定位和特点，记者需要根据所在媒体的定位和报道策略来确定新闻报道的角度和重点。同时，还需要考虑媒体的品牌形象和专业形象，确保新闻报道符合媒体的定位和价值观。

（六）综合考虑多种因素做出决策

最后一步是综合考虑以上因素，做出新闻价值判断的决策。这一步需要记者具备敏锐的洞察力和判断力，同时还需要根据实际情况进行灵活的调整和处理。在决策过程中，记者还需要注意避免主观偏见和情感因素的影响，以保持公正和客观的态度。

融合报道中的新闻价值判断需要记者具备专业的知识和技能，同时还需要不断学习和实践。通过不断积累经验和对不同类型新闻事件的分析和研究，记者可以逐渐提高自身的新闻素养和判断能力，为受众提供更加优质、准确的新闻报道服务。

【问题思考】

1. 融合报道策划有哪些具体方式与要求？
2. 融合时代怎样获取新闻线索？
3. 融合报道的新闻价值要素有哪些？

第三章 融合报道的采写创新[①]

【内容提示】

媒介融合时代，传统新闻行业正经历前所未有的变革。媒介形态革新的同时对新闻采编人员能力结构提出了更高的要求。新闻采编人员不仅要熟悉基本的报道技巧，还要不断创新以适应不断演变的传播渠道。本章旨在帮助新闻采编者掌握融合报道中采写创新的关键技能和策略，理解各种能力要素对于高质量新闻报道的重要性，以形成融合报道的思维，达到提升新闻报道质量的目的。本章主要内容：①创新采写的能力要素；②创新采访技巧；③创新写作能力。

第一节 创新采写的能力要素

随着信息技术的高速发展，媒介融合已成为一种势不可当的趋势。尽管“媒介融合”的概念不同学者有不同的定论，但比较通俗的说法是“各种介质媒体之间打破壁垒、互通有无、逐渐交融的过程和状态”[②]。相较于传统媒体通过报纸、广播、电视等传统渠道的传播，融媒体报道实现了从 PC 端向移动端的转化，为新闻报道提供了更广阔的舞台和无限的可能性。在媒体融合的背景下，数据新闻、动画新闻、HTML5 新闻、VR 沉浸式新闻等应运而生。它们打破了传统新闻报道的限制，以更加生动、活泼、直观的方式呈现，同时，融合文字、图片、音频、超链接等多媒体新闻形态，让新闻的

① 本章由西南政法大学党政办副主任李娴和硕士研究生刘凤莹编写。

② 杨慧霞．融媒体报道实务研究［M］．武汉：武汉大学出版社，2023.

表达方式更多元、更新鲜。移动端也为这种全新的报道方式提供了无限接收的机会。融合报道为新闻报道带来了新的机遇，同时也带来了挑战。

首先，新闻写作不再是纯文字。在融媒体时代，新闻采写的内涵和外延不断发生改变，受众对新闻的需求不仅仅停留在文字上。因此，包含了图片、视频、音频等多媒体形式成为新闻写作的重要表达方式。在将来，随着技术的不断进步，新闻写作的表达方式还将继续丰富变化。

其次，新闻报道不再只是静态表达。随着新媒体的发展和媒介的进一步融合，用户接收新闻的平台已经由传统媒体转向媒体 APP、微信、微博、抖音等渠道，阅读习惯也朝着碎片化间歇式改变。而新媒体平台在语言风格、叙事结构和表现手段方面都呈现出新的特点，不再是传统的黑压压的严肃文字、传统的线性叙事。

最后，新闻生产发布不再因时因地受限。融媒时代要求媒体全天候处于待命状态，以滚动式、实时性为主要特点。没有截稿时间，不受发行时间限制，“最快报道”就是目标。

党的十八大以来，习近平总书记深刻分析信息社会全媒体时代发展趋势，敏锐洞察媒体融合的发展机遇，在全国宣传思想工作会议、党的十九届中央政治局第十二次集体学习、党的二十大报告、全国宣传思想文化工作会议、媒体融合发展论坛等重要场合发表系列讲话，强调加强全媒体传播体系建设，塑造主流舆论新格局，为全媒体传播格局的构建提供了政策支持和方向指引。

因此，面对全媒体发展的时代机遇和挑战以及国家宏观战略布局，新闻工作者们应以更高的站位、更宽的视野、更强的责任感和使命感，积极投身于全媒体传播格局的构建中，适应全媒体时代的发展要求，把握媒体融合发展的规律与趋势，通过整合各种媒体资源，形成一个多层次、多渠道、多元化的传播体系，以更好地满足人民群众的信息需求，提升国家文化软实力和国际话语权。当然，在融媒时代向用户提供更优质的信息，促进了新闻传播事业的发展和进步，也对新闻记者提出了更高的要求。新闻记者理应主动适应媒介技术发展带来的机遇和挑战，在“变”与“不变”中不断创新新闻采写工作，有效提升新闻采写能力和素养，积极进行新闻生产，以推动新闻行业的长远发展。

一、新媒体思维能力

（一）创新思维

创新思维是指新闻工作者在采访、写作、编辑、策划等方面不断推陈出新的思维方式。具备创新思维的新闻工作者能够从独特的视角报道新闻，提供新颖的观点和分析，吸引读者的关注。新闻工作者只有具备创新思维，才能紧跟时代步伐，不被时代抛弃。[①]

首先，新闻工作者须具备敏锐的观察力和洞察力，能够及时发现和捕捉新闻事件中的新元素和深层次意义。这要求新闻工作者不断拓宽自己的知识面和认知视野，关注社会、经济、政治、科技等各个领域的动态，深入了解不同群体的需求和关切。其次，新闻工作者需勇于挑战传统观念和惯常做法，培养独立思考和自主创新的能力，不拘泥于已有的报道模式和框架，勇于尝试新的报道形式、新的表达方式、新的技术应用等。最后，新闻工作者需始终保持好奇心和求知欲，不断更新自己的知识体系，掌握最新的媒体技术和传播手段，以更好地适应时代发展的需要。

（二）用户思维

随着新媒体技术的发展，媒体可利用的传播渠道更加广泛，传播形式将更加多样，新一代受众群体也从以往单向传播的被动读者逐渐转变为心理和行为都更加复杂的主动用户。他们对信息传播的速度、广度的需求都发生了深刻的变化。在“得粉丝者，得天下”的融媒时代，粉丝即优质目标受众就是这个时代的生存法则。站在“粉丝”的角度来思考融媒产品的定位、功能并进行延伸服务，即是进行新闻采写首要关注的关键点。

用户思维是一种以用户为中心的思维方式，要求从用户的角度出发，了解用户的需求和解决用户遇到的问题，根据用户的需求和痛点，打造符合用户期待的产品或服务。用户思维早期应用在互联网产品设计领域，它要求时刻回到用户角度来理解问题、解决问题。对新闻媒体而言，就是首先清晰准确把握用户及用户的个性特征和需求特点，再根据用户的需求、特点或者行为等分析结果，对新闻内容进行重新包装，最后，除了信息内容外，媒体提供的不是单纯的内容，而是要做到人性化、体验最优化，让受众在这个媒体

① 陈向荣．新闻采访和报道的创新思维［J］．电视指南，2018（7）：104.

里找到自身需求的产品和服务。

（三）产品思维

产品思维原指针对用户的某方面需求，用产品的形态来满足用户需求的一种思维模式。融媒体时代，技术的发展改变了新闻生产的理念和模式，“受众即市场”的观点得到越来越多新闻从业人员和机构的认可。产品思维将受众看作消费对象，将新闻包装成具有消费价值和有明确市场定位、商业链接、竞争对手、关系维护的“产品”，而不单单是“作品”，这也是区别于传统媒体的特点之一。

从微观层面说，新闻作品可以是一则视频、动画的报道或者游戏，由不同的元素组合成，而使得新闻超越内容本身；从宏观层面看，融媒平台本身就是一个融合了传统媒体与互联网的产品。比如，人民日报客户端、央视新闻客户端等。因此，传媒人需要树立新闻产品意识，重新理解新闻产品的生产和传播过程。①

在新闻产品生产中，从进一步提升新闻产品服务价值和营销价值出发，贯穿创意、研发、运营、推广重新阐释新闻产品的生产、制作、传播流程，就是融媒体背景下新闻采编人员生产“产品”的全过程。在这个过程中，既要把握流量又要超越流量，既要追求流量又要把握价值导向，这要求采编人员基于以用户为中心的理念，把握时机挖掘新闻产品营销机会，拓展媒体消费市场，从一个懂内容、做内容的人“升级”为一个懂市场、做产品的人。

（四）整合思维

整合思维又称“连接思维”或“合向思维”，就是把一些零散的东西通过某种方式彼此衔接，形成一个既包含已有模式的某些成分，又优于已有模式的新模式，从而实现信息系统的资源共享和协同工作。

融合新闻的整合思维强调在数字时代通过协调多方资源，实现新闻报道一体化的效果。融合新闻中的整合对象包括技术整合、内容整合、形式整合、平台整合以及生产机制和流程的整合。②新闻产品本身就融合了文字、图片、音频、视频、超链接等多媒体的新闻形态，并汇聚了各平台的长处，

---

① 陶喜红，周也馨．媒介融合背景下传媒人产品思维的养成［J］．青年记者，2021（4）：21—23．

② 覃露莹．媒体融合背景下重大主题宣传创新创优的四种融合新闻思维——以庆祝建党百年融合报道创新案例为例［J］．视听，2021（12）：7—9．

只有打出传播组合拳，才能满足受众多样化的需求，全方位地呈现新闻价值，使得新闻传得更快、播得更好。融合新闻的内容进行重新组织、排序和包装，各种媒介资源、生产要素有效整合、共融互通、多元整合传播，能够达到 1+1＞2 的综合效应，因此，融媒体更需要整合思维。如人民日报“中央厨房”的上线，改变了以往单一的纸媒传播渠道，成为集平面媒体、网站、两微一端等多平台的全媒体传播矩阵，这就是整合思维的集中体现。

（五）互动思维

新时代的新闻传播不再是媒体单方面的事情，在社交媒体的参与下，融合新闻改变了过去受众被动的地位，受众可以随时随地进行点赞、评论、转发，使得信息传播更加具有双向性和互动性。此外，有时用户的弹幕、评论和留言会比新闻作品更加吸引眼球，媒体对用户互动内容进行二次创作后产生新的作品，在激发用户参与活动和传播分享的同时也进一步提升了用户黏度。融合新闻的用户思维旨在通过多媒体交互技术提升新闻报道的可读性、趣味性、交互性，以此丰富用户体验。例如，5G＋4K/8K＋AI 的技术组合、新闻游戏、H5 新闻等新闻形式，可以使受众从阅读新闻转变为体验新闻，使得受众主动参与模拟新闻事件并沉浸其中，感受新闻带来的影响。

良好的交互性体验使得用户不再是新闻信息的被动接收者，而成为主动参与者，这是融合新闻生产的一种新思路。

二、全媒体技能

当下，在社交媒体平台“全方位、全过程、全情境”的冲击下，新闻生产的底层逻辑被全面重塑，传统媒体拉开全维传播模式，文字、声音、影像、动画等多种媒体表现手段火力全开。这要求新闻采编者不仅需要理解不同媒体平台的特点和传播规律，培养跨媒体思维，更要掌握采、写、编、摄、录等多项技能，熟悉各平台的操作规则和特点，更好地适应全媒体时代的新闻报道需求。在保留、传承传统新闻媒体优势的同时，积极掌握全媒体技能，运用多媒体信息传播渠道，向世界讲好中国故事。

（一）融媒体信息采编能力

身处“万物皆媒”的全媒体时代，新闻传播行业面临更多机会和平台的同时，竞争也日趋激烈。新闻记者应掌握多种媒介的采编技能和跨媒介内容策划能力，既能根据不同媒介的特点和要求进行内容策划，也能整合、联动多种媒介，运用多媒体手段呈现新闻内容，为受众提供大量可供选择的、准确的、时效性强的、方便快速提取的信息和新颖、独特的视听体验，为受众提供最合适的内容产品，提高新闻传播的覆盖面和到达率，以适应融媒体背景下不同媒体的信息共享与互动，这是一名新闻记者不得不做出的改变，就是成为一名全能型的信息筛选者、内容解读者和信息服务提供者。

（二）多文本写作能力

多文本写作能力是全媒体时代新闻记者必备的重要能力之一，是指记者通过深入了解不同媒体平台的特点和受众需求，掌握多种写作风格和表达方式，创作出适合不同受众需求的新闻文本的能力。新闻记者除了需要具备扎实的文字编写能力、语言表达技巧等基本能力外，还要不断尝试不同类型的写作风格和表达方式，在文本写作中熟练地融入当下流行的图片、文字、表情包、视频等多媒体元素，丰富文本内容。

除此之外，在保证语言准确性和规范性，避免使用错误的表达方式和语法错误的前提下，记者要提升创新性思维与叙述故事的能力，能够结合平台特点准确、生动地描述事件、人物，运用形象化的语言和修辞手法增强文本的表现力和感染力。记者要抓住每一次锻炼的机会，多写、多练，不断尝试不同类型的文本写作，勇于尝试新的表达方式和语言风格。

（三）出镜报道能力

出镜报道是新闻报道的重要形式之一，记者出镜能更好地传达新闻信息，让受众更深入地了解新闻事件，增强媒体的公信力和影响力。首先，为了保证新闻的客观、公正、全面，出镜记者需要时刻保持对新闻事件的敏感度，能够迅速判断新闻的价值和意义，挖掘事件背后的故事和深层次的原因，继而通过查阅资料了解新闻事件相关知识。其次，出镜记者需要具备较强的语言表达能力和口才，能够清晰、准确、生动地表达新闻事件和自己的观点，做到言简意赅、深入浅出。注意语言的规范性和逻辑性，避免出现语法错误和表达混乱而误导受众。[①]当然，记者代表所在的媒体，因此，出镜记者须具备良好的形象和气质，穿着得体、仪态端庄、表情管理得当等，以体现自身和媒体的专业性和可信度。出镜报道能力并非一朝所能练成，记者要多多参加专业培训，积累经验，向优秀的记者前辈虚心求教、学习，不断

---

① 金曲欣．浅谈出镜记者的素质与修养［J］．才智，2011（23）：169.

提高自己的出镜报道水平。

（四）融媒体作品制作能力

掌握技术和数字工具是制作融媒体作品的基础。记者要了解数字摄影、数字影像等方面的技术，熟练使用Adobe系列软件、AR、VR虚拟技术、视频剪辑技术等，即技术与数字工具的利用能力。在此基础上，融媒体记者要培养创意设计能力，具备独特的审美眼光和创新的思维方式，根据新闻主题和内容设计出具有吸引力和感染力的融媒体作品，注重作品的信息呈现和用户体验。例如，2012年，由陈晓卿执导的《舌尖上的中国》系列节目开始在中央电视台播出。这档美食类纪录片一经开播，就引发了现象级的关注。这部纪录片讲述的是中国美食，在叙述策略上则采用了讲故事的方式。也就是说，通过讲述人的故事来呈现中国美食以及美食背后的饮食文化。

三、新媒体伦理与法律意识

（一）数字时代维护新闻伦理和法律意识的重要性

融媒体时代背景下，新闻记者触角涉及面比较广，在工作当中新闻记者自身要加强法治观念，按照法律规定的要求做好本职工作。如果没有依法采访，这对社会就会造成负面的影响，新闻记者在法治社会要注重学习好以及落实好党纪党规以及法律法规，这是新闻记者必要的素养，要保持清醒的法律意识，提高自身依法采访能力。

不触碰法律底线，将法律作为必修课来抓。新闻记者不仅要强化法治观念，还要遵守职业道德，坚持新闻真实原则，这也是新闻媒体主观意志以及公信力的客观要求，是新闻记者根本任务。新闻记者要能够树立正确三观，客观报道新闻事实，时刻保持自省，像维护生命一样维护新闻事实。

（二）在尊重知识产权和保护个人隐私的前提下进行报道

知识产权是个人或组织的智力成果，包括专利权、商标权、著作权等。个人隐私是每个人的基本权利，包括个人信息、家庭信息、生活状况等。尊重知识产权和保护个人隐私是每个记者的责任和义务，也是维护媒体的公信力和声誉、提升记者个人媒介素养和职业道德的要求所在。

记者在报道中使用他人的知识产权或个人信息时，需要通过与被报道对象协商，达成协议或取得授权书等方式获得相关授权；在使用他人作品时，需要注明出处，并获得作者授权；合法获取新闻素材，不进行非法调查和偷拍等行为，尊重并保护他人隐私，不随意泄露敏感信息。

总之，新媒体思维是媒体人在新时代背景下的一种创新思考方式；全媒体技能是记者在新媒体时代必须掌握的一套全面的技能；遵守伦理与法律意识是媒体人在从事媒体活动时必须遵守的基本原则，它是媒体人应对新媒体时代信息泛滥、虚假新闻等问题的重要保障。

在实践中，具备新媒体思维、掌握全媒体技能和遵守伦理与法律意识是相互促进、相互支撑的。媒体人需要运用新媒体思维，借助全媒体技能来制作和传播内容，而遵守伦理与法律意识则可以保证媒体人在制作和传播内容时不会违反法律法规。在每一次新闻活动中，媒体人需同时具备和遵守这些要求，在合法合规的前提下，最大程度地利用好媒介技术、创新内容和形式，提高新闻作品的质量和媒体竞争力，满足受众日益多样化、个性化的需求，提高报道的质量和影响力。

为此，新闻记者也要适应新的发展形势，充分挖掘融媒体的发展优势，不断提升自身综合素养，创新传播理念和采写模式，使自己的采写适应融媒体时代的需求，从而推动新闻媒体在新时代的发展。

第二节　融合报道的创新采访

一、融合报道采访的理念与方法

“融合新闻”主要指媒体融合背景下基于新兴媒介平台或技术制作而成，并融合了多种媒介元素的新闻形态。[①]融合新闻的核心是“融合”，即将不同类型的信息，如文字、图片、音频、视频等通过数字化手段进行整合，以适应不同媒体平台的需求，最终实现信息的多渠道、多层次、多角度传播。融合报道最大的魅力是突破了技术的限制，选择互联网新闻的最佳表达形态，实现了新闻报道内容与新闻呈现形式之间的最佳匹配。

融合报道给新闻的采访提出了新要求。与传统的新闻采访不同，融合报道的采访更加注重多媒体呈现、跨平台工作、时效性、互动性和数据可视化等方面的要求。为了应对这些挑战，采访者需要不断更新自己的采访理念和

① 刘涛，等．融合新闻学［M］．北京：高等教育出版社，2021：9，37．

方法，以适应新媒体时代的发展和变化。

（一）采访在融合报道中的地位与作用

采访是融合报道的基础。在媒体融合时代，采访的内容和形式发生了很大变化，但采访作为获取信息的主要手段的地位并没有发生改变。不论何种形式的报道，采访都是最基础、最重要的环节。事实是第一性的，新闻是第二性的，事实在先，新闻在后。采访是获取新闻素材的重要手段，是写作的前提和基础，是架起事实和新闻之间关系的桥梁。采访能够直接与新闻事件当事人、目击者等接触，获取第一手资料，深入了解事件的来龙去脉，掌握一手信息和细节，为后续的融合报道提供宝贵素材。只有通过采访获得丰富、真实、生动的素材，才能制作出高质量的融合报道。

采访有助于提高融合报道的深度和广度，增强可信度和说服力。一方面，采访可以深入挖掘事件背后的细节和背景信息，让受众了解事件的全貌和发展过程，这使得报道更加立体、全面，为受众提供了更多思考和分析的空间。另一方面，采访可以接触到事件当事人、目击者等不同利益相关方，从多个角度呈现新闻事件，增强融合报道的客观性和公正性，同时也有助于受众更好地理解事件的复杂性和多样性。此外，采访通过专家学者等权威人士的解读和剖析，提供专业、深入的分析和观点，增强报道的权威性、可信度。总之，采访在融合报道中的作用是至关重要的，它不仅提供了丰富的素材和观点，还为受众提供了更加全面、深入的新闻报道，从而增强了融合报道的可信度和说服力。

采访有助于培养记者的综合素质，推动新闻业的健康发展。在媒体融合时代，记者需要具备跨媒体采访的能力和多元化的技能。在采访过程中，记者需要与不同的人进行交流和互动，这要求他们具备良好的沟通技巧和人际交往能力。同时，在采访时，记者需要对收集到的信息进行筛选、分析和判断，以确定哪些内容是有价值的，哪些信息是准确的。这有助于培养记者的分析和判断能力，以便在日后的融合报道中更加敏锐地捕捉新闻线索，准确地判断事件的真实性和可信度。此外，在采访过程中，记者可能会遇到各种突发状况和不可预见的情况，要求记者能够灵活应对和迅速调整采访策略，在一次次的应对中，记者的应变能力和创新思维也能够得到锻炼和提升。通过采访，记者可以不断提升自己的专业素养和能力，为新闻业的发展做出积极贡献。

（二）融合报道中的采访准备与规划

1. 做好采访的前期准备

记者采访前的准备工作至关重要，准备充分，满载而归；仓促上场，颗粒无收。每一次采访之前，记者都要做好充分的准备，不打无准备之仗。前期的准备包括以下内容。

（1）明确主题，确定目标

融合新闻报道中，分发渠道多元，呈现方式多样，但不论新闻以何种形式、何种渠道分发，都应首先明确报道主题。在确定新闻主题时，应按照新闻价值原则，即选择具有时效性、重要性、显著性、接近性或趣味性等特征的选题，从而达到最大的新闻价值和传播力。同时，不同的媒体有不同的定位和受众群体，选择报道主题时要遵循本媒介的报道方针，精准定位目标受众的需求和喜好。此外，作为融合报道作品，其主题要紧扣时代特征，展现时代精神，找准典型，反映时代和人民的真实样貌。在采访前，首先要理清报道目的，明确报道立场，从而有针对性地拟订采访计划。

（2）查阅资料，做好功课

确定了新闻报道的主题后，应根据融合报道要表达的主题，确定采访对象。通过以往报道、网络信息、会议资料、杂志书籍等途径，认真了解被采访对象或单位的基本情况，包括但不限于历史背景、成长经历、个人成就、兴趣爱好、专业领域、宗教信仰等。只有深入了解了基本情况，才能在采访中既能避免紧张，提升采访效率，又能做到有备无患、切中要点，提出更深入、更细节、更有针对性和独家性的问题，提高采访的质量，使得采访更具深度和广度。当然，如果记者无法通过现有的途径和方法获取相关信息，尤其是涉及专业领域的问题，要及时向上级报告，寻求帮助；同时咨询相关领域的专家，以获取更加准确的信息和建议。需要注意的是，无论是从哪一种途径获取的信息，都要注意鉴别信息的真伪，做好筛选和鉴别工作。

（3）理清思路，列出提纲

明确报道的主题、形式和对象后，就要着手列出采访提纲。采访提纲是记者对采访活动的基本设想。包括采访的前期准备、采访目的、采访对象、采访时间、采访地点、采访设备、采访方式、采访问题、可能遇到的困难和解决的方法。需要注意的是，针对不同的对象，都应尽量设置开放性问题，可以先从广泛的、基础的问题引入，在建立基本的信任后再逐渐问深入的、细节的问题，且问题尽量做到有逻辑性和顺序性。记者应尽量保持提纲简洁明了，避免冗长和重复的表达，预留一些空间以便在具体的采访实施中灵活调整。在正式进行采访前，可以模拟采访，检验提纲的可行性和改进提问方式。为了避免电子设备没电、采访地点无信号等情况，可以将采访提纲提前打印出来，以便随时查看。

2. 掌握采访的语言技巧和做好情感控制

融合报道采访中，记者需掌握采访的语言技巧并做好情感控制。一方面，记者要用词准确，避免含混不清的表达、冗长复杂的表达，以免受访者怀疑记者专业性从而不愿表达，使记者获取的新闻素材大打折扣。同时，在受访者回答问题时，记者应认真聆听并给予适当的回应，以鼓励他们继续表达。除非受访者有严重的错误或离题，记者不要随意打断他们。另一方面，记者应以积极的心态面对采访，避免过于紧张或焦虑，保持冷静和镇定，避免因情绪波动而影响采访效果。除了言语，还要注意自己的非言语沟通，如表情、肢体动作等，确保与受访者建立良好的沟通氛围。

3. 第一时间到达新闻现场，及时做好采访记录

我国著名记者纪希晨先生曾说："在许多场合下，连口问、耳朵听都闹不清楚的东西，许多说不清楚、听不明白的问题，到现场一看，就一目了然了。"[①]无论是人物采访还是事件采访，对人、物、景的直接观察，能够让记者获得最真实的感受，最客观、生动的素材。记者根据这些素材选择最合适的报道形式，达到最大的传播效果，让受众如身临其境一般。互联网时代，各种信息良莠不齐，报道作品同质化现象严重，要想维持报道质量，确保新闻可信性和媒体权威性，记者第一时间到达新闻现场是必然要求。同时，记者到达现场后，由于信息要素过多，记者在用眼看、用鼻嗅、用手摸、用脑记等全身心地感受、获取信息的同时，也应学会利用好手头的工具，做好笔记、录音、摄像等，方便后续激发新闻敏感、寻找新闻线索和筛选核查新闻素材。

（三）多平台采访策略

融合报道中的多平台采访是指记者在采访时，利用多种平台进行信息的采集和发布。多平台采访的方式有多种，包括但不限于在多个平台上同时发

---

① 纪希晨．新闻是时代的镜子［M］．北京：人民日报出版社，2004．

布新闻稿件，利用多媒体手段（如视频、音频、图片等）进行采访，在不同平台上发布不同类型的内容（如文字、视频、音频等），以及通过社交媒体等渠道获取新闻线索等。在多平台采访中，记者需要首先了解不同平台的传播特点，以便根据平台的特点调整采访和报道方式。同时，根据采访主题和目的，可以采用多种采访方式，如面对面采访、电话采访、在线视频采访等。不同的采访方式适用于不同的情境和平台，有助于提高采访的多样性和丰富性。然而，多平台采访对记者也提出了挑战，记者除了要快速适应不同平台特点，掌握多种采访和报道技能，处理不同类型的内容和格式，还要充分考虑不同平台的受众，针对不同受众群体进行精准传播。

二、创新采访技巧

（一）采用新技术的现场直播采访

现场直播采访是指记者在新闻事件发生现场，通过电视或网络等媒体平台，实时报道新闻事件的整个过程。这是一种非常重要的新闻报道形式，能够为观众提供身临其境的现场感受，增强新闻的真实性和可信度。

现场直播采访对技术设备的依赖性较高，要求采访前具备稳定的信号，所需的摄像机、麦克风、灯光等设备。同时，现场直播采访也对记者的素质和能力提出了要求。由于直播的即时性和不可重复性，记者需要具备敏锐的新闻敏感，良好的沟通和表达能力，突发应变能力和客观、冷静的职业素养。此外，现场直播时，记者也需要与摄影师、编辑等团队合作，协调工作进度和内容，保证直播报道的顺利进行。

（二）社交媒体互动采访

社交媒体互动采访是一种新型的采访方式，它是伴随着社交媒体的兴起与发展而产生的。它利用社交媒体平台进行实时互动和交流。这种采访方式具有更广泛的传播覆盖范围和更高的互动性，成为当代社会中最重要的信息交流方式之一。记者可以根据目标受众的特点，选择合适的社交媒体平台进行采访。例如，年轻人更喜欢使用抖音、哔哩哔哩等视频平台。社交媒体互动采访一般以文字、图片、音频的形式展示，同时可以通过回复评论、私信等方式与受众互动，增强受众参与度。相比传统的线下访谈，受众能够更深入地参与到采访中，与采访对象进行实时互动和交流。

（三）数据驱动的深度采访

数据驱动的深度采访是指一种基于数据分析的采访方式，通过收集和分析大数据来了解采访对象，并针对其特点和背景设计出更具针对性的问题。这种数据驱动的深度采访可以帮助记者更深入地挖掘信息，提供更准确和全面的报道。数据驱动的深度采访通常需要使用多种工具和方法，包括数据可视化、数据挖掘、统计分析等，以全面地了解采访对象，通过这种方式，记者可以更准确地把握事实，发现更多有价值的信息，为受众提供更深入的报道和分析。

数据驱动的深度采访对工具依赖性很强。常见的工具有数据可视化工具，包括 Tableau、Power BI、ECharts 等；数据挖掘工具 Python、R、SAS 等；统计分析工具 Excel、SPSS、SAS 等；社交媒体分析工具 X、Facebook、微博、微信等；搜索引擎百度、Google、Bing 等。这些工具可以帮助记者更全面地了解采访对象，发现更多有价值的信息，为受众提供更深入的报道和分析。

三、融合媒体环境中的采访工具

（一）数字录音与录像工具

随着媒体融合的深入发展，数字录音和录像技术逐渐成为新闻传播、影视制作、广告宣传等领域不可或缺的重要工具。首先，相比传统的录音和录像方式，数字技术能够快速完成素材的采集、编辑和发布，大幅缩短了制作周期，提高了工作效率。同时，数字录音和录像技术实现了高清晰度、高保真的音视频效果，增强了媒体的传播力和影响力。其次，数字录音和录像工具为媒体内容创作者提供了更加丰富的创作手段和表达方式。通过各种数字技术，创作者可以轻松实现音频、视频的剪辑、合成、特效处理等操作，从而制作出更加生动、形象、富有创意的媒体内容。这不仅拓展了创作者的创作空间，也满足了观众对于多元化、个性化媒体内容的需求。目前国内常用的录像工具为剪映。这是一款由字节跳动开发的免费视频剪辑软件，功能齐全、操作简单，支持多种音视频格式，拥有海量的素材库，适合新手使用。除此之外，其他剪辑软件还有快剪辑、爱剪辑、Audacity、Camtasia 等。

（二）移动设备在采访中的应用场景

移动设备为融合新闻采访提供了更大的灵活性、即时性和互动性，使记者能够更快、更方便地收集信息，与观众互动，并将新闻内容发布到多个平台上。移动设备在采访中有许多应用场景。首先，移动设备除了可用于记录、数据收集分析、现场采访等基本需求外，还可以用于远程采访。记者可以通过手机或电脑等设备与采访对象进行视频通话，进行远程采访，这打破了地域限制，方便记者随时随地进行采访，以提高采访的灵活性和效率。其次，移动设备也可以用于实时传输采访素材。通过移动网络或 Wi－Fi 等网络连接，记者可以将采访素材快速传输到编辑部或后方，缩短了素材传输的时间，提高了新闻制作的效率。当然，由于在融合报道采访中对移动设备的依赖度过高，在使用移动设备采访时要确保设备电量充足，备份重要数据，确保网络连接稳定等，以确保采访能够顺利进行。

（三）采访中的云技术和协作软件

在融合报道采访中，云技术和协作软件发挥着重要的作用。云技术为媒体提供了存储、处理和分享大量数据的能力，使得记者可以随时随地访问数据，提高了采访和报道的效率。同时，云技术还可以实现多人协同工作，不同部门的成员可以实时共享和编辑同一个文件，增强了团队协作的能力。此外，协作软件帮助团队成员实现了更好的沟通和协作。通过实时聊天、视频会议等功能，团队成员可以随时交流想法和意见，共同解决问题。同时，协作软件还可以实现任务分配、进度跟踪等功能，使得项目管理更加高效。在融合报道采访中，常见的云技术和协作软件包括 Google Docs、Dropbox、Slack 等。这些工具可以帮助团队成员在不同的地点和时间下进行高效的协作和沟通，提高采访和报道的质量和效率。

四、采访信息的管理与运用

（一）信息收集和管理的技术

融合报道中信息收集和管理技术是至关重要的，它可以帮助媒体机构更有效地收集、整理、分析和呈现信息。这些技术包括大数据技术、云计算技术、数据可视化技术等。

大数据技术可以处理海量数据，包括结构化和非结构化数据，通过数据挖掘和分析，帮助媒体机构发现有价值的信息和趋势。这种技术可以处理大量的数据，并快速地提取出有用的信息，为报道提供更准确和全面的视角。

云计算技术可以为媒体机构提供弹性的计算和存储资源，使媒体能够快速地处理和分发信息。通过云计算，媒体机构可以轻松地扩展其计算和存储能力，以满足不同报道的需求。此外，云计算还可以降低成本和提高效率，使媒体机构能够更灵活地应对各种挑战。

数据可视化技术可以将复杂的数据以直观的方式呈现给观众，帮助他们更好地理解信息。通过数据可视化，媒体可以将大量的数据转化为图表、图像等形式，使观众能够更直观地理解数据背后的含义和趋势。这种技术可以提高报道的可读性和吸引力，使观众更好地理解和接受信息。

除了以上技术外，融合报道中信息收集和管理技术还包括社交媒体监测、自然语言处理等技术。社交媒体监测可以帮助媒体机构实时监测社交媒体上的热点话题和趋势，为报道提供及时的信息来源。自然语言处理则可以自动分析文本信息，提取关键词和主题，帮助媒体更快速地整理和分析信息。

（二）采访信息整合与内容创作

在融合报道中，采访信息的整合和内容创作是至关重要的环节。根据不同平台，其流程也有所不同。对报纸等传统媒体来说，记者在整理采访内容时，需要按照新闻报道的要求，对信息进行筛选、核实和编辑，形成完整的新闻稿件。编辑会对稿件进行审核和修改，确保内容准确、语言精练，符合媒体风格。对于新媒体平台，如网站、APP 等，采访信息的整合和内容创作则需要考虑更多的因素。首先，新媒体平台需要快速获取和发布信息，因此在采访过程中要更加注重时效性和快采快编。其次，新媒体平台的内容形式更加多样化，包括文字、图片、视频等，需要记者具备多种媒体技能的采集和编辑能力。在整理采访内容时，记者需要选择合适的媒体形式进行呈现，同时要注重内容的可读性和可视化。最后，新媒体平台的推广和传播也是重要的环节，记者需要通过多种渠道将内容传播出去，吸引更多的用户关注和参与。

（三）确保采访信息的真实性与可靠性

确保采访信息的真实性和可靠性是融合报道中的重要任务，也是媒体机构必须坚守的原则。以下是一些确保采访信息的真实性和可靠性的方法。

核实信息来源。在采访过程中，要尽可能多地了解信息来源，并核实它们的身份和背景。尤其对于从社交媒体等不可靠渠道获取的信息，需要进行仔细的甄别和筛选。

交叉求证。对于同一事件或人物的不同说法或描述，需要进行交叉求证，通过多种渠道获取相关信息，并进行对比和分析。这样可以更全面地了解事件的真相，避免单一信息源的误导。

遵循新闻伦理。新闻从业人员应该遵循新闻伦理，保持客观、中立、真实的态度，不偏袒任何一方，不夸大或缩小事实。在采访和报道中，要尊重采访对象的隐私和合法权益，不进行不合理的追问或猜测。

注重证据和细节。在采访和报道中，要注重证据和细节的收集和呈现。证据可以是图片、视频、录音等，细节可以是一句话、一个动作、一个表情等。这些证据和细节可以帮助证明事实的真实性和可靠性，增强报道的说服力。

及时更正和澄清。在报道中出现错误或误导时，要及时更正和澄清。这可以避免对读者的误导，维护媒体的公信力。同时，对于被证明不实的信息，也要进行说明和澄清，避免对被误导的读者造成不必要的困扰和伤害。

五、案例分析：融合报道中的创新采访实践

（一）成功的融合报道采访案例

案例：新华社“新春走基层”报道《255！空中漫步》

新华社“新春走基层”是新华社每年春节期间推出的系列报道活动，旨在深入基层、贴近群众，展现广大人民群众的生活状态和精神风貌。该系列报道采用了多种媒体形式，包括文字、图片、视频等，通过融合报道的方式呈现了基层群众的春节生活、传统习俗和文化传承等方面的内容。《255！空中漫步》是新华社在2021年1月27日客户端上发布的视频报道。记者为新华社贵州分社的三位记者刘勤兵、杨焱彬、刘续。该报道一经发布，新华网、腾讯视频、今日头条、封面新闻等多家媒体第一时间进行转载，向受众全面展示了不畏艰险，在春节期间依然坚守在工作岗位，保护旅客安全的桥隧工形象。

首先，该报道采用了极具视觉冲击力的呈现方式。通过高清的摄影和摄像设备，捕捉西溪河大桥的壮丽景色和建设者的感人瞬间，观众能够身临其境地感受到大桥的宏伟和建设者的辛勤付出。这种视觉呈现方式，使得报道内容更加生动、形象，具有很强的感染力。

其次，该报道注重细节的刻画。在视频中，通过具体的镜头和画面，展现了大桥的规模和建设难度，以及建设者们的精湛技艺和劳动场景。这种细节的刻画方式，使得报道内容更加具体、深入，让观众能够更加真实地感受

到大桥的建设过程和建设者的艰辛付出。

再次，该报道采用了丰富的叙事方法。通过讲述大桥的建设背景、建设过程以及建设者们的故事，观众能够更加全面地了解大桥的建设历程和建设者们的精神风貌。这种叙事方法，使得报道内容更加丰富、立体，具有很强的故事性和吸引力。

最后，该报道传递了一种积极向上、奋斗拼搏的正能量。通过展现建设者们的劳动场景和感人瞬间，激励着更多的人为实现中华民族伟大复兴的中国梦而努力奋斗。这种正能量的传递，有助于激发受众的爱国热情和奋斗精神，具有很强的社会意义和教育意义。

（二）采访中遇到的挑战和解决方案

在本次采访中，记者除了要面对恶劣的天气条件、地理位置偏远、拍摄难度大等困难外，核心要解决的问题有两个。一是如何 360 度无死角记录高空作业；二是如何挖掘人物故事，让羞涩的建设者放松从而说出真实的想法，使得报道更能引起观众的情感共鸣。

为了使受众真实地体会到桥隧工们的工作环境，本次采访使用全景相机，通过空中视角、第一视角、地面视角等全方位向受众进行展示。同时，受众还能感受到包括风声、警报声、喊话声、敲打声、高铁轰鸣声等在内的声音，让受众如临其境。“代入感”永远是高危行业视频表达的“敲门砖”。[①]无人机飞上高空，航拍记录下了复杂的地形、险峻的峡谷、飞速驶过的和谐号与复兴号。Gopro 向受众以第一视角展示了高空作业的画面，受众可以跟随桥隧工们爬圈梁，检查故障。现场各种声音配上丰富刺激的画面，记者们真正做到了 360 度无死角记录。

作为人物报道，如何塑造人物形象，展示人物精神，是报道的核心和精髓。勤劳朴实的桥隧工人们，因为工作繁忙、不善言辞等原因，不太愿意接受采访，即便接受采访也是进行简短的回答，记者们在进入现场后首先与他们建立良好的沟通和信任关系，在工人们休息期间和他们攀谈，了解他们的兴趣和需求，寻找共同话题，尽量让他们放松，说出真实的想法。以人为中心是人物报道的核心要义，也是新闻价值的重要体现。

---

① 刘勤兵，杨焱彬，刘绫．从“空中漫步”看视频报道三个“一”［J］．中国记者，2021（5）：19—21.

（三）对融合报道采访的未来趋势的预测与展望

1. 技术驱动提高采访质量

随着人工智能、虚拟现实、增强现实等技术的不断发展，融合报道采访将更加依赖于技术创新。除了人工智能技术提供更加精确的语音识别和文字转换，虚拟现实和增强现实技术为观众提供更加沉浸式的体验，使得采访内容更加生动形象，采访形式更加丰富多元。未来，融合报道采访将会更加挖掘大数据的收集、分析和可视化等作用，针对社会热点、受众喜好精准确定选题，选定采访对象；针对选题和对象提供更加准确和深入的采访视角，确定采访提纲；利用可视化技术将信息以更加直观的方式呈现给观众，提高信息的可读性和理解性。

2. 跨媒体传播满足受众多样需求

社交媒体在新闻传播中的地位越来越重要。未来，融合报道采访将更加注重社交媒体平台上的传播和互动，通过社交媒体扩大报道的影响力和覆盖面。例如，利用社交媒体平台发布采访内容，向受众征集意见，了解受众感兴趣的话题和疑问，与受众进行实时互动和交流，增强采访内容的吸引力和传播力。同时，未来融合报道采访将更加注重定制化服务，将根据不同受众的需求和特点，提供更具有针对性的报道内容和形式。例如，同一新闻设置不同人群获取入口，针对不同行业和领域的受众提供专业化的采访内容；根据目标受众定位，抓取特定人群偏好、设置新闻选题、定制报道方案等。

3. 全球视野将成为融合报道采访主流

随着全球化的加速和国际交流的增强，融合报道采访将更加注重全球视野和国际化视角。首先，报道选题将更加注重全球视野和国际化视角，更加倾向于可持续发展、环保、气候变化、国际战争等选题，倡导绿色低碳的生活方式、和平友爱的精神品质，积极鼓励受众参与社会公益事业和志愿者活动，构建人类命运共同体等。其次，在媒介技术运用上，融合报道将积极引进、学习、借鉴国外先进采编技术，进一步提高采访效率，加强记者的培训和学习，提高融媒体记者的综合素质。最后，在媒体合作上，融合报道将不仅更加注重与其他省、市、县级融媒体的合作，打造区域品牌特色报道，同时还将加强与国际媒体的合作与交流，尤其是针对国际政治、经济、文化等领域的选题，融合报道采访将依托媒介技术，将世界真正转化为地球村。

总之，在融媒体时代，新闻传播的渠道和方式发生了巨大的变化，记者需要以不断进化的采访技能，交出高质量的报道、丰富的新闻素材，再搭乘“技术”这座列车，才能达到理想的传播效果。否则，剥开技术的外衣后，只能留下一副躯壳。最后，在“人人都有麦克风”的新媒体时代，新闻行业的竞争日益激烈，记者只有不断提高自身的专业素质和技能水平，改进采访技巧和方法，才能在记者与公民、记者与智能的竞争中脱颖而出。记者的采访依然是融合报道的核心和灵魂。

第三节　融合报道的创新写作

一、融合报道写作

“融合报道”和传统新闻报道的本质区别在于报道思维，简单地将各种新媒体的呈现形式简单堆砌不能称为融合报道。[①]融合报道写作是将传统新闻写作与现代媒体技术相结合的动态报道形式，它超越纯文字或单一媒介的限制，通过视频、音频、动画和交互图表等元素来丰富信息的呈现和传播。这种报道方式摒弃了单一媒介的局限性，使新闻以多元化的形式呈现在受众面前，而不是简单地依赖文字或图像。

融合报道写作让新闻制作人能够以更加创新的方式去讲述故事，将不同媒介的优势有效结合。例如，一篇关于环境变化的融合报道文章可能会包含一个交互式的全球变暖影响地图、一系列受影响地区居民的视频采访以及深入分析数据的文本。这种全方位的内容呈现方式让受众可以从多个维度理解和感受新闻事件，提升了新闻作品的深度和可信度。

在信息传递速度日益加快的今天，融合报道写作显得尤为重要。它能更有效地抓住受众的注意力，在短时间内传达更加丰富和深入的内容。融合报道通过提供多种媒介选项，可以满足不同受众的阅读偏好，无论是图文并茂、视频引导还是数据统计，都能在消费者心中留下更加深刻的印象。

---

① 郝周成．新媒体语境下“融合报道”的叙事学分析——以第二十九届中国新闻奖媒体融合奖项获奖作品为例［J］．出版广角，2020（14）：68－70.

此外，融合报道写作还能够弥补单一报道形式的局限性。它通过结合不同媒体特性，挖掘新闻故事的多个层面，让每种媒介在讲述中发挥最大效用。音频可以传递情感和语调，视频可以展示场景和动态，文本则可以提供详细的背景和解释。互动图表和动画则能够将复杂的数据转化为受众容易理解的视觉信息。这种多维度的信息表达方式适合现代社会快速变化的传播环境，让新闻不仅仅是被动接收的信息，而是可以互动和体验的内容。

总的来说，融合报道写作不仅仅是一种新闻报道方式的发展趋势，它更是对信息传播形式的一次革新，对提高新闻质量、丰富受众体验及满足多元化阅读需求都具有重要意义。随着媒体技术的不断进步，融合报道已成为新闻领域中不可或缺的一部分，它代表了未来新闻报道的发展方向。

二、写作风格与结构的创新

（一）适应不同平台的写作风格

融媒体新闻写作在不同的新媒体平台上需要调整不同的写作风格，这是为了适应不同平台的特性和用户习惯，以实现最大化的传播效果和用户参与度。

各个平台有着不同的内容呈现方式、用户群体以及互动模式，这要求新闻内容在投放到不同平台时进行相应的优化和调整。例如，X（原 Twitter）和微博注重简洁、快速的信息交流，新闻写作风格需倾向于简练、直击要点，用紧凑的语言迅速吸引关注。而在微信或者其他用户偏向“慢节奏阅读”的平台上，用户对于稍长篇幅的、有故事性的内容更为接受，一篇具有丰富细节和人物描写的特写可能会更受欢迎。

再如，Instagram 等以图像为中心的平台，新闻写作往往需要与高质量的图片或图形信息结合，文字则更多扮演补充解释的角色。视频平台如 YouTube 或腾讯视频等流媒体平台中，新闻内容则更多地以视听形式呈现，需要记者或编辑有制作视频的能力，并在视频脚本中以对话和视觉元素娓娓道来。

举例来说，当报道一个地方新闻事件时，在推特或者微博上可能只发布一条简短的新闻描述和现场图片，引导用户关注并转发；而在相对严肃的新媒体平台中可能发布一篇较为详细的报道，辅以相关的背景信息和分析评论；而在抖音等短视频平台中，可能就是一个高度浓缩、快节奏的视频剪辑，迅速展现事件的高潮部分，配以直观的音乐和文字弹幕，以适应这些平台用户的观看喜好。

因此，在融媒体新闻写作中，记者和编辑必须对每个平台的特点有深刻理解，并且能够灵活调整内容形式和写作风格，以确保内容适合各个平台的传播方式和用户期待，从而达到最佳的新闻传播效果。

（二）创新故事叙述的结构与格式

融媒体新闻写作需要创新故事叙述的结构与格式，这主要是因为数字化技术的飞速发展以及用户阅读习惯的演变要求媒体内容的呈现方式必须不断适应和更新。传统的线性叙述结构在移动端和社交媒体平台上往往无法有效地吸引和保持用户的注意力，因此，创新的叙事方法不仅有利于提升叙事的吸引力和参与度，还能为报道增添深度和宽度。

随着智能手机和平板电脑的普及，用户期望更快速地获取信息，同时能在有限的注意力资源内获得更丰富的体验。非线性叙事结构，比如，交互式故事和多线程叙述，就能满足现代受众对于掌控阅读体验和参与互动的需求。例如，通过交互式故事地图，受众可以选择关心的新闻角度深入阅读，或是通过时间轴的方式来回溯事件的起因和过程，这种非线性的探索方式让用户的阅读体验更加个性化和动态。

创新叙事结构与格式的另一个原因是多媒体元素的整合能够赋予新闻故事更多的层次和维度。传统的文本与图片形式可能无法全面展现信息的丰富性，而通过视频、音频、动画和数据可视化等多种媒介混合，新闻能够更为立体地展现事件的各方面。例如，一个科技进展报道，通过引入 360 度的虚拟现实（VR）内容，可以让受众仿佛亲身体验科技的未来应用场景，从而加深对报道内容的理解和记忆。

此外，创新叙事结构有助于提高新闻报道的互动性，从而增加用户参与度。在信息爆炸的时代，互动性成为吸引受众并促使其分享内容的关键因素。通过创新的叙事格式，例如，整合社交媒体评论、采用问答式互动、开展线上投票等方式，新闻不再是单向传递，而是变成了受众参与形成的过程。这种格式的变革使得新闻内容更加生动，易于传播，有助于形成线上社区和对话，扩大新闻的影响力。

总之，融媒体新闻写作所需的结构与格式创新是对信息时代用户行为的一种适应。它通过非线性叙事、多媒体整合和互动性增强，贴合了现代社会对信息与沟通方式的需求，从而提升了新闻内容的吸引力、可用性和影响力。创新叙事方式和技术的发展相辅相成，共同推动了新闻业态的进一步革新与发展。

（三）多媒体元素融合的创作技巧

在图文、声音和影像的融合新闻写作中，多媒体元素的应用为新闻报道带来了全新的维度。通过结合不同媒体形式，新闻传播呈现出更加生动翔实的特点，提供了更丰富的信息和更深入的理解。

图文的运用为新闻报道带来了更直观、具体的描述。文字可以准确地传达事实和观点，通过配图可以进一步增强读者的理解力和感知力。图文结合能够为读者提供更全面的信息，激发他们的兴趣，增强信息吸引力。

声音是融合新闻创作中不可或缺的元素之一。通过采访和音频记录等方式，将事件现场的真实声音传递给读者。这种实际情境的声音能够让读者更好地体验事件的氛围和情感。此外，语调、语速和音调的变化也能够更准确地传达讯息的重要性和情感色彩。

最后，影像的运用使得融合新闻报道更加生动鲜活。通过视频、动画和短片等形式，读者可以观看事件的发展过程和关键细节。影像的运用可以将观众带入事件的现场，让他们亲身体验事件，进一步加深对事件的理解和共鸣。

这种多媒体融合带来的意义是多方面的。它提供了更真实、更具感染力的报道形式，能够更好地吸引读者的注意力。相对于传统的纯文本报道，融合图文、声音和影像的新闻报道更能够凸显新闻事件的重要性和影响，并更好地引发读者的兴趣。多媒体元素也为新闻报道赋予了更高的可信度，图文、声音和影像的同步呈现能够帮助读者判断和理解新闻事件的真实性，减少信息的误解和曲解。多媒体融合形式为新闻传播提供了更多的维度和视角，使报道更准确、客观。除此之外，多媒体融合也提升了受众的阅读体验感。读者通过调动视觉、听觉，身临其境地参与到新闻事件当中。这种互动性的体验强化了读者与新闻的联系，增加了他们对新闻的关注度。

多媒体元素的应用不仅使新闻报道更生动且具有影响力，还提供了更准确和全面的信息，加强了读者对新闻事件的理解和共鸣。对新闻媒体来说，融合新闻写作是适应数字化时代的必然选择，能够更好地满足读者的需求，并推动新闻传播的发展。

三、数据驱动的写作策略

（一）了解大数据对在线内容的重要性

在当今信息时代，大数据已经成为在线内容创作和分发的关键驱动力。通过对巨量的数据进行收集、处理和分析，大数据技术不仅使内容提供者能够更了解其受众，而且还为内容的定制化和优化提供了可能。

大数据为内容创造开辟了前所未有的个性化路径。通过细分市场，分析用户行为数据，内容制作者可以定制符合各个受众群体兴趣和需求的内容，这在提高用户参与度和忠诚度方面发挥着至关重要的作用。个性化推荐算法，如常见的在网飞（Netflix）和 YouTube 上使用的，可以根据用户的观看历史和搜索习惯推送最合适的视频内容。

大数据带来的洞察力还有助于内容创作者捕捉市场趋势和用户需求变化。这种即时的市场反馈机制让内容制作者能够快速适应变化，做出调整，进而捕获更大的市场份额。例如，在新闻行业中，通过大数据分析哪类新闻更受欢迎，编辑可以优化报道的内容和角度，来满足读者的兴趣。

大数据使得内容营销变得更加高效。通过对用户数据的深入分析，营销团队可以精准定位目标受众，并设计更加吸引人的广告内容，以此来提高广告的转化率。通过跟踪用户对于内容的互动情况，营销人员还可以了解哪些内容能够引发较强的反响，这对于制定有效的内容策略和营销计划至关重要。

最后，大数据还促进了在线内容的即时性和相关性。借助实时数据分析，例如，社交媒体上的热点跟踪，内容提供者可以实时调整或推出新内容，更有效地吸引用户的注意和参与。因此，大数据不仅使在线内容更加丰富和多样化，而且还提高了其时效性和互动性。

大数据的深入应用极大地丰富了在线内容的创作与分发，并且使其能更精准地服务于用户的需求。这种数据驱动的内容战略正成为赢得融媒体时代胜利的关键。

（二）根据受众数据指导创意写作

在融媒体时代，媒体形态的多样化与互联网技术的高速发展为写作提供了广阔的平台，并在此基础上累积了海量的受众数据。这些数据对于改进和提升写作的质量具有重要意义，对此的分析与应用可谓融媒体时代写作者的当务之急。

数据收集是实施创意写作策略的首要步骤。可以利用各种工具和技术，例如，网站分析工具、社交媒体分析和用户调查等，来收集用户数据。这些数据包括阅读量、点击率、用户互动、社交媒体参与等指标，可以揭示用户在哪些新闻主题上表现出更高的兴趣，以及他们对特定话题、格式和内容形式的反应。此外，编辑还可以通过评论和反馈等方式获取用户的意见和建议，进一步了解他们的需求和偏好。

对受众数据的分析首先关注于用户的基础信息，包括性别、年龄、教育背景、地理位置、职业等，这些能帮助写作者构建一个立体的受众画像。进而，通过社交媒体行为、网页浏览历史以及搜索习惯等用户的数字足迹，写作者可以捕捉到受众的兴趣点、阅读偏好和消费习惯，这样的深入了解为内容的定制化提供了准确的依据。然而，数据分析不是一个孤立的、静态的过程，而是需要与受众进行持续的互动和反馈，这样才能紧跟受众需求与趋势的演变。

数据分析的目的，在于将洞察转化为实践，以提高写作的有效性和普适性。在内容创作阶段，写作者可以利用受众数据来优化选题，旨在提供与受众兴趣更为匹配的内容。此外，写作的风格和语言也可以根据受众画像来调整，以期与受众的阅读习惯和认知水平相吻合。例如，针对年轻受众，作者可以采用更为活泼、贴近口语的风格；而对于专业领域的读者，使用严谨、专业的用词则会更为合适。

然而值得注意的是，新闻媒体在运用用户数据时也需要注重数据隐私保护和合法使用，确保合规性和用户信任的建立。只有在合理使用用户数据的基础上，新闻媒体才能更好地与用户互动，并为他们提供有价值的创意写作。

（三）分析和应用数据提升融合报道传播效果

在内容发布阶段，受众数据同样发挥关键作用。内容的推送时间和渠道的选择往往是依据用户活跃度及其内容接触习惯来决定的。数据分析可以揭示何时用户更可能阅读内容，以及他们倾向于在哪些平台上接收信息，这有助于提升内容的曝光率和阅读量。

受众数据还可以指导内容营销。通过分析哪种类型的内容能引起用户更强烈的反响，写作者可以在将来的创作中重复运用相似的元素或叙事手法，从而提高作品的吸引力。同时，对于大数据分析所反映出的不足之处，如用户阅读过程中的中途退出点，也需要作为改进写作的参照，即通过调整内容结构、增加互动元素等手段来提升用户的阅读体验。

数据的分析与应用是一个动态循环的过程，要求写作者不仅要有敏锐的观察力，还需要有不断学习与适应的能力。透过对受众数据的深入洞察，写作者可以实现内容创作与受众需求之间的最佳匹配，同时促进作品传播效果的最大化。

在融媒体时代，受众数据分析是写作不可或缺的一环。它让写作者能够更精准地洞悉受众需求、更有效地投放内容、更紧密地跟踪反馈，以此不断提升写作的吸引力和影响力。然而，值得注意的是，受众数据应当被视作指导而非限制，写作者在重视数据的同时，亦需保持创意和独立思考的空间，以期在数据的见证下创造出真正有价值、有温度的作品。

四、融合报道写作的未来趋势

（一）人工智能技术对写作的影响

融合报道不只是多种媒介报道形式的组合堆砌，而是基于互联网的核心报道平台，根据新闻内容的时间和空间特点，选择最适宜的形式和内容进行报道。[①]人工智能作为当代前沿技术的代表，它对新闻界整体工作流程的影响力日益凸显，特别是在融合报道写作领域，人工智能正在逐渐改写传统的创作模式。在这样的影响下，未来的融合报道写作将显著地被数据驱动的、个性化的和自动化的特征定义。

数据驱动这一特征意味着新技术将增强新闻从业者对大量数据信息的处理能力。通过算法分析，人工智能可以帮助记者从庞杂的数据中提炼出新闻线索，甚至自动识别趋势和模式，加速新闻的发现过程。这种数据的丰富性和快速性将推动融合报道更深入地覆盖事件，提供更多维度的分析，增加报道的深度和广度。

个性化则是人工智能技术通过学习用户行为，对内容进行个性化推送的能力。这不仅仅局限于内容分发环节，人工智能的个性化推荐算法也将改变写作的组织结构和表现形式，使得新闻内容可以根据不同受众的偏好进行优

---

① 龚瀛琦，张志安．融合报道的特征及生产机制［J］．新闻界，2011（3）：11－14．

化。这种趋向于满足个体阅读习惯的写作方式，亦将促进新闻内容的用户黏性和传播效率。

自动化是指人工智能技术能够自动生成标准化的新闻报道。信息获取、数据分析、文本生成，整个新闻生产流程可以通过机器完成，这对未来融合报道写作提出了新的效率标准。自动化不仅仅释放了记者在繁杂工作中的时间和精力，还使得新闻机构能够迅速响应事件，提高新闻的及时性。此外，高度自动化的新闻生产还可能开辟一种新的新闻门类，即由数据推动生成的动态新闻，其内容随着数据的实时更新而更新，将读者带入一种更加交互的新闻体验中。

然而，人工智能引发的转变并非毫无挑战。新技术在提升效率的同时，亦对记者的专业技能提出更高要求。未来的记者需要具备数据分析能力，能够与人工智能系统高效合作，确保信息解读的准确性与深度。同时，维护新闻伦理和确保报道的准确性、公正性仍然是人工智能难以替代的领域，未来的融合报道写作需要处理好人工智能与人类智慧的平衡点。

人工智能等前沿的技术正演变为未来融合报道写作中不可或缺的一部分，其数据分析的力量、个性化的策略和自动化的能力，都将极大地丰富新闻报道的形式和内容，同时给记者的职业技能、新闻生产的质量控制以及与受众的互动方式带来深远影响。

（二）如何准备和适应未来的写作趋势

在人工智能时代，记者的角色正经历着根本的转变。为了适应融合报道写作的新环境，记者需要具备跨学科的能力和新媒体的媒介素养。首先，记者必须掌握数据分析的技能。在大数据和算法驱动的新闻生产过程中，能力强大但抽象的数据需要被清晰表达与解释。记者需要能够运用统计学原理，处理复杂的数据集，并从数据中挖掘有意义的故事线索。

随着人工智能技术对新闻写作流程的介入，记者还需具备机器学习和自然语言处理的基本知识。这种技术知识使得记者能够理解和监督 AI 系统在信息收集、分类，甚至初期文本生成中的作用。例如，当使用 AI 工具进行预写或自动写作时，只有对相关技术有足够认识的记者，才能确保报道的质量与可靠性。

此外，记者在人工智能时代需要具备强大的批判性思维能力。AI 技术可能带来偏差和误差，记者必须批判性地评估技术性错误或算法偏见，维护新闻的客观性和公正性。批判性思维也将有助于记者在处理由AI揭露的复杂问题和敏感话题时，能对信息进行深入分析和合理质疑。

除了专业技能，记者还需增强跨媒体故事讲述的能力。融合报道涉及文本、视频、音频、动画等多种形式的媒介。在这样的背景下，记者需要理解不同媒体的叙事结构，学会运用多媒介工具来增强报道的沉浸性和互动性。

AI技术的发展还意味着记者需要对机器伦理有所理解。AI在新闻写作中的应用引发了关于隐私、版权、责任等诸多伦理问题。记者应当能够识别和回应这些问题，确保报道的产生和分发过程符合伦理标准。

【问题思考】

1. 融合报道的特征是什么？
2. 融合报道的样态类型包括哪些？
3. “融合报道”和传统新闻报道的本质区别在哪里？
4. 融合报道写作的未来趋势对新闻从业者提出了哪些新的挑战和要求？

第四章　融合报道的编辑与制作[①]

【内容提示】

媒介融合的传播生态给新闻传播业带来了深刻变革，媒体形态和传播方式日新月异，融合报道应运而生，成为新闻传播领域的新宠。它集成了文字、图片、音频、视频等多种媒介元素，为受众带来更为丰富、立体的信息体验。然而，融合报道的编辑和制作并非易事。本章主要内容：①融合报道编辑的基本要求；②融合报道编辑的创作与推广；③融合报道的编辑工具与发布平台。

第一节　融合报道编辑的基本要求

2023年是习近平总书记提出“加快传统媒体和新兴媒体融合发展”重要指示10周年。10年来，我国主流媒体对习近平总书记有关“媒体融合发展”的重要思想进行了广泛宣传，主力军全面挺进主战场，全媒体传播体系的构建更加健全，党的声音传播得更深更广，媒体融合发展取得斐然成绩。

数字化时代，各大主流媒体都在积极地进行媒体深度融合的探索，涌现出了一批精品。与传统的新闻报道不同，融合报道是在数字技术的支持下，将文字、图片、视频、音频、超链接、动画、H5等多种要素融入新闻报道中，并且能够调动创作者与用户的兴趣，让他们一起参与到内容生产中来。融合报道顺应了媒体融合发展的潮流，既能提高新闻的视觉传播效果，又能

① 本章由李韧教授和硕士研究生吴永妃编写。

满足用户对信息的需求。[①]

在融合新闻报道中，真实、客观、公正和生动仍然是核心层面的指导原则，不可或缺。

一、真实

马克思主义新闻观强调新闻报道必须坚守真实性原则，不能包含任何虚假、夸大、猜测或杜撰的成分。新闻从业者不应该策划或制造事实，也不应该回避新闻事件中的重要细节。他们应该避免加入个人偏见，不进行文学想象，力求对事件的真实情况进行探索，以全面、客观、准确的方式呈现出新闻事实。[②]

新闻工作者在新闻事业中的责任与使命是对新闻真实的追寻，他们常在公共话语中突出自己所担负的“发现真相”的使命。西方学界将新闻从业者称为“真相寻求者”（truth-seekers）。[③]

（一）互联网时代下的新闻真实

实现新闻真实性是新闻传播的直接目标，但其受诸多因素的影响，可以从不同视野加以探讨。在融媒体时代，新闻的传播途径极为广泛，它的传播环境也随之变得愈加复杂，传播平台、传播模式、受众意识等方面的改变，以及任何可能出现的变化，都会对新闻的真实性产生影响。[④]

在纷繁复杂的网络媒体生态下，新闻事实难以纯粹客观地再现。在社交媒体环境中，人人都有发言权，这就导致了新闻事实与受众意见相互交织。环境和语境在与事实本身难以区分的同时，又在不断地构筑形成新的事实。[⑤]新闻传播中的“自组织性”使得事实与意见的界限越来越模糊，新闻也由过去的由新闻工作者职业化报道事实，变成了多元主体围绕事实进行的

① 胡胜红．数字时代主流媒体融合报道研究——以央视新闻党的二十大报道为例［J］．新闻研究导刊，2023，14（16）：116－118.

② 刘亚东．遏制网络虚假新闻要从内容生产源头做起［J］．传媒，2022（17）：21－23.

③ Boesman J，Meijer C I. Nothing but the Facts?［J］．Journalism Practice，2018，12（8）：997－1007.

④ 姚琦．融媒体时代新闻真实性的实现方式［J］．出版广角，2018（15）：70－72.

⑤ 王斌．互联网新闻学：一种对新闻学知识体系的反思［J］．编辑之友，2020（8）：63－74.

协作与竞争的产物。[①]在如此复杂的生产环境中，传统的“新闻真实”正逐步被“有机真实”替代。不管是宏观的新闻真相，还是具体的新闻事实，都已不是一个新闻传播主体所能决定的，而是由参与新闻传播活动各方面的主体（包括职业新闻生产机构、社会公众以及群体性或组织性的传播主体）共同决定。[②]

20世纪初期，有学者认为真相并非静态的概念，而是一种以证明和推理为基础，并受到政治、文化、经济和技术等多种因素制约的动态变化过程。[③]由于纯粹的新闻真实难以达到，学者们将目光转向了对真实性概念的替换，如客观性、准确性、公平性或平衡性等。[④]

从新闻生产的角度来看，新闻真实性主要关注“报道真实”，也就是新闻报道是否与客观事实相吻合以及吻合的程度。但是，随着互联网的发展，用户在浏览新闻的过程中有了更多的选择和自主选择的权利。因此，研究者开始站在新闻接收者的视角来思考这个问题。除了事实真实外，“信任”也成为新闻真实实现的一个关键环节。“信任真实”是一种感性的、间接的以及中介性的真实。[⑤]

在社交媒体环境下，这一特点更加突出。社交媒体在一定程度上营造了一种以情感化真相（emotional truth）为基础的拟态环境。用户对真相的判断已经不仅是基于事件本身，还会受到社交媒体“小圈子”内的立场、情感、经验、交往等因素的影响，从而出现偏离事实真相的主观判断。[⑥]即使原本客观真实的新闻报道也难以获得受众的信任。

此外，社交媒体平台上用户的接受心理也增加了新闻真实实现的难度：许多社交媒体平台的用户坚信他们所看到的新闻才是真实的，而主流媒体则被

---

① 蔡雯，凌昱．从“新冠肺炎”热点传播看新闻边界的颠覆与重构［J］．新闻与传播研究，2020，27（7）：5—20，126.

② 杨保军．论新闻的“有机真实”［J］．新闻大学，2020（1）：40—52，126.

③ Creech B，Roessner A. Declaring the Value of Truth［J］．Journalism Practice，2019，13（3）：263—279.

④ Muñoz-Torres R J. TRUTH AND OBJECTIVITY IN JOURNALISM［J］．Journalism Studies，2012，13（4）：566—582.

⑤ 杨保军．论收受主体视野中的新闻真实［J］．现代传播（中国传媒大学学报），2017，39（8）：25—28.

⑥ 史安斌，杨云康．后真相时代政治传播的理论重建和路径重构［J］．国际新闻界，2017，39（9）：54—70.

视为谎言的聚居地。尤其当主流媒体传播了假新闻后，受众会更加不信任所谓的主流媒体，甚至认为主流媒体通过欺骗和操纵公众舆论成为社交媒体兜售虚假新闻的帮凶。

根据《新闻记者》年度虚假新闻研究课题组 2017 年至 2021 年发表的新闻研究报告，虚假新闻易发区域呈现出由传统媒体向自媒体发展的趋势。从 2021 年的若干比较典型的传媒失范事件看来，存在专业媒体报道被社交媒体带偏节奏误导观众、主流媒体短视频账号移花接木肆意造谣、“抢发”即时新闻失误自损公信力、灾难实践报道忽视人文关怀导致二次伤害、主持人“前台”“后台”行为失当累及媒体形象，以“正能量”为名传播虚假信息弄巧成拙等情况，这反映出媒体生态中一些普遍性问题：随着网络媒体的兴起，媒体间的竞争日趋激烈，媒体的生态环境也发生了翻天覆地的变化。如今，信息传播渠道呈现多元化态势，包括主流媒体、专业媒体、自媒体以及政务新媒体等。在这个复杂的媒介系统中，虚假新闻的产生与传播牵涉到多个行为主体和平台，导致虚假新闻更容易产生，传播速度更快，而且其源头更难以追踪，给治理工作带来了极大的挑战。

高速而实时的网络流量取代依托固定出版周期的发行量成为评估传播效果的重要指标。在此基础上，以算法为基础的个性化推荐技术，有效降低了新闻获取的时空成本，提升了新闻传播的效率。但是，在算法被平台操控的情况下，作为新闻内容生产者中最重要的新闻组织，逐渐丧失了对新闻传播渠道的控制从而导致了新闻生产与流通两个环节的割裂。平台根据自身的流量逻辑对不同的新闻内容进行排序，导致新闻内容若想实现有效流通，就必须按照平台的优先级规则进行内容生产，使得“新闻品质”在主流行业的评估系统中被边缘化。更糟的是，作为商业性的平台，其本质是以营利为目的，缺乏对传统新闻专业的认同和尊重，从而为各种媒体操作留下了巨大的“灰色地带”，成为虚假新闻滋生的温床。[①]大量案例证明，人们通过新媒体获取的新闻，往往并非真实的事实或真相。那些言之凿凿的新闻报道，转瞬间就可能成为彻头彻尾的虚假信息。[②]

---

① 常江，罗雅琴．对抗异化：数字时代新闻业的权威重建之路［J］．山西大学学报（哲学社会科学版），2023，46（6）：99—107.

② 张华．“后真相”时代的中国新闻业［J］．新闻大学，2017（3）：28—33，61，147—148.

加之媒体竞争的加剧，经济利益的驱使，传播者责任意识、专业精神的弱化以及自媒体用户媒介素养的参差不齐等原因，进一步加剧了新闻失实现象。

（二）新闻真实性的坚守与捍卫

新闻是事实，而非概念。概念是从大量事实中提取而来，因而与事实不同。相较于抽象的概念，受众往往更愿意相信事实本身。习近平总书记强调要“根据事实描述事实”，从本质上来讲，就是要用事实来说话，这就是新闻区别于诗歌、散文、小说等其他文学形式的根本不同之处，也是新闻真实性原则的具体体现。①

1. 追求整体真实与局部真实的统一

新闻的整体真实与局部真实之间的关系，就如同森林与树木的关系。一棵或几棵树木并不能代表整个森林的状况。如同森林由一棵棵树木组成，新闻的整体真实也是由一个个局部真实所组成。只有当众多的局部真实组合在一起，我们才能完整地还原事件本来的面貌。需要注意的是，局部真实并不一定意味着整体真实，而整体真实的确定需要足够多的局部真实来支撑。只有在整体真实的框架下，局部真实才具有意义。如果整体真实不存在，那么局部真实越多，其误导性就越强，甚至可能成为披着真相外衣的谣言或谎言。

2. 发挥专业媒体优势，对虚假新闻进行遏制

专业的新闻生产组织在经过了漫长的发展后，以其特有的新闻资源、专业的制作团队、严谨客观的报道态度，以及在社会中的良好声誉，具有不可撼动的权威。主流媒体及其下属的新媒体平台应切实承担起责任，充分发挥自身优势，在海量信息中找出失实的、误导大众的虚假信息，通过深入的调查和核实，进行更正和澄清，并在其平台上及时辟谣，以最大程度地减少虚假新闻的负面影响。同时，主流媒体需要认识到在移动互联网时代的重要地位，明确自己的社会责任，积极探索新时代媒体运行规律，适应时代发展，顺势而为。同时坚持移动优先，推动深度融合，努力打造全程媒体、全息媒体、全员媒体、全效媒体，使主力军挺进互联网主阵地，让虚假新闻无处藏身。②

---

① 刘亚东．遏制网络虚假新闻要从内容生产源头做起［J］．传媒，2022（17）：21－23.

② 郑东丽．移动互联时代捍卫与坚守新闻真实性的对策［J］．新闻爱好者，2022（1）：96－98.

3. 在“报道真实”的基础上，做到“信任真实”和对话真实

报道真实须立足于事实，反对任何脱离事实的新闻塑造。信任真实是一种认知层面的真实性，是在经验与关系基础上的真实性建构[①]，凸显了对受众的现实关照。有学者提出，对话真实是从传统的客观新闻学向融媒体时代对话新闻学转变过程中产生的一种新闻真实。其核心理念：新闻真实性不应是传播主体对客观事实的再现与反映，它是与之有关的多元主体之间对话博弈的结果。[②]在客观新闻学占主流地位的时代，“客观真实”的观念占据了主导地位，并逐步形成了一种“新闻报道是由传播主体独立完成，并对新闻真实负有同等责任”的观点。通过新闻采访、写作、编辑、发表等程序，传播主体向受众展示出新闻的真实性。虽然他们最常用的方法是建构真实，但从理论上来看，这个过程仍然遵循着客观新闻学原理。然而，对话新闻学则是以多元主体间的“对话”为基础，来展现新闻背后的真实。该背景下，新闻生产和传播的主体结构发生了重大改变，这就使得新闻的真实性和它的实现，不是由传播主体一方决定，而是由参与“对话”的多元主体共同决定。在传播主体之外，还有受众主体、脱媒主体。受众主体由众多的新闻受众组成，而脱媒主体是由具有较大影响力的互联网公司、社交媒体平台等相关的组织和群体组成的。对话新闻中的不同主体也有着各自的立场、利益和价值取向，因此，“对话”仅仅是新闻真实性的一种实现形式，对话真实也并不能完全保证新闻的真实性。对话新闻学的职责对客观新闻学中的不足进行修正和改进，并不能替代客观新闻学。[③]

4. 严格规范新闻采编工作，制定标准的新闻审编环节，科学管理新闻媒体

在新闻编辑工作中，需要从以下两方面进行改进：第一，要增强新闻编辑的专业素质，在保证新闻报道真实性的前提下，提高新闻的导向作用。作为一名新闻工作者，既要有严密的逻辑知识结构，又要有责任意识，将社会责任放在第一位，坚持“以人为本”的工作理念，把新闻采编工作推上一个更高的台阶，不断提高新闻质量；第二，要对新闻的内容进行严格的审核，

---

① 谢静．微信新闻：一个交往生成观的分析 [J]．新闻与传播研究，2016，23（4）：10－28，126.

② 夏倩芳，王艳．从“客观性”到“透明性”：新闻专业权威演进的历史与逻辑 [J]．南京社会科学，2016（7）：97－109.

③ 姚琦．融媒体时代新闻真实性的实现方式 [J]．出版广角，2018（15）：70－72.

不断总结经验，同时要具备整体思维和大局观，多换位思考，多方面、全角度地发布有利于社会发展的新闻报道。

二、客观

新闻既是对事实的反映，又是观念的产物。事实本身不具备价值倾向，但在报道事实的过程中，新闻不可避免地带有生产者对事实的判断。同样的事实，经过不同媒体、新闻工作者的报道，可能呈现出较大差异。无论何种新闻报道，其真实性都具有一定的相对性，记者的采访和写作过程是不断接近事实真相的过程。在新闻报道中，新闻真实性的呈现与新闻工作者的伦理义务密切相关。在具体的实践中，不仅要求新闻工作者要“如实记录”，还需要做到“以公正、客观的方式报道事实”。

（一）新闻报道客观性的演变

美国新闻界从 20 世纪 20 年代起，就开始使用“客观性”这一术语来形容他们的职业特征，并将其写进了记者的伦理守则中。[①]“因为新闻的复杂性和多变性，要求高质量的新闻报道必须采用科学的研究手段来保证新闻客观性的实现。客观性成为新闻生产的基本原则之一。”[②] 作为备受争议的概念，客观性一直存在于新闻业界和学界的话语实践中。学者塔奇曼（Gaye Tuchman）进一步指出，客观性实际上是一种“策略性仪式”[③]。但是，伴随着“新新闻主义”等新闻范式的出现，人们对客观性提出了怀疑与批判。新新闻主义采取文学化、开放性和反思式的新闻生产模式，不同于客观性“报道与意见分离”的观点，新新闻主义主张记者可以参与到新闻事件中去，进行社会调查，由此产生的新闻报道更能体现出“整体客观”的社会面貌。不论客观性原则是被视为策略性仪式，抑或是新闻从业者的行为规范，对客观性的追求本身是一种认知模式，要求新闻报道必须符合其特定的标准。

有学者指出，在客观性原则的指导下，新闻工作者往往故意表现出“中

---

① Schudson，M. Discovering the news：A social history of American newspapers [M]. New York：Basic Books，1978：121—144.

② Lippmann W. Liberty and the news [J]. American Journal of Sociology，1920：82.

③ Tuchman，Gaye. Objectivity as Strategic Ritual：An Examination of Newsmen's Notions of Objectivity [J]. American Journal of Sociology，1972，77（4）：660—679.

立”的姿态，不掺杂任何主观情绪等，使新闻成为一种“黑箱”的产品，而媒体所标榜的“民主”也就成为一场骗局，从而进一步提出了新闻的透明性。透明性指组织主动地公开信息，使其内部的行为或表现受到外界监督。在新闻生产中，透明性被认为是一种由内部或外部的人对新闻过程进行监督、检查、批评和干预的方式。①透明性可能代表着“新的客观性”，为新闻客观性与媒体深层意识形态之间的纠结提供了一种新的思考路径。②

新闻生产的透明性并不等同于客观或事实真相，它只是一种减少偏见、使受众更加相信自己的判断的方法。所以，透明性依旧是保证客观报道得以实现的一种策略，它源自“客观性”的概念，并致力于解决过于理想化的“客观性”的现实问题。③媒体将幕后生产流程公布于众，是对“新闻客观性”的一次推进。此外，透明性与客观性原则的最大区别是，它不仅适用于职业新闻工作者（专业记者），还适用于业余新闻工作者（公民记者），因而更符合新媒体环境下的新闻生产。

但在提倡新闻透明性的同时，我们也应考虑“过度透明”对其他伦理价值的影响。“透明”并不代表可以肆意侵害他人隐私，在追求新闻透明性的同时，应综合考虑公共利益与个人权益之间的平衡，在合法依据和最小曝光原则的指导下，谨慎处理个体信息。④

（二）客观性的捍卫

客观性作为新闻工作的一项职业理念、道德规范，意蕴是非常丰富的。融媒体时代，互联网的中立性、包容性特征明显，不同的声音和意见都有机会在互联网上轻松呈现。从这个意义上讲，与传统媒体环境相比，互联网环境营造了一种信息传播的客观效果。但从微观层面观察，互联网环境下个体发言者的主观倾向性特征却又十分明显，客观性原则的缺失现象反而又很严重。因此，客观性原则在这个时代才显得愈加珍贵，融媒体时代更有呼唤客

---

① 陈映，董天策．新闻客观性：语境、进路与未来［J］．暨南学报（哲学社会科学版），2010，32（6）：149－155，164.

② 孙藜．从客观性到透明性？网络时代如何做新闻［J］．当代传播，2013（1）：19－22.

③ 吴静，陈堂发．新闻透明性：内涵、逻辑与价值反思［J］．新闻大学，2021（4）：28－41，120.

④ 曾庆香，姜秋俊．演进、争论与在地化：对新闻客观性原则的再认识［J］．青年记者，2022（6）：9－12.

观原则的紧迫性。[①]

客观性原则在实际操作中体现为以下一些具体做法。

1. 使新闻语言具体化

在报道新闻时，首要任务是确保信息来源的可靠性和权威性。我们需要对来源进行仔细验证，优先选择官方机构、专家学者以及信誉良好的媒体等可靠来源。绝对不能使用未经证实或来源不明的消息，这会影响报道的公信力。在描述事件时，要避免使用带有明显主观色彩的词语和描述，比如，“可恶的”“完美的”等。我们应该采用客观中性的语言，准确、简洁地传达事件的发生和相关信息。当涉及具体数据时，我们要使用明确的数据和事实来支持观点和描述事件。这不仅能够增加报道的可信度，还有助于增强说服力。通过详细描述事件发生的具体场景和相关细节，提升新闻的生动性读者可以更加身临其境地理解报道内容。此外，引用真实的案例和个人经历能够为报道增添情感色彩和故事性，从而吸引读者的关注并引发共鸣。同时，我们要避免使用抽象、模糊的词汇和术语，尽量使用简洁明了、易于理解的语言来表达新闻内容。如果可能的话，我们还可以在报道中加入图片、图表、地图等视觉元素，以更直观的方式展示信息，进一步提升新闻的具体性和可读性。

2. 分清事实与评论

将事实与评论明确区分开来。事实是指客观存在的事件、数据和目击证词，而评论是指对事实的解释、观点和评价。在新闻报道中，新闻工作者应把自己放在“观察者”的位置上，以客观的态度对新闻事件进行报道，仅向公众提供客观的新闻事实，不得随意公开发表个人的主观看法。塔奇曼（Gaye Tuchman）从客观主义的角度出发，提出新闻工作者需要遵循的四条“战略步骤”：其一，提供冲突双方的“观点”，以确定双方的真实主张；其二，提供表达这些真实主张的确切陈述；其三，清楚表明这些确切陈述来自消息来源，而非新闻工作者本人的观点；其四，以提供最多“事实材料”的方式组织报道。[②]

3. 提供完整的信息文本

媒体的碎片化与用户的分散化互相影响。由于用户的分散，社群的形成

---

① 刘冰．融合新闻采集与呈现［D］．济南：山东大学，2015：57—59.

② 王润泽，李静．内涵、演进与反思：新闻客观性再认识［J］．全球传媒学刊，2023，10（1）：129—147.

也小而分散，一个社群内部的成员拥有高度同质性的经历和看法，而不同社群之间难以沟通，难以在较大规模的社群中达成一致。在这种情况下，缺乏公共体验，就很难形成一个整体意义上的社会。这是因为，在面临众多选择时，人们会根据自己现有的认知来选择信息。这就意味着能够获得正确信息、充分了解情况的公众所占比重正在减少。即便是那些对新闻有兴趣的群体，看待新闻的视角也会因为自己既有的认知倾向而变得琐碎和狭隘，并被同质社群强化。因为群体极化效应的影响，每个社群对公共问题形成愈加极化的观点，情况变得更糟。

对媒体来说，碎片化意味着与理性、逻辑实证主义密切关联的客观性的瓦解，在后现代学者看来，既然社会都是无中心的、不确定的，追求全面、准确、平衡、公正等客观报道原则就成了虚妄之谈。问题是，如果毫无客观性可言，媒介又如何维持其存在的依据？[①]

所以，在进行报道时，应充分利用技术优势，通过超链接等形式，提供完整的信息文本。同时，为了增加报道的客观性，应该尽可能地收集来自不同立场和观点的声音。这包括采访相关的当事人、专家学者、政府官员、社会组织代表等，以便提供多元的观点和意见。在报道有争议性的话题时，尽量平衡地呈现各方的观点和立场，给予不同的声音足够的时间和空间，让读者能够全面了解事件的不同角度。

三、公正

公正原则的提出，有其深刻的时代背景。伴随着西方资本主义革命的发展，平等理念在世界范围内生根发芽，同时伴随着“人”的解放，人们开始要求获得更多的话语权利。在这样的大环境下，西方媒体也逐步完成了由传统党派政论报向更为亲民的廉价报纸的转变，并在实践中摸索出新闻报道的公正性原则。

（一）公正的嬗变

在马克思主义新闻学中，公正受到越来越多的关注。马克思提出的“一般公正”概念，逐步发展为新闻报道中的公正原则。它要求新闻媒体在报道

---

① 章永宏．重建客观：中国大陆精确新闻报道研究［D］．上海：复旦大学，2012：163.

新情况、新观点时，要保持一种形式上的公平、平衡的态度。[①]按照事物的本来面目全面反映事实，而不是带有偏见地描述。

学界对于新闻公正的概念虽未有明确的界定，但普遍认为它实质上体现了新闻报道的公平与平等，以及传播者在新闻报道中的公正立场。郑保卫教授认为，新闻公正的本质就是要表现新闻报道的公平与平等，体现新闻工作者在新闻报道中的公正无私。为此，新闻报道的公正性应体现在以下几方面：一是新闻媒体要提供全面均衡的新闻资讯，并为受众提供平等选择和使用媒介的机会；二是新闻媒体应为冲突双方提供平等发表观点的机会；三是新闻记者应保持中立，不偏不倚；四是不得任意对个人或组织进行指控，保证被控告者有知晓和申辩的机会；五是新闻工作者应及时更正报道中的过失，并向大众道歉，以示对社会和公众的负责。[②]

媒体的新公正观是根据既有的新闻公正观中的媒体“立场”和“责任”来构建的。在这种价值观体系下，媒体的立场和态度已不再是“羞耻”的东西，它已成为社会发展的一种必然，而且，在遵循诚实、拒绝虚假、侮辱和恶意伤害的前提下，也被认为是公正的。其要点包括遵守基本的行业准则，保证新闻内容真实，不恶意中伤或侮辱，遵守社会基本的伦理底线。同时，在不违背基本行业准则的情况下，媒体呈现出一定的立场，就不应被责难。在此基础上，媒体应成为相对开放的社会系统的一部分，避免任何形式的人为门槛，实现充分而必要的竞争与资源流动。

这套观念在部分承认媒体立场无法避免的同时，依旧要求媒体要尽量避免立场的呈现。而媒体面貌早已发生变化，大众传媒绝不愿用“公正客观”去换取一个吸引用户眼球的机会。

（二）对公正的坚守

新闻公正性原则的重要性不容置疑，但在实际新闻报道中，记者和媒体往往对公正性的把握存在不足，甚至有时会忽视这一原则。

有研究者提出了一个“新闻公正性公式”：精确（Accuracy）＋均衡（Balance）＋全面（Completeness）＋客观（Detachment）＋伦理（Ethics）＝公正（Fairness）。这个公式强调了公正的五个要素：要尊重事实，对收集

---

① 陈力丹．新闻理论十讲［M］．上海：复旦大学出版社，2008：118．

② 郑保卫．客观与公正原则［J］．采·写·编，2007（2）：52－54．

到的事实进行多次核实，避免传播未经证实的消息；要不偏不倚，采访中要听取双方的观点，避免偏听偏信；要从多方面报道，充分反映民意，避免以偏概全或只报喜不报忧；要客观公正，避免在报道中融入个人好恶和偏见；要在报道中体现正义、良心和道德等价值观念。①

1. 正确处理公正性与倾向性

在新闻报道中，公正性与倾向性是需要妥善处理的。对于一些社会重大是非问题的新闻报道，相较于刻意模糊或抹杀媒体或作者的立场，传播者需要有明确的立场和价值观引导，坚持正确、公正的态度，强调对新闻事件进行客观、准确的报道。媒体不仅要反映社会各界的情绪，更要用正确的价值观来引导公众对社会问题的关注和防范，体现媒体所倡导的价值取向。媒体的社会职责是，利用媒体的传播职能，号召社会建立健全的制度，对重大事件的是非判断进行引导。

2. 明示与暗示相结合的表达手法

传播者要善于根据受众的心理特点，通过明示、暗示、引导以及强化等手段对受众进行引导和说服。在处理社会上发生的重大事件、复杂的社会矛盾以及有需要表达媒体立场时，明示是一种不可或缺的说服手段。但是，在某些情况下，明示的使用也会出现过犹不及的情况，从而产生相反的效果。暗示也是一种非常有效的手段，如以事实为依据进行表达，将暗示的态度与观点寓于传播事实的逻辑之中；又如，使用权威人士的言论等。通过传播者自己的努力，媒体可以消除传播效果中的偏差，以获得更好的结果。这也要求媒体要有一个正确的传播观念，坚守自己的社会责任与使命，不要被市场经济条件下的各种利益引诱。②

3. 坚持平衡的报道方法

坚持平衡的报道方法也是提高新闻工作者公正意识的重要手段。在报道中，报料者和被批评的对象应享有平等权利，新闻工作者须具备平等意识和质疑精神。只有具备平等意识，才能实现公正；而怀疑一切并追求真相的质疑精神正是确保公正的前提之一。单方陈述无法触及真相，质疑是倾听另一方声音的动机。新闻工作者应展开独立的调查，通过自己发现或消息源提供

① 张彦哲．新闻报道的公正性原则探析［J］．现代商贸工业，2010，22（13）：93－94.

② 王泉珍，李大敏．从写作角度把握新闻报道的客观公正［J］．新闻知识，2010（9）：91－92.

的线索展开工作，只有这样才能确保新闻报道的公正性。[①]

新闻媒体应同等尊重不同阶层公民切身利益和知情权。及时发布各种公共和政务信息，并充分、准确地表达不同阶层的合理意见、心声和愿望。给予公民发表言论的自由和机会，充当社会公器，承担社会责任。在报道具有较高社会共享价值的事实和新闻时，媒体应尽量客观，尤其是对被遮蔽的新闻与事实。[②]

四、生动

在信息快速发展的今天，媒体融合成为信息社会发展的必然趋势，而作为信息传播主要手段的语言也必将在媒体融合的大背景下产生重大变化。一方面，信息化引起了社会生活的变革，并由此引起了语言表达方式的改变，主要体现为新的语言词汇和新的语言概念不断更新，由此产生了更多的表达方式、词汇和概念，促进了语言的革新，使之适应用户的交流需要。另一方面，基于媒体融合的信息技术的发展，社会政治、经济、文化等各方面都得到了充分的融合，而这种充分的融合又促使了为了适应社会发展而不断革新的新闻语言的发展。

真实、客观、公正等原则是新闻工作的基本要求，而仅做到真实、客观、公正地报道新闻还远远不够，还需要进一步做到生动。互联网消解了新闻报道的空间和时间限制问题，用户的注意力成为唯一的稀缺资源。生动地再现新闻，吸引用户的注意力成为融合新闻报道必须面对的重要问题。糟糕的新闻报道让新闻用户苦不堪言，而引人入胜的新闻报道则会给新闻用户带来愉悦的感受。融合新闻工作者有责任用生动的方式来进行新闻报道，使其具备足够的吸引力，从而使用户在接受新闻时具备更好的体验。

（一）情感与理性相结合，讲好故事

随着新媒体技术的快速发展，媒体想要吸引更多受众，就需要紧跟时代步伐，以更生动、感人的故事来吸引用户。

融合报道中，媒体和用户不仅是信息传播的共同体、价值判断的共同体，更是情感交互的共同体。“诉诸情感”是媒体话语策略中一种常见的

① 童隆．新闻报道中的公正价值观分析［J］．新闻界，2012（19）：11－13．

② 陈堂发．新闻舆论引导与公正价值［J］．南京社会科学，2012（3）：65－66．

修辞方式，具有强烈共鸣的话语能在较大范围内进行传播并获得更多的认同。媒体需要注意的是，年轻态的话语取向，会特别注重情感元素，如果任由情感泛化，不仅会扰乱新闻的客观性，让受众难以理智看待事实，也会使新闻报道陷入情绪化的泥沼。“诉诸情感”与“诉诸理性”应相辅相成。

在讲故事时，要注意通过描写树立好人物的立体形象。描写，指运用语言文字将所需的事物形象展现出来。通过描写，新闻报道才能变得鲜活动人，使人产生身临其境、如见其人、如闻其声、如感其情的效果。新闻报道中的描写，无论是人物描写、景物描写还是场景描写，大都采用白描的方法，通常不会对其进行过分的渲染和烘托，而是通过简练的文字来描述事物的重要特征，描绘出事物的鲜明形象，从而让新闻事实变得更加立体、形象。①

（二）技术平台的多样化为生动表达提供动力

在新媒体环境下，很多话语表现形式的革新都离不开技术的进步。AR、VR、SVG、AI修复等技术，为媒体创新话语表达提供了更多的可能性。第33届中国新闻奖一等奖《新千里江山图》，以名画《千里江山图》为基础形式开展创新演绎，在短短四分钟的时间里为受众贡献了一场视听盛宴，全片三维制作，带观众第一视角入画，青山绿水、千里江山尽在眼前。《新千里江山图》在制作上除开篇结尾的五折部分由实拍合成，其他全片均采用了三维动画的制作形式，全程以第一视角入画，观众可以跟随着代入感极强的镜头一起穿过山川峡谷，飞跃港珠澳大桥，掠过塞罕坝林海，欣赏国家公园的万物生灵，在田野、丛林、雪山、湖泊、城市等多个场景中沉浸式地领略新千里江山。2022年10月15日上线发布后，词条#新千里江山图#迅速登上微博热搜，不到一小时的时间，微博阅读量和微信视频号点赞量就突破了10万，接连登上抖音、快手、哔哩哔哩热搜榜。截至2023年10月25日，仅在人民日报客户端上的阅读播放量就超过2亿次。

在强调技术优先的同时，“内容为王”仍不可偏废。具体到话语层面，不论表达渠道如何多元、表达方式如何丰富，言之有物仍是最根本的要求。好的报道应该是用词准确、导向正确，构思精巧、优美流畅，贴近时代、打

---

① 秦杰，刘良龙．新闻语言如何做到自然生动［J］．新闻知识，2007（10）：25－26.

动人心的。如果本末倒置，仅仅是为了展现技术，忽略了文本的打磨，媒体话语表达的创新就难以持久。就人民日报的《新千里江山图》而言，它是以千古名画《千里江山图》为创作基础，充分发掘中华优秀传统文化资源，运用多种新媒体技术，找准重大主题与人民生活、大众感受的连接点，以情感带动共鸣，以创新性呈现和艺术化表达，向受众展示了“非凡十年”的壮美画卷，形成一个新时代的文化 IP，以极致化呈现带来极致体验。

第二节　融合报道编辑的创作与推广

一、融合报道编辑的创作

随着科技的飞速发展和信息时代的到来，媒体融合已成为新闻传播领域不可逆转的趋势。在这一背景下，融合报道的创作显得尤为重要，它们如同鸟之双翼，共同推进媒体事业向前发展。

（一）内容创作：注重“轻量化”融合表达，实现话语年轻态

无论在何种媒介背景下，优质的内容始终是决定新闻报道成功的关键。科技的发展为我们带来了多样的展现形式和丰富的传播途径，然而，这仅改变了内容呈现的形式以及受众获取内容的方式，但受众最根本的需求还是内容。内容专业性是媒体生存的根本，也是媒体的最核心竞争力，决定了媒体的生存与发展。高品质的内容产品体现了新闻媒体的专业素养和综合实力，也是其进行融合发展的核心。[①]优质内容的创作需要做好以下几方面。

1. 主题鲜明

内容为王的“王”，首先是指新闻报道呈现形式和传播渠道之外的内容本身；其次，“王”还体现在高品质的内容上。就新闻报道而言，高品质的内容通常是指主题新颖，新闻性强，语言朴实、生动、形象，具有显著的社会效应。但这仅是新闻学界的评价标准。站在受众，也就是用户的角度来看，内容为王更多的是向受众传递有价值的信息，给人以知识、启发或趣味。总之，一篇好的新闻应该是“清晰、简洁、有重点、有细节、有足够的

---

① 张光，史瑞红，王同录．融媒体时代内容为王的建构与创新［J］．新闻爱好者，2017（8）：55－57.

吸引力，能够激发人的情感”[①]。

有价值的新闻选题既要把握时代脉搏，又要把握好舆论导向。一方面，新闻主题应该紧跟时代潮流，以社会现象来引发人们深思。另一方面，新闻主题还应体现出事物的实质，使受众能够全面了解它所蕴含的深层含义，并对人们的思维方式和客观实践产生深远影响。基于这种认识，新闻主题须具备创新性，这是新闻报道生生不息的生命力。[②]

2. 加强受众意识

党的二十大报告贯穿以人民为中心的发展思想，提出以中国式现代化全面推进中华民族伟大复兴。中国式现代化是物质文明与精神文明共同富裕的现代化，这要求我们的新闻作品也应契合中国式现代化发展的时代要求，满足人民的精神文化需求。[③]

在新媒体时代，受众不仅是新闻信息的收受者，同时也是传播者。在新媒体环境下，要做好新闻报道，就必须树立用户至上的思维，突出新闻受众的主体地位。新闻报道其中一个重要的传播价值就是受众对它的认同与反馈。对传统媒体来说，要以受众的社会需要为中心，持续增强服务意识，增强受众与新闻报道的相互作用，这样不仅可以为新闻报道积累更多的新闻线索，也可以突出受众在新闻报道中的主导作用。[④]

3. “轻量化”融合表达

“轻量化”的概念源自汽车行业的工艺优化，以效率与效能的平衡为核心，应用于新闻报道领域则是通过精简内容体量、优化传播手段，提高传播效果和传播质量。[⑤]“轻量化”报道是一种将轻体量形式和新技术相结合的产品，是两会融合报道中的一项创新性产物。视频报道的“轻量化”主要体现在以下两方面：一是通过数字、图表、动画、H5 以及 Vlog 等可视化形

① 许建俊．内容为王——树立新闻传播品牌第一要素［J］．电视研究，2018（10）：37－39．

② 马鹤彤．浅析新闻报道中新闻主题的确立与策划［J］．新闻研究导刊，2020，11（1）：154－155．

③ 殷乐，杨默涵．创意·边界·方向：融合新闻发展的思考［J］．青年记者，2023（17）：23－26．

④ 王煜东．媒体深度融合背景下新闻报道如何创新理念、内容与形式［J］．传媒，2023（16）：69－71．

⑤ 栾轶玫，徐雪莹．时政报道的“轻量化”传播——以央视《物印初心》为例［J］．新闻爱好者，2020（1）：39－42．

式将时政内容等具体化；二是将严肃新闻报道向亲民、生动的平民化与情感化叙述转变。[①]同时，新闻报道逐渐脱离了呆板的新闻语态、结构和风格，呈现出一种贴近受众和生活的年轻、活泼和时尚的新面貌。

需要注意的是，“轻量化”≠“娱乐化”。站在用户的角度来看，他们在想要媒体内容更轻松、解压的同时，也希望媒体内容仍具有一定的专业性。他们既可能通过对娱乐化内容的流量贡献来助推媒体报道方式的娱乐化，又可能反过来批评媒体报道的娱乐化。对于此，媒体应坚守专业判断与取舍，避免陷入娱乐化的狂欢。若因为语态的改变而陷入娱乐化，媒体的专业形象也会受到损害。

（二）形式创新：综合融合报道的多要素，提升用户体验感

融媒体产品在处理内容和融合的关系时，要深入理解事物，用最简洁的形式表达最核心的内容，达到深入浅出的效果。在科技多元的时代，“融”并非指融合所有的媒介形式，也不是融合所有要素。[②]

融合新闻产品有两个显著特点，一是在表现形式上呈现出来的多媒体融合特征。在互联网平台上，主流媒体所进行的内容生产具有广泛的开放包容性，打破了传统媒体表达手段的单一化，在文字、图表、音频、视频、动画等要素之间进行自由组合，也可以将可视化呈现、沉浸式体验、人工智能生产等前沿技术相结合，实现媒体融合的内容生产。

二是在文本叙事中以用户为中心的强互动特征。融合新闻的策划要求事先策划好新闻作品和用户之间的访问场景、使用场景、互动方式等，让用户能够更容易地接受，同时也要参与互动，甚至和媒体共同“生产新闻”。[③]在融合新闻作品中，有三种创新性的交互叙述方式，即界面响应、路径选择和角色扮演。[④] 这些方式可以给用户带来丰富的交互体验，提高用户对新闻的兴趣。

形式创新是美学化趋势给新闻作品带来的最直接的影响。在充分运用艺

① 郭小平，彭媛．从技术可供到技术赋能：新型主流媒体两会报道的融合创新［J］．电视研究，2022（4）：9－13.

② 曾祥敏，杨丽萍．论媒体融合纵深发展“合”的本质与“分”的策略——差异化竞争、专业化生产、分众化传播［J］．现代出版，2020（4）：32－40.

③ 韩云．融合新闻策划的界定、功能与过程［J］．青年记者，2021（23）：56－58.

④ 刘涛，杨烁燏．融合新闻叙事：语言、结构与互动［J］．新闻与写作，2019（9）：67－73.

术和创意元素的情况下，新闻变得更加具有视觉魅力，它能够更好地吸引用户的感官与情绪，在完成信息传达功能的同时，产生不同程度的情绪共鸣。[①]

融合新闻产品的形态持续创新。新媒体环境下的“融合新闻”在对传统新闻文体进行继承和改革的同时，创造出新的文体，发展出了多种大众熟知的品种形态，如短视频新闻、移动直播、VR 新闻以及新闻游戏等。同时，在新媒体技术持续发展的情况下，“融合新闻”的呈现形式也在不断革新，其文本优势还远未得到充分开发。

随着主流媒体对融合新闻产品的不断创新，“感官新闻”（sensory journalism）逐渐成为数字新闻的发展趋势，它对传统的以文字和图像为中心的新闻形式提出了挑战，将听觉、触觉、嗅觉等多种感官形态融入新闻的呈现、传播和消费中。[②]这类新闻产品，注重利用“多感官”技术，全方位地激发用户的多重感官，营造一种沉浸式、互动式的沟通情境。高清晰度的全息影像、虚拟现实、增强现实等技术的发展，为感官新闻产品的创作提供了新的可能。

例如，《有一种胜利叫“关门大吉”》。围绕 2020 年 3 月 10 日武汉所有方舱医院“关门大吉”这一具有新闻属性的事件，取江夏方舱医院休舱实景制成 VR 新闻，从江夏方舱医院全景外观到流动应急智能中药房内部，从康复患者出舱到转运患者上路、医护人员出舱、现场消杀、锁门，从医护人员带领患者做“八段锦”到医护人员的绘画日记……作品多维度、多方面的时间和空间呈现和对细节的刻画将观众的体验感和共情力推向极致。

此案例是具备明确新闻属性的融合新闻报道，以 VR 形式为主，结合图片、视频、文字多种元素。首先对于方舱医院休舱这一新闻事件是通过 VR 形式呈现的。360 度的现场环境拍摄，生动还原了新闻现场。用户通过选择场景来具体了解不同场景的新闻事件。而在每一个板块中，通过点击选项，就会出现对应的图文或者视频，对该事件进行补充说明，使得新闻报道的形式更加丰富生动。而建立在 VR 新闻之上的图文和视频表达也扩充了新闻报道的内容。

---

① 田浩．数字新闻的美学化：形式创新、文化共生与价值反思［J］．江西师范大学学报（哲学社会科学版），2023，56（1）：74－82.

② 黄雅兰．感官新闻初探：数字新闻的媒介形态与研究路径创新［J］．新闻界，2023（7）：4－12，22.

用户在VR新闻中可以从视觉、听觉等方面感受方舱医院“关舱”这一天现场的所见所闻，系统通过模拟当时的环境和用户交流互动，使用户产生临场感。VR新闻的全景记录使新闻内容具有三维立体感，从此案例中我们可以看到它用一系列360度的全景拍摄记录下了不同场景、不同事件以及不同人物，分为“武汉江夏方舱医院”“康复病人”“转运患者”“医护人员”等八个场景板块，用户可以自行选择板块去了解不同场景所发生的事情，沉浸式体验，也能够更加深入地去感受“顺利休舱”这一天每个人的喜悦。

（三）技术运用：强化融合传播的科技感，提升内容影响力

《关于加快推进媒体深度融合发展的意见》指出，要以先进技术为引领，充分发挥信息技术的优势，促进新闻传播领域新技术的运用，推动关键核心技术的自主创新。[①]这表明，互联网新技术的有力支撑是实现媒体深度融合目标的关键基础。

对媒体而言，内容和技术是相辅相成的。内容的专业性和深度以及是否符合受众需求是考验新闻工作者专业素养的重要因素。而技术则有助于内容更快地传达给受众。因此，传统媒体要实现融合发展，必须利用新技术搭建平台，打造多种传播渠道。通过新技术为内容赋能，将内容通过跨媒介平台进行立体化全媒体传播，以进一步树立品牌和扩大影响力。

在融合新闻的生产制作中，利用新型数字技术，可以扩大信息容量，提高细节准确度，促进融合新闻的智能化生产。例如，“中央厨房”这一媒体融合新思维下的模式，通过打造统一标准的数据接口以应对多媒体分发，不仅解决了采集和生产问题，还降低了系统间的耦合，实现了轻量化系统。同时，充分认识到不同媒体的业务差异性，在基础平台上建设适合各个媒体的业务系统。此外，还要注意在采集和再编辑过程中生产内容的差异化，发挥不同媒介的特点，注重数据的积累与分析，增加内部竞争。引入经营和运营的独立模块，简化流程，采用扁平化的沟通与审批方式，从而提高效率。[②]

同时，新型技术还被寄予增强视听效果、拓展叙事维度、革新调查方法

① 中共中央办公厅 国务院办公厅印发《关于加快推进媒体深度融合发展的意见》[EB/OL]. 中国政府网，2020-9-26，http：// www.gov.cn/zhengce/2020-09/26/content _ 5547310.htm.

② 宋文婧．媒体融合现状及发展新思维 [J]．中国广播电视学刊，2019（11）：48－51.

等期望，从而成为融合新闻与用户沟通的切入点之一。在视听效果与叙述模式方面，将虚拟现实、增强现实等技术相结合，以全景视角、非线性叙事、立体建模等手段，给人以身临其境的体验。

在内容呈现方面，融合新闻通过嵌入、链接、互动等技术，打破了传统新闻叙述的线性结构与容量限制，实现了不同叙事时空的联系与整合。[①]“窗口”为每条故事线提供了一个相对独立的呈现界面，展示着不同叙述主体的行动方向和轨迹，以及各种叙事要素在时间和空间上的结构与联系。“交互”已成为一个重要的叙述方式，而数字化叙述则是一种以人机互动为特征的线上叙述。[②]从新闻制作团队的主题设计到新闻界面的呈现，以及用户的新闻消费与评论互动的操作界面，共同组成了一个互动的新闻开放空间。

例如，人民日报互动微电影《抉择》。建党 100 周年之际，人民日报社新媒体中心与哔哩哔哩合作推出互动微电影《抉择》。该作品以党史学习为目的，采用互动视频形式，交织了历史长河中三位具有代表性的青年形象的缩影，用户可自行选择剧情走向，体验不同年代的青年人生，呼应“每一代人有每一代人的长征路”号召。用户打开作品后，可以从“红色起点”“归国巨轮”“圆梦茶乡”中选择一个，开启体验，在出现选择时点击自己想要的剧情走向即可，电影播放完毕后，用户可以看到自己的故事梗概和剧情解锁图，三个电影对应了建党前、建国时和新中国成立后的时间段。“红色起点”讲述了一位爱国学生追随导师，在导师因支援工人大罢工牺牲后，在导师坟前告慰他中国共产党成立的消息，并毅然加入中国共产党，参与救国救民的故事。“归国巨轮”讲述了科学家们放弃海外优厚待遇，回归祖国怀抱，在轮船上通过收音机聆听建国大典，亲手制作五星红旗，遭境外势力挟持后，被祖国奋力营救回来的故事。“圆梦茶乡”讲述了女大学生毕业后投身乡村建设，带领茶农创立品牌，开展生态旅游，扩展承载项目，发展网络引流，帮助茶农脱贫致富的故事。

该作品是“新闻＋”模式的新探索，采用“新闻＋微电影”的方式，让用户在观看微电影剧情的同时，通过互动选择决定人物和故事的发展走向，让用户能够和故事人物共情，能够极大地促进用户紧跟剧情，了解故事脉

---

① 戴维·赫尔曼．新叙事学［M］．马海良，译．北京：北京大学出版社，2002：63.

② 胡亚敏．数字时代的叙事学重构［J］．社会科学文摘，2022（5）：49－51.

络，并激发用户的观看兴趣。此外，作品将分层重力感应技术应用到微电影当中，在重点文字的表达上采用叠影动画特效，在细节的处理上，采用局部动态的效果。整体画面处理注重动静结合，实现音、声、画的多层次渲染，同时也插入局部人声来提升沉浸感。

依托技术赋能，新闻可视化也发生着重大变革，从文字到图片，从静态到动态，从单一场景到全景，从描述现实到构建现实，分别增加了新闻的可读性、现场感、感染力和沉浸感。通过多种新型技术的加持和辅助，作品为用户打造了沉浸式的视听空间。

从技术抵达内容，加速前沿技术在融合新闻产品中的广泛应用。技术在推动融合新闻发展方面起着至关重要的作用，融合新闻形式的创新可以被看作前沿数字和传播技术在新闻生产中得到创新应用的结果。目前，中央和省级主流媒体在融合新闻创新方面积累了丰富经验，但大部分融合报道仍停留在“文本＋图表＋交互视频”的初级阶段，互文叙事能力尚待提高，尤其在前沿技术的应用和呈现形式的融合创新方面还有很大的提升空间。因此，为了推动融合新闻产品的创新，我们必须增强对最新技术的敏感度和应用能力，进一步深化融合新闻的技术创新。在虚拟现实（VR）、增强现实（AR）、数据可视化和人工智能等前沿技术领域，“从技术到内容”的转变将为融合新闻产品的开发提供广阔的创新应用空间。

二、融合报道的推广

酒香也怕巷子深，有效的推广是提升融合报道影响力的关键。媒体单位要运用多元化的推广手段，将新闻作品传播给更广泛的用户。这包括利用社交媒体平台进行精准推送，加强内容的品牌化建设，以及与其他媒体等机构进行合作，扩大传播范围。

（一）利用社交媒体平台进行推广

社交媒体平台是融合报道推广的重要渠道。通过在这些平台上发布内容，可以扩大报道的影响力和覆盖面。同时，社交媒体上的互动功能可以帮助编辑了解读者的反馈，为后续的报道提供参考。

基于 2004 年至 2015 年中国人民大学舆论研究所对北京地区居民的信息来源进行的调查，新闻媒体在信息获取渠道中的占比从 2004 年的 76％下降至 2015 年的 29.4％。与此同时，以微信群、朋友圈为代表的人际关系网成为民众获取信息的主要渠道，占比达到42.8%。①

根据美国著名的媒介和文化研究学者亨利·詹金斯的观点，媒介融合并非仅依赖媒介设施的使用而发生在每个消费者的头脑中。这种融合是通过个人与他人的社会互动来实现的，而媒体间的信息交流则更多地依赖于消费者的主动参与。他特别重视个体之间的信息分享和交流，在社交媒体时代，这种作用更加显著。②詹金斯等人将这种现象称作“扩散媒介”，“扩散”在很大程度上是通过用户积极地共享信息来实现的。他们相信，共享是推动人们互动的一个重要因素，而不是单纯为了吸引受众而使用的“黏性”等概念，它更好地反映了Web2.0的参与式本质。因此，扩散媒介逐渐成为社交生态下的主要传播方式，并引起了媒体新闻分发的转变。

为了实现这一转变，新闻机构可以向社交媒体用户提供易于共享和编辑的信息，以独特的方式将这些内容传播给其他用户，增加受众面。生产者式文本可以通过技术和文本两方面来实现。在技术方面，采用开放评论区等方法营造参与空间，或在其中嵌入更易传播、修改的插件等。在文本方面，可以在社交平台上的主流时政新闻产品中设置“语境工具”，使其叙述方式更符合社交生态，并隐含了文本参与空间的开放性。一个例子是澎湃新闻所创建的用户交互社区“澎友圈”，它允许编辑和用户在客户端进行分享和交流。目前，每月在“澎友圈”中用户可贡献超过3000条短资讯，涵盖了文本、图片、短视频、投票等多种形式。“澎友圈”不再如问吧一样以“专家+话题”为单位设定过于明确的已成导向，允许用户对日常生活以碎片化的方式记录描述、分享感悟。澎湃新闻也借由“澎友圈”完成了“新闻+社交”的进一步探索，也成为释放内容创造活力的新源泉。此外，“澎友圈”具有极强的跨平台分享属性，每一个用户都可以在帖子下方点赞、评论，也可以一键转发至微博、微信、QQ等社交平台，力图构建一个外沿更大的“新闻+社交”圈。

在新闻生产与传播过程中，新闻采编人员应该将用户看作传播链条上的一个关键环节，并积极参与到目标社交群体中去。在Web2.0时代，社交性

① 喻国明．当前新闻传播“需求侧”与“供给侧”的现状分析［J］．新闻与写作，2017（5）：44－48.

② 白岩．嵌入与超越：社交生态下主流时政新闻的扩散能力与提升路径探析［J］．中国编辑，2020（4）：54－59.

和互动性是不可或缺的特征，媒体融合为个体参与新闻叙事提供了机会。技术的普及使得每个人都可以成为记录生活的叙述主体，对传统新闻媒体的话语权构成了挑战。在媒体融合的时代，社交生态一直处于不断变化之中，如何提高新闻宣传效果并不存在一成不变的规律。这就要求新闻编辑室必须不断对其生产流程进行改进。

（二）内容品牌化建设，加强用户黏性

优质的内容是吸引读者的关键。编辑应注重内容的质量和传播效果，通过精心策划和制作，使报道在众多信息中脱颖而出。同时，利用数据分析工具了解读者的阅读习惯和兴趣点，可以更好地定位目标受众，提高内容的有效性。

在社交媒体环境中，新闻消费者具有强烈的主观能动性。他们根据兴趣偏向使用特定的新闻平台，并寻找自己感兴趣的内容。已有研究表明，人们对新闻过载的感知受到年龄、性别、个人效能、新闻偏好和活跃度等因素的影响。为了减轻这种感觉，人们会选择订阅相关话题或阅读特定媒体内容，来筛选过滤掉那些无用的信息。[①]浙江新闻客户端通过改版活动频道，形成了七大固定栏目板块，每个活动都具有明确的指向性。他们针对各栏目的特色搭配了不同类型的活动，即使是相同类型的活动也能给用户带来不同的体验。这样常规的活动发布能够吸引志同道合的用户，并通过多次活动积累了大量“有效用户”。同时，借助微信平台的聚合能力，将具有相同属性的用户聚集在一起，形成多个拥有各自活动属性的社群。[②]

随着新闻聚合平台商业模式的稳固，在激烈的市场竞争中，这些平台面临着多重阻碍。为了寻求突破，基于纵向差异化竞争的思路，内容差异化成为新闻聚合平台的关键策略之一。这些平台必须高度重视内容的生产和加工，注重内容的原创性和传达的价值观。新闻媒体需要找准市场定位，在特定行业领域深入耕耘内容，以塑造独特的品牌形象。

在信息日益碎片化、表面化的时代，具有专业性的原创内容已变得愈加

---

① Haeyeop S, Jaemin J, Youngju K. Perceived News Overload and Its Cognitive and Attitudinal Consequences for News Usage in South Korea [J]. Journalism & Mass Communication Quarterly, 2017, 94 (4): 1172—1190.

② 余赛尔．以有“温度”的服务离用户更近——浙江新闻客户端社群运营推广策略解析［J］．中国记者，2016（3）：91—92.

稀缺。不少媒体都在追求媒体内容的专业化和差异化，内容差异化策略是对传统媒体“内容为王”理念的继承和发展。新闻媒体不仅要制作目标群体明确的内容，还要不断向受众传递信息，给他们留下深刻的印象。

同时，差异化竞争、专业化生产和分众化传播是媒体融合向纵深发展的重要策略，也是构建集约化、差异化、结构合理、协同高效的全媒体传播体系的协同路径。不论是主流媒体还是市场化媒体发展，都证明了媒体融合绝不是媒介形态的简单叠加，更不是无差别的一体化。融合是目标，细分是手段。统一标准是立足之本，而个性求变是发展之路。①

在此背景下，新闻聚合平台应运用互联网思维，充分发挥其平台优势。它们应以个性化服务和差异化内容来掌握市场主导权，整合本地移动用户服务功能，进一步提升用户忠诚度，并构建与本地用户更为紧密的生态系统。

（三）合作与联盟，多渠道发布

根据中国互联网络信息中心（CNNIC）发布的第 52 次《中国互联网络发展状况统计报告》，截至 2023 年 6 月，我国网民规模已达 10.79 亿人，较 2022 年增长了 1109 万人，互联网普及率高达 76.4%。各类互联网应用也在持续发展，其中即时通信、网络视频和短视频的用户规模分别达到了 10.47 亿人、10.44 亿人和 10.26 亿人，用户使用率分别为 97.1%、96.8%和 95.2%。

随着融媒体时代的来临，我们正在经历一场传播范围更广、形式更多样、互动更活跃的变革。媒介格局、舆论环境、话语主体和传播方式都在发生变化。传统媒体与新兴媒体相互融合，掀起了一场信息革命的风暴。这使得媒介资源的功能、技术、方式和价值得到了全面提升。②

在媒体合作方面，强强联合有利于丰富报道信息、扩展传播渠道和汇聚用户资源。通过这种方式，融媒体产品的传播力和影响力得到提高，进而增强议程设置能力，形成较强的引导力。例如，在 2022 年全国两会期间，主流媒体与企业、机构进行了互联互通，通过巧借“外脑”进行内容制作，并利用线上线下多渠道进行联动传播。这不仅扩展了传播途径，还提高了两会融媒体产品的用户触达率。

---

① 曾祥敏，杨丽萍．论媒体融合纵深发展“合”的本质与“分”的策略——差异化竞争、专业化生产、分众化传播［J］．现代出版，2020（4）：32—40.

② 程早霞，李芳园．融媒体矩阵如何发挥传播优势［J］．人民论坛，2020（Z1）：120—121.

在跨行业合作方面，互联网已成为当今社会基础设施，加速了媒体自身业务创新和对外合作创新。无论是传统媒体还是新兴媒体，都在不断地进行着技术的研究与应用，并与社会各行业开展跨行业合作，促进传媒产业边界的扩大。[①]例如，中央和省级媒体承担了较多的技术研发和创新推广的责任，而基层媒体则积极引进和应用各类技术创新成果。此外，大量媒体与网络科技领军企业进行技术协作，以获取外部资源的支持。通过这样的协作方式，媒体可在社会资源、业务创新、市场方向上快速找到新的成长空间。

同时，行业媒体也在积极主动地贯彻落实中央关于推动媒体融合发展的战略部署，加强统筹布局，向互联网主阵地汇集人力物力，加快推进“四全媒体”建设，并构建凸显行业特色和专业定位的多元传播矩阵。[②]

融媒体时代，“三微一端”（微博、微信、微视频和新闻客户端）打破了传统媒体单向的信息输出模式。这类平台的内容制作简洁、精练，能够满足用户对新闻内容“浅阅读”和“轻阅读”的需求。要使融媒体矩阵的作用得到最大程度的发挥，就必须立足于传统媒体的内容优势，通过大数据与云技术，把各个层次的创新思想更好地融合到发展的潮流之中。通过建立信息传播新格局，我们可以实现新闻产品的多媒体展示和多媒介推送。

在传统媒体与新兴媒体的融合进程中，移动优先的策略尤为重要。通过对数字化、网络化技术的整合、优化，可以做大各类移动终端平台。以报纸、杂志、电视等传统媒体为依托，将传统媒体的内容优势和新兴媒体的技术优势进行有机结合，形成优势互补——更好地利用传统媒体的优势进行新闻内容的采编和品牌运营，同时，通过引进先进传播技术、培养专业人才和提升运营能力，遏制负面信息与网络谣言带来的不良影响。在此基础上，不断搭建新的交流平台、扩展新的互动方式、建立新的传播渠道，以此来达到信息的精确传播，满足受众群体的个性化、特色化、差异化、分众化发展，提高传播效果。

例如，“第四极”频道。该频道由重庆日报客户端与四川日报“川报观察”客户端共建，不仅是全国首个省级媒体共建频道，也是四川日报全媒体

---

① 韩晓宁，何畅．传媒产业：创新驱动与跨行业合作［J］．青年记者，2020（36）：17－18.

② 吴兢，冯海青，姚军，等．构建凸显专业优势的多元传播矩阵——行业媒体新闻资讯账号运营管理专题调研报告［J］．传媒，2021（6）：30－32.

深刻把握媒体融合发展规律、创新联动协作机制的缩影。“第四极”在党端与党网同步开设，齐心协力以更高展位、更优传播讲好双城经济圈故事。

“第四极”上线至今，先后推出了“重走成渝古驿道”大型全媒体系列报道、《从口水仗到龙门阵｜成渝网友：无问西东，互相学习》系列融媒体报道等刷屏级爆款。自2020年9月7日起推出的全媒系列报道“行走三极成渝问道”，旨在通过探索长三角、粤港澳大湾区和京津冀三个主要增长极的发展经验，为成渝地区双城经济圈的建设提供借鉴。这一重磅策划得到了央媒和商业平台的转载和推荐，并且在采访地引起了广泛共鸣。

第三节　融合报道的编辑工具与发布平台

融合报道的编辑工具与发布平台是由不同的技术和软件组成的综合系统，旨在提供多样化的报道形式和高效的发布流程。

一、融合报道的编辑工具

数字化革命首先给新闻业带来的是生产工具的升级换代，对大数据、虚拟现实、人工智能等前沿技术的采纳极大地丰富了信息采集与新闻呈现的手段。过去20多年间，内容管理系统（CMS）、多媒体制作、数据分析、数据可视化、协作平台、在线调查工具等技术创新类目均在新闻生产的核心环节得到不同程度的应用，显著提升了整个新闻传播体系的效能。

技术革新影响着新媒体编辑工作的内容与方式方法，新媒体编辑在声、色、图、影像、人机交互等方面具有传统媒体编辑无法比拟的优势。从传统的纸质报刊编辑、网站编辑、手机报编辑到两微一端编辑，全媒体背景下，编辑除了传统的新闻文字功底、敏锐性及编校能力，还需要熟练不同平台的发布机制以及各种软件的操作①，例如，媒体加工、网站搭建、移动终端开发等技术，其技能涵盖了图像处理、音视频剪辑、美编、数据新闻、H5制作、专业编辑处理、两微一端的编辑与后台应用等。②

---

① 崔金贵，盛杰，谈国鹏，等．编辑的新媒体素养培养［J］．中国科技期刊研究，2014，25（7）：970－974．

② 杨艳妮，尚丹蕊．全媒体时代新媒体编辑的教学探索［J］．出版广角，2017（19）：84－86．

(一) 融合报道编辑工具的分类

融媒体时代，对编辑提出了更高的要求，既要有较好的文字驾驭能力，又要有图像处理、音视频制作和网页制作等方面的知识与技术。这些技术使图像更加生动、直观。例如，像 Adobe Premiere Pro 和 Director 这样的多媒体编辑软件，它们是高效的编辑工具。Adobe Premiere Pro 是一款由 Adobe 公司开发的强大视频编辑软件，它具有丰富的功能和高效的工作流程，其功能特点涵盖了视频剪辑、音频处理、照片修复、文本编辑等。其中，视频剪辑功能是它的核心，用户可以通过剪切、裁剪、调整速度、添加特效等操作，实现各种丰富的视频效果。同时，软件还支持音频处理，包括音频分离、降噪、音量调整等。此外，Adobe Premiere Pro 还具有强大的照片修复和文本编辑功能，可以满足用户在视频编辑过程中的各种需求，是专业视频制作的首选工具。而 Director，它不仅可以用来制作网页，还可以用来制作高科技动画等。它的特色在于可以轻易地将动画、声音和图像等多种要素融合在一起，拖放其中的 Behaviors 还可以实现交互动作。它可以设置超过 1000 条不同的通道同时进行多媒体元素的编辑，并且可以通过整合 Lingo、Java script、C＋＋来制作 Xtras，以此实现对 Directors 功能的拓展。①

在大数据新闻领域，为了编辑和呈现数据，需要使用特定的软件工具，例如，PhpMyAdmin、Google Chart API 和 Data Wrapper 等。这些工具可以制作多种形式的新闻展示，包括数据地图、关系图、词频图和时间轴信息图等。新闻编辑趋向于采用可视化和易理解的方式，结合图表、视频和动画等多媒体元素来展示数据。这种编辑手法能够更全面、系统地展现新闻事实背后的数据。此外，大数据还催生了“新闻机器人”，它们能够根据新闻背景和现有数据自动生成新闻稿，从而节省采写成本。例如，Narrative 公司的机器人能够在 30 秒内撰写一篇新闻稿，震惊业界。②

随着传播技术的迅速发展，包括 H5、AR、VR 和无人机拍摄等技术已成为新闻业发展的重要驱动力，同时催生了各种不同的内容形态，如短视频新闻、直播新闻、互动新闻和沉浸式新闻等。例如，《人民日报》于 2018 年

---

① 郭晓敏．人民日报融合新闻生产的特色［J］．传媒，2021（10）：31－32.

② 郑晓迪．美国网站新闻编辑数字化工具使用分析［J］．编辑之友，2017（4）：108－112.

推出的“创作大脑”，是集智能写作、语音翻译、数据魔方、智媒引擎和视频检索于一身的智能生产工具，实现了新闻生产的智能化融合。人民日报以“中央厨房”和“创作大脑”为依托，成功构建了高效、优质和即时的内容生产体系，并培养了一批优秀人才，组建了近 50 个融媒体工作室。以下是融合报道的一些编辑工具。

1. 内容管理系统（CMS）

CMS 是一个用于创建、编辑和管理内容的平台，可以集中管理新闻稿件、图片、视频、音频等多种媒体资料，并提供协同编辑和版本控制的功能。常见的 CMS 包括 WordPress、Drupal 和 Joomla 等。

2. 多媒体编辑工具

多媒体编辑工具允许编辑人员将文字、图片、视频和音频等多媒体元素进行编辑和组合，以创造更丰富多样的报道形式。例如，Adobe Creative Suite、Final Cut Pro X、Avid Media Composer 等。另外，还有一些视频剪辑、图像处理、音频编辑的软件，例如，Adobe Premiere Pro、Photoshop、GIMP、Audacity、Adobe Audition 等。

3. 数据可视化工具

数据可视化工具能够将复杂的数据信息转化为易于理解和呈现的图表、图像或地图，以增强新闻报道的可读性和可视化效果。常见的数据可视化工具有 Tableau、Data wrapper、Info gram 等。

4. 社交媒体管理工具

融合报道的编辑工具与发布平台还可以集成社交媒体管理功能，包括自动发布、跟踪互动、分析数据等。常见的社交媒体管理工具有 Hootsuite、Buffer、Sprout Social 等。

5. 虚拟现实（VR）和增强现实（AR）技术工具

这些工具使编辑人员能够创建沉浸式的虚拟现实或增强现实场景，并将其应用于新闻报道中，为读者提供更丰富、直观的体验。例如，Unity、Unreal Engine 等。

6. 即时通信与协作工具

这些工具用于团队内部的沟通和协作，包括实时聊天、文件共享、会议和项目管理等功能。常见的即时通信与协作工具有 Slack、Microsoft Teams、Trello 等。

（二）融合报道编辑软件的类型

总体而言，数字新闻生产工具的开放体现出两种类型：一是协作式生产平台（cooperative production platforms）的不断建立，二是大众化内容创制应用（popular content generating apps）的广泛普及。

第一，所谓协作式生产平台，指的是旨在促进全球范围内内容协作和信息共享的数字中枢或工具，其主要通过为多元生产主体共同创建、编辑、整理和制作新闻内容提供实时协作工具、内容管理系统和互动渠道的方式来实现上述目标。此类平台在主流新闻生产机制中的不断建立，令新闻的制作逐渐成为一个超越专业意识形态边界的公共场域。

基于此类平台的新闻生产活动主要存在三种协作模式。一是媒体组织间的协作。这类协作模式能够有机整合不同新闻机构所拥有的差异化资源，分担生产成本并共享信息源，在一定程度上促使各新闻机构间的关系从竞争转向合作。二是传统媒体组织与新型行动者或另类新闻机构的协作。这类协作模式的典型代表，便是业已十分常见的传统新闻机构与综合性社交媒体平台的协作，这种协作关系能够有效整合传统媒体在内容原创生产和媒介品牌价值上的优势，以及背靠全球科技公司的社交平台在技术、资金和分发渠道上的优势，往往能够实现 1＋1＞2 的效果。例如，新京报与腾讯新闻合作的视听数字新闻产品“我们视频”就很有代表性，合作双方从选题阶段开始就实现了充分的信息共享——新闻机构根据平台提供的数据研判新闻热点，再委派专门人员拍摄视频内容并按照传统规范制作高质量的新闻产品，该产品最后通过平台的流量倾斜和推荐算法实现精准分发。[①]三是个体行动者之间的协作。赋予多元主体参与新闻生产的权力，通过协作平台集思广益，可被视为一种在开放原则下创造公共产品的新型同人生产（peer production）模式。近年来，个体间协作模式最引人注目的实践，就是对在线新闻文档的生产。[②]

第二，大众化内容创制应用，是面向广大用户的普及化产品。人工智能组件广泛地嵌入各类软件乃至硬件功能中，对广大用户及基层媒体的创作发挥了不可忽视的作用。它们是技术成熟后的最新应用实践，并在工具升级中

---

① 庄永志．平台与媒体的“协作式新闻生产”——以新京报“我们视频”为例［J］．新闻记者，2023（4）：36－43．

② 常江，罗雅琴．数字新闻与开放生产：从实践创新到理念革新［J］．传媒观察，2023（10）：5－15．

逐步改变了新闻生产的操作流程。如 Adobe 公司的 Adobe Sensei 引擎，通过对大量创作数据进行训练，结合先进多媒体处理算法的“两手准备”，实现了以往需要大量人工才能完成的精细操作，如 Roto 抠像、智能重新构图、图像内容识别和超分辨率、音频重新混合等。

这一部分的技术应用有三大特色。一是功能集中。一款工具可以完成多项任务，如视频剪辑、调色、包装特效、音频处理等。尽管有时需要引入多种类型的素材，但都集中在新闻生产操作流程中一个或少数几个操作步骤，并且不同软件（如类似 Adobe 系列的软件）之间可以相互协作。二是深度嵌入。用户无须再去了解和学习全新的工具，就可以更快、更优质、更有条理地完成原有的工作。三是迭代快。随着用户付费、“工具＋素材”等盈利模式的兴起，持续联网并依托厂商云服务进行功能更新和内容创作变得普遍，例如，Canvas 和 Spline 等基于网页的产品更是得以做到启动即最新，确保新技术能迅速地到达用户。[①]

AI 技术不仅可使从业者脱离简单重复劳动，专注于深度报道，而且能够优化从业者的工作质量。[②]但由于新闻工作的特殊性，哪怕在完全由 AI 自主生成的新闻中，人类工作者仍具有天然优势——AI 在媒体中的产出终究要经过专业人员的二次加工和把关，专业新闻机构的组织机制和流程管理能够确保内容生产落实到责任链条上。

二、融合报道的发布平台

随着媒体融合的进一步深入及数字信息技术的跃进式发展，新闻信息的传播方式越来越多样化，传统的新闻传播渠道从以往单一媒介发布逐渐转变为移动终端、PC 端以及各种社交化平台的多样化发布渠道，这在很大程度上打破了传统媒体传播渠道的壁垒，实现了新闻信息在多种媒体之间的广泛传播。[③]这也更有利于吸引受众的注意力，激发受众好奇心，有效地满足受众的个性化需求。

---

① 蔡雯，韩逸伦．新闻业务智能化趋势及其应对［J］．当代传播，2023（3）：76－81.

② 李子甜．工具性收益与系统性风险：新闻从业者的人工智能新闻技术认知［J］．新闻大学，2022（11）：29－42，117.

③ 韩志涛．基于媒体融合背景下新闻生产方式的变革分析［J］．科技传播，2018，10（7）：33－34.

（一）电视媒体

1. 电视新闻

传统的电视新闻制作和发布过程复杂，需要逐层审核、修改和审批。此外，传统电视新闻的发布渠道也有限，限制了信息整体的传播范围。新闻信息仅在特定平台和固定时间进行播出，因此其时效性相对较差。[①] 但电视新闻在某些方面仍具有不可替代的作用。

首先，电视新闻利用其媒介的易操作性，有效地满足了老年受众对新闻信息的需求，推动了新闻信息的广泛传播，有助于弥补不同代际间在数字技术应用上的鸿沟。在移动互联网时代，社交媒介虽然以其快速便捷的传播特点吸引了大量年轻受众，但因其操作相对复杂，老年用户往往难以熟练使用，这导致了新闻信息传播的不均衡。电视新闻则通过电视这一传统媒介进行传播，信息传递直观且操作简单，因此拥有数量可观的老年受众。

其次，电视新闻得益于其专业的新闻采编流程和严格的信息筛选机制，确保了新闻内容的权威性，有助于净化新闻传播环境，创造一个清晰、健康的新闻传播景象。随着互联网的发展，信息传播的速度加快，真假新闻混杂，公众难以识别真实的信息。而电视新闻通过严格的采编流程和审核制度，对新闻来源和内容进行严格把关，确保了新闻的真实性和客观性，为公众提供了可靠的新闻获取渠道。[②]

尽管如此，在融媒体时代，电视新闻需要不断创新和进步。电视新闻媒体工作者应加强对新媒体的理解，改变传统采编思想，明确优势与劣势，与网络电视新闻融合发展。同时，应大力创新传统电视新闻的传播形式，结合时代发展特点，深入了解新媒体的优势与特性，不断优化和创新新闻传播的形式，确保新闻传播质量的稳步提升，进而做出更加有特色、有水平、有影响力和传播力的优秀电视新闻，完美实现电视新闻媒体的转型和升级。

2. 移动电视

作为一种区别于传统模拟电视和网络电视的新型媒体，移动电视的一个显著特征就是能够在动态过程中做到稳定传输。在移动的交通工具上，它也能保证清晰的视频显示和良好的音频效果。目前最常见的两种形式是车载移

---

① 宋芳．传统电视新闻融媒体转型的路径与思考［J］．新闻爱好者，2023（9）：93－95.

② 王款，唐沛．媒体融合时代电视新闻的创新策略［J］．传媒，2022（18）：41－43.

动电视和手机移动电视，尽管其接收终端不同，但两者的工作原理基本一致。车载移动电视主要应用于公交、地铁、出租车等交通工具，满足人们在移动中的信息需求。[①]

交通场景下的媒介传播环境具有独特的时空属性，与其他如家庭、办公室等场景截然不同。它兼具户外媒体的开放性和交通工具的高速移动特点。如今，随着5G技术的迅猛发展，车载新媒体信息传播得以在高速移动中实现流畅、稳定的传输。云计算、大数据技术也为之提供了强大的后盾，使得车载新闻媒体可以根据用户喜好、位置等信息提供定制化的服务。而车联网作为产业推动力量，正引领车载新媒体进入一个全新的时代。

（二）网络移动媒体

1. 门户网站

20世纪末，互联网的兴起改变了媒体与用户的关系。这一阶段，越来越多的新闻用户倾向于从在线新闻门户网站上获取新闻信息。[②]

所谓的门户网站是一个提供综合性互联网信息资源和应用服务的平台，早期它被看作互联网的象征，因为它解决了早期互联网上没有足够内容可供浏览的问题。与传统媒体的唯一区别：门户网站突破了传统媒体的版面限制，搭建起了一个拥有数以亿计用户的平台，为广大的用户提供了更为丰富的信息资讯。[③]

一如Saskia Sassen所言，早期新闻网站的重要文化价值在于它建立了一种关于新闻的“普适性认知”，并首次将新闻“部分地从民族国家的框架中解绑……实现了一种去地域化”。[④]我们甚至可以说：不论新闻从业者还是新闻受众，他们的数字化身份和数字的时代共同记忆，都是在门户网站的新闻实践中形成的，从而打开了“虚拟世界主义”的新时代。[⑤]并且这个时代

① 魏佳．车载移动电视的内容策划［J］．新闻爱好者，2011（22）：91－92.

② 谢新洲，林彦君．用户评论形式变迁对舆论形成的影响研究［J］．新闻与写作，2023（3）：54－62.

③ 欧阳日辉．从新闻门户到社交媒体：门户网站的商业模式变迁与发展路径［J］．新闻与写作，2019（2）：11－17.

④ Sassen S. The Global City：New York，London，Tokyo［M］．Princeton University Press，2013－01－01.

⑤ McEwan B，Sobre－Denton M. Virtual Cosmopolitanism：Constructing Third Cultures and Transmitting Social and Cultural Capital Through Social Media［J］．Journal of International and Intercultural Communication，2011，4（4）：252－258.

仍然处在深化发展之中。

尽管在媒介融合日益深化、智能科技不断塑造新闻生产实践的当下，基于专业判断的传统新闻网站依然保持着其在新闻行业中的重要地位，它代表着新闻业在变革中的稳定性。例如，有两位学者即在对 100 个新闻网站进行了深入调查后发现，新闻网站在两方面传承并加强了新闻的专业主义权威：传播者与受众的关系，以及基于特定媒介形态的实践模式。①而苏黎世大学的某研究团队对 6 个国家、48 个新闻网站的最新调研成果显示，传统新闻网站通过提供丰富的超链接资源、呈现更深入的事件背景信息，并通过各种机制抑制用户的非理性评论等方式，不断赢得新闻用户的信赖和尊重，展示了这种介于“新旧之间”的新闻机构对前沿技术环境拥有强大的适应能力。②新闻网站的超链接、及时性和交互性三个基本技术特征，也构成了后来几乎所有网络新闻平台的底层架构。③

但互联网时代，用户进入互联网的途径变得更加便捷、多样，移动客户端、微博、微信、搜索引擎及其自动推介消息等方式，成为人们进入互联网、获取在线信息和服务的主要入口，而门户网站逐渐成为一个被遗忘的角落。④

2. 移动媒体

随着移动设备的普及，客户端、微信公众号、微博、短视频等移动媒体成为融合报道的重要发布平台。它们便于用户随时随地获取新闻资讯，提高新闻的覆盖面和到达率。

新闻客户端是一种专业的移动端应用程序，专注于提供新闻资讯服务。与其他移动媒体相比，客户端具有独特的优势。例如，人民日报客户端能够整合多种内容形式，包括文字、图片、音频和视频，实现在同一个平台上发

---

① Soffer O, Gordoni G. Opinion expression via user comments on news websites: analysis through the perspective of the spiral of silence [J]. Information, Communication & Society, 2017, 21 (3): 388—403.

② Himelboim I, McCreery S. New technology, old practices [J]. Convergence, 2012, 18 (4): 427—444.

③ Zelizer, Barbie. Journalists as interpretive communities [J]. Critical Studies in Mass Communication, 1993, 10 (3): 219—237.

④ 常江．策略化逃避：门户新闻网站在人工智能时代的实践理念转型 [J]. 编辑之友，2018 (12): 58—64.

布。这种能力是传统媒体如报纸、期刊、广播和电视所无法比拟的。此外，人民日报客户端还是一个聚合性的平台，涵盖了非人民日报系的媒体，与各类媒体进行合作，打造了一个内容丰富的平台。这一目标具有广泛的应用价值，其核心层是为人民日报打造融合报道发布平台，次核心层是为人民日报旗下媒体提供融合发布平台。此外，它还扩展到为机构媒体、政府机构以及优质自媒体提供融合发布平台。①因此，新闻客户端不仅是一个自身的转型平台，更是一个超越行业限制、涉及政务信息发布和自媒体内容聚合发布的综合性平台。

为贯彻"互联网＋"思维，各大传统媒体相继推出客户端，这已成为媒体融合的标配动作。截至 2016 年年底，我国主流媒体的客户端数量已达到 231 个。但大多数地方媒体开发的客户端在传播力、影响力和舆论引导力方面仍有较大差距。②

而微信公众号传播的核心优势在于其圈层化和精准性。推送模式具有强制性，后台可以根据用户特点进行分组，从而进行分组推送和地域定向推送。同时，由于信息的传递对象是已关注该公众号的用户，所以这种传播方式更为精准，且信息送达率近乎 100％。③微信公众号对特定受众有着深刻的影响力，虽然微信转发仅限于朋友圈，这在一定程度上限制了大众传播范围，但也更符合前文所述的社群传播，使得用户对公众号的关注度和黏性保持在一个较好的水平。

微博和微信在传播方式上存在明显差异。无论是否相互关注，在微博上发送的信息都可以被其他用户看到并进行评论和转发，其大众传播机制明显。不过，尽管关注的内容能够 100％送达给用户，但往往会被海量的微博信息淹没，导致用户对公众号的关注度和忠诚度远不如微信。④

微信公众号圈层化传播的特点使得公众号的传播效果高度依赖于粉丝数量，粉丝黏性越高，对公众号的品牌认知度和忠诚度也越高。相较而言，微

---

① 张晶，钟丹丹．超媒体平台模式：《人民日报》客户端的媒体融合特征［J］．新闻界，2021（2）：40－45，56.

② 张路曦．我国新闻 App 的现状、困境与进路［J］．济南大学学报（社会科学版），2022，32（1）：162－172.

③ 周珂．浅析微信传播的特点［J］．视听，2018（12）：153－154.

④ 俞敏，吴逊眉，武瑾媛．基于移动端的科技期刊新媒体内容多平台发布策略研究——以"中国科技期刊卓越行动计划"梯队期刊的 100 个中文刊为例［J］．编辑学报，2020，32（3）：307－313.

博号对粉丝数量的依赖较低，其传播效果更多地依靠大数据推荐和大V的转发，粉丝对微博号的品牌认知度和忠诚度相对较低。

根据第52次《中国互联网络发展状况统计报告》，截至2023年6月，我国短视频用户规模达到10.26亿，使用率高达95.2%。

2020年11月，国家广播电视总局印发《关于加快推进广播电视媒体深度融合发展的意见》，提出加快建设全媒体内容供给体系，统筹考虑不同场景和需求提供丰富多彩的内容。

在政策指导和激励下，主流媒体积极进军短视频领域，并出现了以下三种趋势。一是主流媒体全面入驻各大短视频平台，开展全媒体传播。统计数据表明，2020年抖音、快手等平台上中央级广电媒体和省级广电媒体的账号数量大幅增长，其中省级以上广电媒体的平台入驻率达到了100%。二是各大主流媒体积极建设自己的短视频平台。例如，"央视频"APP的上线，旨在打造高品质的视频社交媒体平台。为了鼓励主持人、记者在央视频开设账号，中央广播电视总台还制定了专门的激励办法。新华网、人民日报、澎湃视频、封面视频、南方+等也纷纷进入短视频领域。三是主流媒体与平台进行跨平台的深度战略合作。新京报与腾讯新闻合作推出的"我们视频"，通过强强联合、优势互补，打造一支专业化的队伍，致力于专业化的内容创作。短短数年时间，"我们视频"发展迅猛，在业内获得了良好的声誉，成功跻身于时政资讯类视频新闻一线梯队。总之，短视频带来了内容生产主体的巨大变化。

总体来说，媒体融合是一个开放、互动、紧密联系的过程。融媒体分发平台应该是多样化的、矩阵型的，以打通PC端、移动端、客户端、微信、微博矩阵的用户转换和信息交互，实现对新闻内容进行全方位的即时传递。当今，无论是具有全球影响力的报纸，还是专业性较强、受众面较小的科技期刊，都在积极进行多平台传播的实践探索。《华盛顿邮报》采用广泛覆盖的网络分发模式，不仅在邮报网上发布内容，还利用脸书（Facebook）、推特（Twitter）等社交媒体平台，以及可穿戴设备如苹果手表（Apple watch）和电子书kindle等终端设备进行发布，形成了涵盖范围极广的多平台、多终端发布渠道。[①]我国的人民日报则创造性地提出"中央厨房"的概念，以

① 孙彦然.《华盛顿邮报》的媒介融合之路[J]. 新闻战线，2018（11）：147—149.

“一次采集、多种生成、多元传播”为核心理念，将内容分发覆盖到报纸、门户网站、微信、微博、短视频等各类平台。这不仅重塑了人民日报在公众心中的形象，也丰富了其信息传播的途径和受众范围。同时，人民日报还以人民日报全媒体新闻平台为基础，与全国各级各类媒体、党政机关和企事业单位的新闻宣传部门合作，打造了一个涵盖数百个客户端、孵化融媒体工作室的共享技术后台。①

在技术引领媒体变革的新形势下，媒体应该坚持走经济高效、可持续发展的技术驱动之路。这意味着既不能盲目投入，也不能因为资金和人员限制而将核心技术工作外包。相反，媒体应该整合内部的技术力量，打造一支拥有高水平研发能力、与时代前沿保持紧密联系、具备独立产权并满足集团融媒体发展需求的技术团队。同时，媒体还应该建立适应媒体融合发展的人员招聘、绩效考核、薪酬激励和运营管理体系，以吸引和留住人才。此外，还应借助外部力量，与高校科研机构和商业网站合作，实现技术联姻。

【问题思考】

1. 融合报道编辑的基本要求有真实、客观、公正、生动，落实到实践中，具体应该怎么做？

2. 融合报道编辑创作包含哪几方面，具体而言应该怎么实施？

3. 如何进行融合报道的推广？

4. 不同类型的编辑软件和发布平台各有什么优势？

---

① 陈国权．中国媒体“中央厨房”发展报告［J］．新闻记者，2018（1）：50－62．

第五章 融合报道的技术①

【内容提示】

融合报道采编人员是熟练掌握融合报道常用工具的高素质复合型人才，拥有依据融合报道基本运营规则进行图文创作、视音频编辑、新媒体制作等技能。本章的学习既需要掌握较强的基础概念，又涉及将掌握的理论转化为可视化的后期加工的操作技能。通过案例学习掌握图片创作基础及音视频剪辑的入门技能，然后通过项目任务训练提高摄影、摄像技能与后期包装技能，再通过专题训练，达到前期素材采集与后期素材组编一体化的综合训练，为融合报道打下坚实的职业基础。本章主要内容：①图片摄影的理论基础和实践应用；②音视频后期制作技术基础。

第一节 图片处理技术

提到融合报道中的图片，肯定绕不开照相机这个设备。随着手机摄影功能的普及以及手机画质的大幅提升，我们对摄影并不陌生了，早在2000多年前，中国古人就发现了小孔成像的原理。180多年前路易·达盖尔发明了第一台照相机，相机的发展从银版到胶片，再到当今的数码摄影，使得我们获得一张图片变得越来越便捷。

今天就让我们以现在主流的单反相机为例，了解一下相机的构成及使用，怎么得到一张曝光准确、构图合理的图片，再到如何通过图片展示丰富的画面信息，表达我们的思想，完成我们的报道图片的创作。

① 本章由陈俊和齐浩睿实验员编写。

一、了解相机

（一）镜头

提到照相机，镜头一定是绕不开的一个构件，镜头的作用是让光线进入相机并聚焦光线，在影像传感器上形成清晰的影像，这个是摄影获得影像的关键环节。

图 5－1　各类镜头

那让我们看看下面这个镜头，镜头上的这些数字和字母都代表了什么意思？镜头上标注的“16-35mm”（如图 5－2）和“18-135mm”（如图 5－3）表示的是镜头的焦距，说的是这个镜头是 16mm 焦距到 35mm 焦距的变焦镜头，同理“18-135mm”表示的就是该镜头是 18mm 焦距到 135mm 焦距的变焦镜头。不同的焦距有会带来什么样的区别和不同的焦距在什么情况下使用，一会我们慢慢了解。

还有标注的“1：2.8”（如图 5－2）和“1：3.5-5.6”（如图 5－3）表

述的是这个镜头的最大光圈，“1∶2.8”是表明这个镜头可使用的最大光圈恒定为F2.8，不受焦距变化的影响。“1∶3.5-5.6”表明的是这个镜头在不同的焦段下最大光圈的区间，就是在18mm焦段时镜头最大光圈为F3.5，在135mm焦段时最大光圈为F5.6。在我们拍摄的过程中，镜头最大光圈越大就可以为我们的拍摄带来更多的可能性，如可以在更暗的光线下拍摄到清晰曝光准备的图片，得到更浅景深的图片等。

图5-2　焦段“16-35mm”的镜头

图5-3　具有防抖功能的镜头

镜头上还有一些“IS”和“STM”“φ67mm”等字母，标注的就是该镜头具有防抖功能，具有电动对焦马达和镜头直径等意思。

（二）光圈

相机的光圈就像图5-3示意的那样，它是由一组光圈叶片构成，在中间组成一个通光孔。调整叶片就可以调节通光孔的直径，通光孔直径越大就会有越多的光线进入相机并到达影像传感器上。

调整孔径就可以产生不同大小的光圈。在摄影中，用F值表示不同大小的光圈。根据圆形的面积与半径的平方值关系，为达到通光量的倍数关系，光圈值通常为$\sqrt{2}$（约等于1.4）系数关系递增。常用的光圈值如下：F1.4、F2、F2.8、F4、F5.6、F8、F11、F16、F22、F32。光圈F值越小，在相同快门速度下进光量越多，且上一级的进光量是下一级的一倍，记住常用的整倍数光圈值，后面可以与快门配合调整曝光。

图 5－4　光圈示意图

（三）焦距

焦距是指从镜片的中心点到形成清晰影像的影像传感器成像平面之间的距离。

镜头的焦距决定了一个镜头拍摄的被摄物体在影像传感器上形成的影像的尺寸。当被摄物体与相机的距离很远时，镜头的放大倍数≈焦距/物距。镜头的焦距越大，放大倍数也越大，能够把远处的被摄物拉近，视角减小，远景的细节也更加清楚；反之镜头的焦距越小，放大倍数越小，影像传感器能拍摄到的范围越大，可以拍摄到更大的场景。

以 135 胶片为例，50mm 获得的影像更接近人眼视野，小于 50mm 的我们称之为广角镜头，大于 50mm 的称为长焦镜头。不同的角度不仅带来视角的变化，同时也会对透视有影响。

广角镜头会夸张镜头的透视效果，比如，在狭窄的空间内用广角镜头拍摄，会让空间看起来更宽敞一些，画面中物体的距离也会显得更远一些，画面的纵深感会更好。相反，长焦镜头会压缩空间感，可以将远处的物体“拉进”。

还有如微距镜头，它可以非常接近被摄物体进行聚焦，微距镜头可以在影像传感器上形成的影像大小与被摄物体本身的真实尺寸大致相等，或者形成放大的效果，可以更清晰地拍摄到微观世界的有趣画面，与我们日常看到的景象不同，也可以增加照片的趣味性。

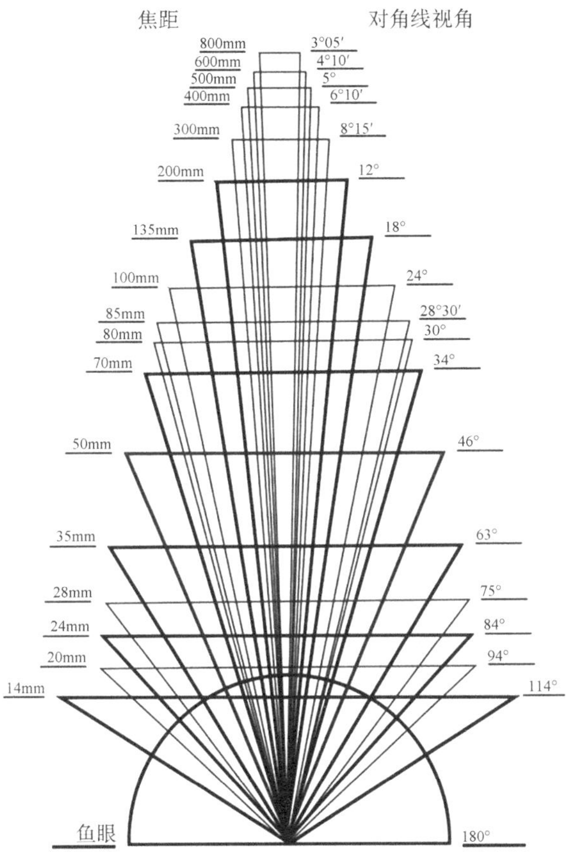

图 5-5　镜头焦距与视角示意图

下面我们进行这样一个思考：我们想要表现一个空间中人很多很热闹的环境，什么样的焦段更适合呢？

（四）快门

快门是控制影像传感器曝光时间长短的装置。相机上的快门速度以秒为单位，比如，30s、15s、8s、4s、2s、1s、1/2s、1/4s、1/8s、1/15s、1/30s、1/60s、1/125s、1/250s、1/500s、1/1000s 等。每一档快门的时间长度之间也是 2 倍的关系。目前相机快门最快速度可以达到 1/8000s，慢门速度我们可以开启 B 门，无限制时间进行曝光。

快的快门速度会让运动静止，而慢的快门速度则会让运动模糊。慢的快门速度，让感受器曝光的时间变长，因此任何移动中的物体会在你的照片中移动或变得模糊。但这不是件坏事。相反，许多摄影师使用较慢的快门速度来捕捉如快速移动的列车、逐渐升起的星空或流动的水。相反，快的快门速度意味着感受器只能曝光极端的时间，捕捉的是那些稍纵即逝，需要及时让运动静止的场景。当调整快门速度时，你需要考虑到，当低于一定的速度时，需要使用三脚架或稳定剂来维持照片效果。通常我们可以手持稳定拍摄的快门时长为焦距的倒数，比如，我们用 50mm 的镜头拍摄时，快门速度需大于 1/50s，这样更容易将画面拍清晰，如果快门速度低于 1/50s 时，最好使用三脚架来辅助拍摄。

二、如何使用相机

（一）曝光三要素

光圈可以打开镜头并允许光到达传感器，快门速度是指照相机快门的一开一关的速度；ISO（感光度）是指传感器对光的敏感程度。

这里简单介绍一下感光度，感光度是指胶片或者感光元件对管线的敏感程度。在相同的光圈快门组合下，ISO 值越大，感光度越高，拍出来的照片就会越亮，反之就会越暗。但是 ISO 过高会使照片噪点也随之变高，在光线能满足正常曝光的条件下，尽量将 ISO 控制在相对较低的数值（以现在的单反为例，ISO 尽量控制在 800 以下，对画质的影响不会太大）。

光圈、快门速度和 ISO 称为曝光金三角，是因为为了追求曝光的最佳效果，三者必须完美平衡。当三者完美平衡时，就能给予照片曝光的最佳值，设置就达到了曝光量值（EV）0。

光圈、快门速度和 ISO 之间的互易律，简单地说就是在一个类似于恒等式的东西，三者中的一个或者两个参数，一共朝某个方向调节了 N 档，那么另外两个或者一个参数向相反方向调节 N 档，整体的曝光不变。知道了这个道理，我们就可以根据我们图片的需要，自由调节曝光组合来获得一张曝光准确的图片了。

（二）照相机中“光圈优先”“快门优先”的应用

为了方便我们日常的拍摄，照相机为我们提供了两个“半自动”的拍摄模式，这个也是我们拍摄中最容易上手和更快地获得一张有摄影师想法的图片的常用拍摄模式。全自动我们无法控制曝光的组合，全手动调节起来又步骤烦琐，接下来，我们就讲讲这两个拍摄模式怎么用，和在什么情况下分别怎么选择。

说到这两个拍摄模式，“光圈优先”就是需要摄影师根据自己的拍摄要求，手动控制光圈的大小，随后相机会根据测光，自动匹配向对应的快门速度，从而更快地完成曝光。“快门优先”就是通过手动选择快门的速度，相机随之匹配合适的光圈组合。

在这两个模式之下就要补充另外一个概念，就是“曝光补偿”了。我们控制光圈相机匹配快门速度，这个曝光组合是相机通过 18 度灰的原理测光得到的，不一定是我们需要的曝光值，因为不是所有的画面都符合 18 度灰的。比如，我们拍摄雪景或者拍摄夜景的时候，就需要通过控制曝光补偿来获得我们需要的曝光组合，这里记住“白加黑减”的口诀，具体就是拍摄浅色的物体时，测光会让照片欠曝，这个时候我们就需要将曝光补偿向“＋”方向调整，让画面变亮，使得被摄物看起来更接近真实色彩。反之拍摄黑的物体或者在夜景拍摄中，自动测光给我们的曝光组合会使得黑色看起来灰蒙蒙的或者夜景看起来像白天一样亮，这个时候就要将曝光补偿向“－”方向调整，这样就可以让黑色看起来更黑，夜景也更有夜晚的气氛。

两种模式的使用场景，“光圈优先”更适合在需要控制画面景深的时候使用，“快门优先”更适合在拍摄运动物体的时候使用。

（三）景深

当被摄物体聚焦清晰时，从该物体前面是某一段距离到其后面的某一段距离内的景物也是清晰的，焦点清晰的这段距离我们将它叫作景深。

影响景深的三大要素如下。

1. 不同的光圈大小对景深的影响

光圈越大（光圈数值越小）景深越浅，清晰的范围越小。反之，光圈越小（光圈数值越大）景深越深，清晰的范围越大。

2. 不同的焦距长短对景深的影响

焦段越长（长焦）景深越浅，清晰的范围越小。反之，焦段越短（广角）景深越深，清晰的范围越大。

3. 不同的物距远近对景深的影响

被摄物距离焦平面越近，越容易产生浅景深效果。反之，被摄物距离焦平面越远，对景深的影响越小。

知道了景深的效果和改变景深的方法，我们就可以利用对以上条件的调节达到我们照片需要的景深效果。

例如，我们拍摄人像摄影时，需要浅景深来突出人物主体，表现人物，虚化背景，让背景画面变得干净，就需要一个长焦镜头（如 85mm 焦距的人像镜头），将光圈开大（为配合曝光此时可以使用：提高快门速度，降低感光度或者增加 ND 镜等方法），靠近被摄人物。这样我们就可以得到一张人物清晰突出、背景模糊的人像照片了。

同时我们留下一个思考：在新闻摄影时，新闻人物和背景信息都很重要时，我们应该如何处理？

三、色彩平衡

（一）色温

色温是表示光线中包含颜色成分的一个计量单位。从理论上说，黑体温度指绝对黑体从绝对零度（－273℃）开始加温后所呈现的颜色。黑体在受热后，逐渐由黑变红，转黄，发白，最后发出蓝色光。当加热到一定的温度，黑体发出的光所含的光谱成分，就称为这一温度下的色温，计量单位为“K”（开尔文）。[①]

简单理解色温是表达光的颜色的，结合我们的生活常识，煤炭燃烧在不同的燃烧程度中呈现出来的颜色就容易理解了，红色的火焰温度低于蓝色火焰的温度，这个不要与色彩基调中的冷暖混淆。

摄影中常遇到的一些光线色温，色温低的光偏黄，如白炽灯，3200K 左右，色温高的光偏蓝，如傍晚的天光或者阴影环境，色温在 7000K 左右。一般认为，日光或标准白色光色温为 5600K。这些色温值需要记忆，方便在后续的摄影中对照使用。

（二）白平衡

白平衡是指数字照相机记录的色彩信息能准确还原现实中“白色”的一项指标，相机可以精确地以这个“白色”为基准还原出其他颜色。

我们知道影像传感器不能像人眼一样可以通过大脑自动修正不同光的颜色改变带来的色彩变化。为了能够更好地还原自然色彩，相机就必须根据光

---

① 周怡兵，奚易堃，吴徐森．一种色温原理检测方法：CN202110423167.9［P］．CN113324664A［2024-11-14］．

源的不同来调整记录的色彩信息，以便更好地还原人们视觉观看到的色彩。这就是白平衡调整的意义。

我们在来到一个拍摄环境中后，首先就是要确定环境中光的色温，根据色温匹配相应的白平衡，如环境中是以钨丝灯照明的或者蜡烛之类的暖黄色光源，我们的白平衡就应该选择成 3200K，这时拍摄出来的物体就能准确地还原其本来的色彩。同理在户外或者偏蓝色的光源下，我们就要调高色温，来准确还原色彩。

我们知道了如何准确还原色彩后，白平衡还可以被我们利用来模拟不同环境的色彩，例如，在电影拍摄中经常用到的“日拍夜”，我们知道拍摄夜景通常需要很多的灯光来拍摄，导致拍摄难度大、拍摄成本高，那么如何利用白平衡的原理来完成白天拍摄夜景的操作。我们知道夜晚的色温更高，月光在我们的认知中是蓝色的，这时我们只需要降低相机预设的色温值，在正常白光下，画面就会产生出蓝色光的效果，再加上夜景高光比的特征，提高光比和光影效果。我们就可以在白天拍摄得到一个逼真的夜景画面，这样的应用在张艺谋导演的电影《满江红》中被大量应用。

同学们可以思考一下：白平衡还有什么其他的应用?

(三) 色彩的三要素

1. 色别

从字面理解就很清楚色别就是不同的颜色之间的区别。如红、绿、蓝等都属于不同的色别。我们人眼能区分的色别可以达到 180 余种。

2. 明度

明度指一种颜色的亮暗或者深浅，可以通过对物体反光率的描述表示明度。在色彩饱和度一样的时候，会有不同，有亮暗差异。

3. 饱和度

饱和度是指颜色的鲜艳程度或者是纯度。可以表示颜色鲜艳程度的概念，同一种颜色也可以有各种纯度的区别。饱和度不同的照片可以表现不同的照片气氛和表达的情感。

(四) 色彩的基调 (这里要注意与色温的区别)

1. 暖色调

不同于色温，不同的颜色会给人带来不同的色彩感觉，比如，红、橙、黄这类基调的我们称之为暖色调，让我们想起阳光、火等。在一张照片中暖色调可以强化热烈、激动、高兴、活泼等情感。

2. 冷色调

青、蓝、紫这类基调的颜色我们称之为冷色调，让我们想起了冰、海水等。影像中冷色调可以强化寒冷、平静、稳定、深沉等情绪的表达。

3. 中间调

除开上面讲到的明确的色彩倾向的颜色外，还有像以绿色、白色等为基调的中间调。中间调是以大自然的色调为准，表现自然，不带有过度的情绪表达。

色彩基调也是相对的，不同的明度与饱和度对色调也是有影响的，还有色彩组合的比例，也会影响一张照片的色调。

（五）色彩的感觉

不同的颜色会给人带来不同的感受，我们在摄影中常常利用色彩来帮助摄影师表达不同的感受与情绪等。

1. 不同的色彩对距离和大小感受的影响

不同色调会带来不同的感受，暖色可以拉近物体的距离，会让被摄物显得更近、更大；冷色调可以让人感到被摄物距离远，显得更小一些，在同一种颜色中，明度越高的显得越近一些，明度越低会显得越远一些。在红、橙、黄、绿、青、蓝、紫七种颜色中，相同面积的色块，黄色会显得最大，紫色会显得最小，红与青近似。

2. 不同的色彩对冷热感觉的影响

之前我们讲到色调，知道色调有冷暖的区分，这里就很好理解了，红、橙、黄这类颜色给人以温暖热烈的感觉，青、蓝、紫这类颜色给人以寒冷强硬的感觉。

3. 不同的色彩带给我们不同的动静感受

红、橙这类颜色给人以动感，能促使人感受到运动、热烈、激动；蓝、青这类颜色能让人安静，可以舒缓情绪，放慢节奏。

4. 不同的颜色带给人的联想

在我们的生活常识中，色彩也标定了一些特定的事件、物体等，不同的色彩会让人们产生不同的联想，这也是色彩带给我们的情绪，比如，红色可以让我们有喜庆、胜利、紧张的感觉，绿色给我们青春、生命、希望、生机等感觉，黑色给人以庄重、肃穆、恐怖、神秘等感觉……

还有各种颜色带来的感觉，同学们可以结合生活经验谈谈你们对色彩的感觉。

四、构图

如何评价一张好照片，包括以下三点：

一是有鲜明突出的主题；

二是要有一个可以吸引观众注意力的趣味性中心；

三是画面要简洁，排除压缩分散注意力的内容。

（一）主体与陪体

一张优秀的照片主体要将观众的注意力吸引到被摄主题上，可以选择具有代表性、典型性的作为主体。陪体要为主体起到说明、引荐、美化作用。

要将关注的注意力吸引到照片主体上，一般可以通过大小、远近、全局与部分、色彩深浅等之间的对比来突出主体。

如何把观众的注意力吸引到被摄主体身上？

①通过布局突出主体，照片与实景最主要的区别就是首画框的限制，一般来说靠近画面中心的物体最为突出，放在画面的正中心，让画面形成对称结构，突出主体，这样的方式简单粗暴，但是容易让照片显得死板，而且好多时候也很难将画面完全对称，这个时候我们可以将主体放在画面 1/3 或者 2/3 的位置上，也就是画面的“黄金分割点”上，这样的画面给人以愉快的平衡感和无拘束的宽松感，不像正中央那么僵硬死板。

由此我们可以在我们的构图过程中将画面想象成有一个九宫格，让主体放在九宫格的四个交点位置上，就正好是整个画面的“黄金分割点”位置。

②通过物体的大小关系突出画面主体。让主体看起来比周围的被摄物大一些、完整一些，是非常有效的吸引观众注意力的方式。通过调整主体与陪体的物距关系等手段，被摄主体突出。

③通过搭画框突出主体。将画面的主体置入一个“画框”中，突出重点主体，抓住观众视线。

④通过光影明暗突出主体。将画面主体置于光线下，用阴影隐藏陪体，从而达到突出主体的作用。

⑤利用汇聚线突出主体。利用线条透视，将画面主体置于线条汇聚点，

引导观众注意力关注主体。

⑥通过焦点来突出主体。利用焦点将主体清晰、陪体模糊来突出主体。

⑦利用重复元素强调突出主体。

⑧利用运动来突出主体。

这里我们还要补充一个概念：在画面里除了主体陪体还有前景与背景。

前景在画面中可以交代拍摄环境，烘托现场氛围，修饰画面，让画面空间感、纵深感增强。

背景在画面中用于烘托气氛，用背景与主体做对比突出主体，利用简洁的背景可衬托突出主体。

（二）景别

五代时期荆浩《山水节要》有言："运于胸中，意在笔先。远则取其势，近则取其质。"这是用以观照山水的方法。我们将这个中国绘画中的名句引用到摄影中。下面就让我们了解一下不同的景别具体有些什么和它们在画面中表达什么。

1. 远景

"远景取其势"表现磅礴的气势对大自然进行描绘，抒发感情、表达情绪。

2. 全景

交代拍摄环境，交代被摄主体在环境中的关系，注重叙事。这个景别在新闻摄影中使用最为广泛，全景会带来更丰富的画面信息，更好地交代新闻信息。

3. 中景

以表现人与人之间、物与物之间的关系，以情节取胜。也是常用在新闻组图中，展示新闻主要人物信息，对全景中重要的信息进行补充。

4. 近景

交代被摄主体主要面貌，表现被摄主体细节，以突出人物的神情或物体的质感。也常用于表达人物的情感，所以在电视电影中，这样景别的镜头会更常见。

5. 特写

特写比近景的刻画更为细腻，深入表达情感。

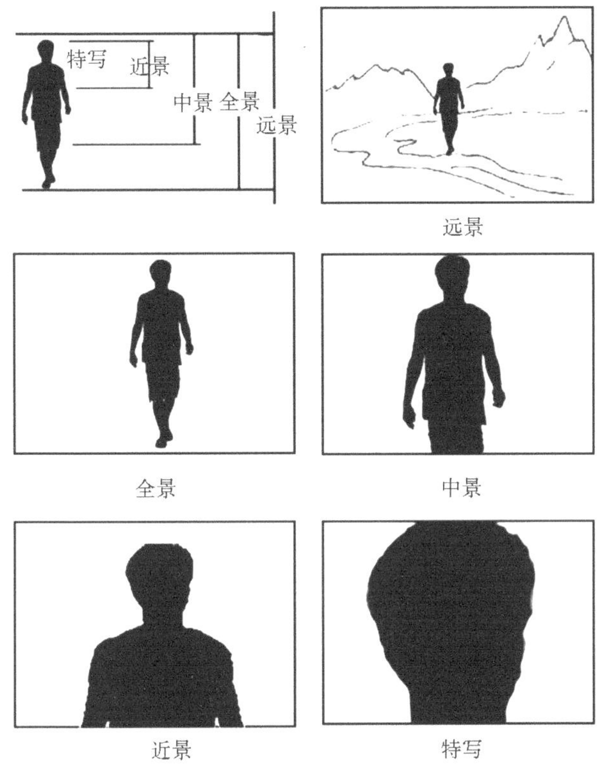

图 5-6　各个景别示意图

五、光

（一）光的造型作用

①表现物体的外形特征；

②表现物体的神情气韵；

③渲染场景的现场气氛；

④表现景物的空间层次；

⑤表现物体的质感；

⑥确定画面的基本色调。

（二）光在摄影中的作用

①用光可以增强真实感，突出现场光线气氛，表现物体的体积，描绘物体的质感。

②用光增加美感，营造优美的影调，让观众赏心悦目，明暗协调配合，

投影的巧妙利用，光线与阴影产生的各种线条等效果。

（三）光位与摄影造型

1. 正面光

这种光在基础的摄影中最为常用，常常有人说“拍照片时让太阳在你的身后”，这就是最简单的顺光。顺光拍摄风景照片很容易获得简洁明快的画面，容易获得清晰的画面内容，色彩朴实、饱和。画面光比小，容易掌握曝光，但画面影调层次不够丰富。均匀、无阴影的照明效果，容易让照片显得“平”。

顺光也是我们在拍摄新闻摄影时最常用到的一种光，它可以让画面中大部分信息都可以正常地曝光，让画面中信息量最大化，所以在一些新闻现场我们可以尽量选择一些利用自然光线顺光的角度，这样可以更简单地获得一张信息量饱满的新闻摄影。

2. 前侧光

这种光线可以较好地表现被摄物的立体感和质感。有明显的明暗交界线，可以获得清晰的轮廓和层次丰富的画面。把光源置于人物面前 45 度。阴影投射在人物半边脸上，增加了人物的立体感，是人像摄影中运用较为普遍的一种光线。

3. 侧光

这是用于强调光明与黑暗强烈对比的戏剧性光线，被摄物的明暗影调各占一半，突出轮廓线条，增强立体感。在拍摄粗糙的表面结构时，能获得鲜明的质感。在人像摄影中，往往用侧光来制造强烈的戏剧效果，表现人物特定性格。

4. 侧逆光

用侧逆光拍摄时，被摄主体大部分处于阴影中，被照亮的一侧仅有一条光带，勾勒被摄物的轮廓，将被摄主体与背景分开。当侧逆光用于人像摄影照明时，可适当加大光比，营造出鲜明的轮廓、强劲的线条造型效果，表现人物的特定情绪。

5. 逆光

用逆光拍摄时，可将半透明或是透明被摄物体拍得晶莹透亮，色彩清晰，层次丰富，富有生气。逆光用于人像拍摄时，可以拉开人物主体与背景的层次，把光源置于模特背后，在模特头发上、肩膀上等勾画出明亮的轮廓，让面部处于阴影中。在只有逆光的环境下会形成剪影的效果，让画面形式感更强，让画面更加简洁，更适合表现一些线条或者轮廓。

6. 顶光

顶光一般情况下不会单独使用，因为这种光线会给被摄物体的底面造成浓重的阴影，特别是在拍摄人像时，光线从模特头顶照下，阴影使眼眶形成两个黑洞，鼻子下方也有很重的阴影，这样拍摄出来的模特很难有美感。顶光可作为辅助光使用，可以很好地表现人物刚毅的性格和表现坚硬的物体。这种光线具有很强的戏剧性舞台效果。

（四）伦勃朗光（三点布光法）

这里我们讲一种最基本的，专门用于人像拍摄的用光方法，在拍摄时，被摄模特脸部阴影一侧对着照相机，灯光照亮脸部的四分之三，用这种光拍摄出来的人像酷似伦勃朗的人物肖像绘画，因此得名。

图 5－7　伦勃朗自画像

三点布光法具体的操作方法如下。第一，将主光源（主灯）放置在模特侧前方，相对于模特的鼻子成 45 度角斜上方。调整灯光的位置、高度和方向。在模特的眼睛下方，与关键光源所在的一侧相对，可以看到一个三角形的光。第二，在模特脸部阴暗面进行补光，作为辅助光功率应小于主光源或者远离模特（这里要补充一下的是距离对于光的影响很大，距离每增大一倍，光会成指数倍减少），或者直接使用反光板利用主光源的反射进行补光，这里注意既要拉开光比，也要保留暗部的细节层次。第三，在模特的背后增加一个轮廓光（逆光），让人物的轮廓更清晰，不要与背景混在一起。

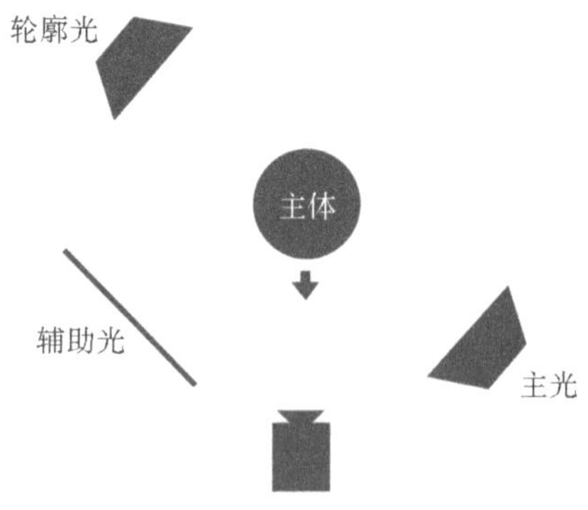

图 5-8　三点布光法灯位示意图

同学们还可以尝试各种不同的布光方式，如蝴蝶光等。还可以尝试不同的光照角度，不同的光质对照片的影响。

在拍摄环境时，注意用灯光表达环境气氛，善于利用环境中的道具灯、阴影的合理使用来营造气氛。

第二节　视音频制作技术

视频、音频作为数字时代的两个重要媒介，已经成为我们日常生活中不可或缺的资源。随着数字技术的不断提升，视音频制作也在不断发展和改变。本节将从技术方面来引导大家掌握视音频的制作方法。

一、数字媒体文件

（一）图像文件

图 5-9　常见矢量图像形态

1. 矢量图

使用线来描述形状，构成这些形状图形的元素是一些点、线，它们都是通过数学公式计算来表现，具有编辑后不失真的特点。一幅矢量图形实际上是由线围合形成外框轮廓，由外框轮廓的颜色以及轮廓所封闭的区域颜色决定显示出的颜色。矢量图形最大的优点是无论放大、缩小或旋转等都不会失真，最大的缺点是难以表现色彩层次丰富的逼真图像效果。既然每个显示元素都是自成一体的，可以用计算公式表现出来，在图像编辑制作过程中的修改就可以在维持它原有清晰度和轮廓线基础上按高分辨率显示到终端显示设备上。

矢量图以连续重复的几何图形居多，图形可以无限放大，不变色、不模糊，常用于图案、标志、VI、文字、笔触等设计。

常用矢量图文件后缀有 svg、ai、eps、dwg 等。

常用编辑制作矢量图软件有 CorelDraw、Illustrator、Freehand、XARA、CAD 等。

图 5-10　常见位图表现形态

2. 位图

由点阵或栅格构成的图像，是由称作像素（构成图片最小元素）的单个点组成的。这些像素点可以进行不同的排列和显色以构成图样。当放大位图图像到极限大小时，可以看见构成整个图像的无数方块。放大位图尺寸的实质是相同画面内放入更加多的像素点，从而使图像的轮廓线条和形状填充显得参差不齐。如果从稍远的位置观看它或者缩小图像大小，位图图像的颜色和形状超出眼睛分辨能力又显得是连续的，观看质量并没有得到提高。

用数码相机拍摄的照片、扫描仪扫描的图片以及计算机截屏图等都属于位图。位图的特点是可以表现色彩丰富的变化和颜色的细微过渡，产生逼真的效果，缺点是在保存时需要记录每一个像素的位置和颜色值，占用相对较大的存储空间。

常用图像文件后缀有 BMP 、jpg、png、tif、tga 等。

常用编辑制作位图软件有 Photoshop、Painter、Windows 系统自带的画图工具、美图秀秀、ACDsee 等。

（二）视频文件

视频文件是指视频按照一定规则保存的计算机数字文件。为了适应储存视频的需要，人们创造出了各种编码方式用来把视频和音频放在一个文件中，以方便同步视音频的回放。

视频编码方式来源于有关国际组织、民间组织和企业制定的视频编码标准。研究视频编码的主要目的是在保证一定视频清晰度的前提下缩小视频文件的存储空间。巨大的视频文件严重阻碍了视频信息的传播，视频压缩技术因此成为视频技术的研究热点。科学家在研究中发现，视频图像数据包含大量的冗余信息。使用特定的编码技术，改变一些不太重要的像素值，就可以大大减小视频文件的存储空间，通过在用户忍耐范围内损失一些清晰度，我们可以把视频压缩到原大小的十分之一、百分之一甚至千分之一。正是以损失清晰度换取压缩效果这一视频数据处理领域具有革命性的设计思想，催生了如今百花齐放的视频编码格式。

常见视频文件后缀有 mpg、avi、mov、wmv 等。

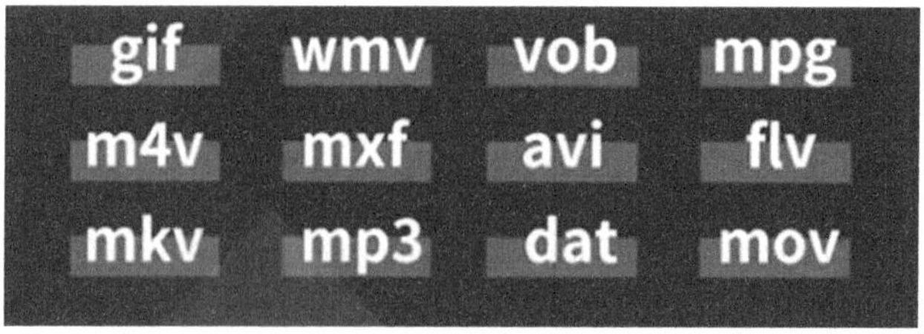

图 5－11　常见视频文件后缀

分辨率又称解析度、解像度，可以细分为显示分辨率、图像分辨率、打印分辨率和扫描分辨率等。

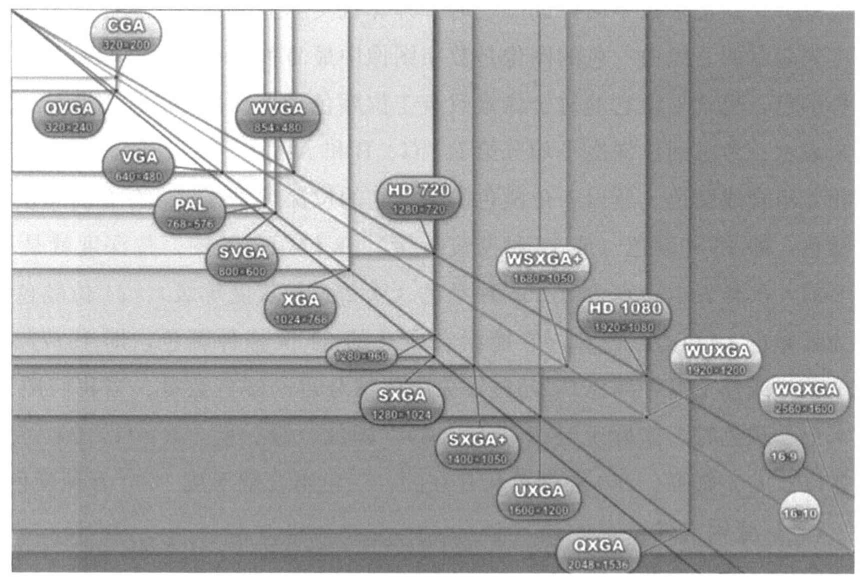

图 5－12 显示分辨率标准

显示分辨率是屏幕图像的精密度，是指显示器所能显示的像素有多少。由于屏幕上的点、线和面都是由像素组成的，显示器可显示的像素越多，画面就越精细，同样的屏幕区域内能显示的信息也越多，所以分辨率是个非常重要的性能指标。图像分辨率则是单位英寸中所包含的像素点数，其定义更趋近于分辨率本身的定义。

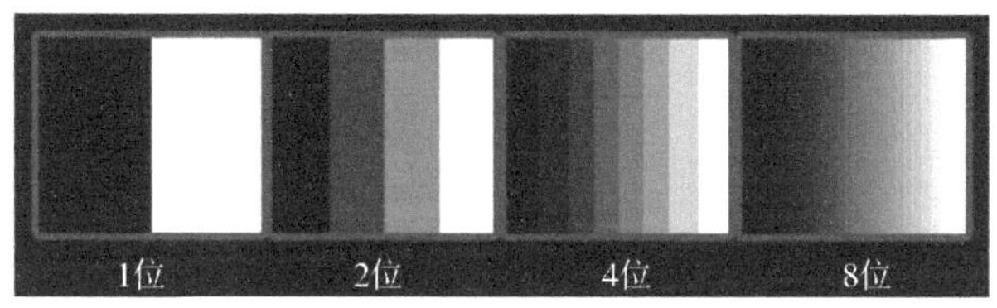

图 5－13 位深度与颜色过渡

位深度是指在记录数字图像的颜色时，计算机实际上是用每个像素需要的位深度来表示的。计算机之所以能够显示颜色，是采用了一种称作“位”（bit）的记数单位来记录所表示颜色的数据。当这些数据按照一定的编排方式被记录在计算机中，就构成了一个数字图像的计算机文件。“位”（bit）是计算机存储器里的最小单元，它用来记录每一个像素颜色的值。图像的色彩越丰富，“位”就越多。每一个像素在计算机中所使用的这种位数就是

“位深度”。在记录数字图像的颜色时，计算机实际上是用每个像素需要的位深度来表示的。黑白二色的图像是数字图像中最简单的一种，它只有黑、白两种颜色，也就是说它的每个像素只有 1 位颜色，位深度是 1，用 2 的一次幂来表示；考虑到位深度平均分给 R、G、B 和 Alpha，而只有 R、G、B 可以相互组合成颜色。所以 4 位颜色的图，它的位深度是 4，只有 2 的 4 次幂种颜色，即 16 种颜色（或 16 种灰度等级）。8 位颜色的图，位深度就是 8，用 2 的 8 次幂表示，它含有 256 种颜色（或 256 种灰度等级）。24 位颜色可称为真彩色，位深度是 24，它能组合成 2 的 24 次幂种颜色，即 16777216 种颜色（或称千万种颜色），超过了人眼能够分辨的颜色数量。当我们用 24 位来记录颜色时，实际上是以 2^(8×3)，即红、绿、蓝（R、G、B）三基色各以 2 的 8 次幂，256 种颜色而存在的，三色组合就形成 1600 万种颜色。

（三）音频文件

音乐文件分为两大类：

①音乐指令文件（如 MIDI），一般由音乐创作软件制作而成，它实质上是一种音乐演奏的命令，不包括具体的声音数据，故文件很小；

②声音文件，是通过录音设备录制的原始声音，其实质上是一种二进制的采样数据，故文件较大。

视音频编辑主要使用声音文件作为编辑使用素材。

常见文件后缀有 wav、MP3、aac 等。

图 5－14　常见音频文件后缀

二、视音频编辑与合成

本节带领读者进入视音频剪辑的世界，让读者对视音频剪辑的基础知识有了一定的了解；了解基础的数字视音频的获取及制作方法，并掌握了一定的后期剪辑思路。在开始剪辑前，我们要先掌握剪辑的整体流程，这样可以提高工作效率，达到事半功倍的效果。本节将使用 ADOBE 公司 Premiere pro2022 开始教学示范，对新建项目、剪辑流程、输出设置进行讲解，带领读者进入 Premiere 的世界。

（一）视音频编辑流程

建立编辑工程—视音频剪辑—视频编码输出

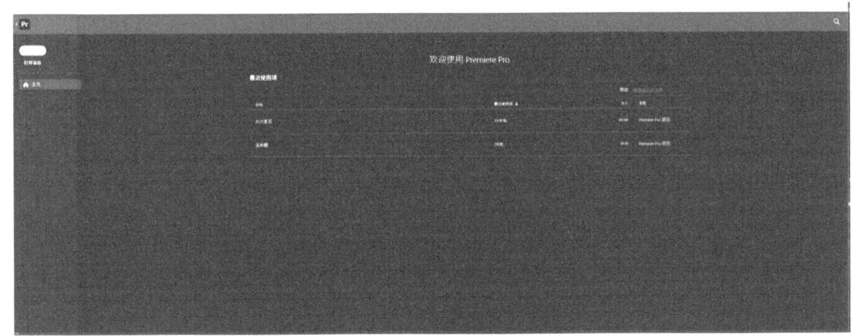

图 5－15　项目管理面板

首先打开 Premiere，然后单击“新建项目”按钮，弹出“新建项目”对话框。“项目名”指的是工程文件的自定义名称。“项目位置”指的是在存储器上保存工程文件的实际路径，单击“项目位置”右侧的“浏览”按钮可以自定义设置工程文件的保存路径。其余选项保持默认即可。最后单击“创建”按钮，就可以新建一个项目。

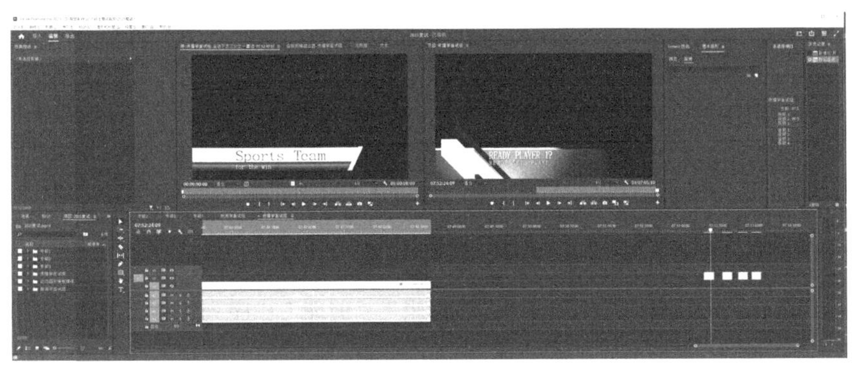

图 5－16　编辑界面

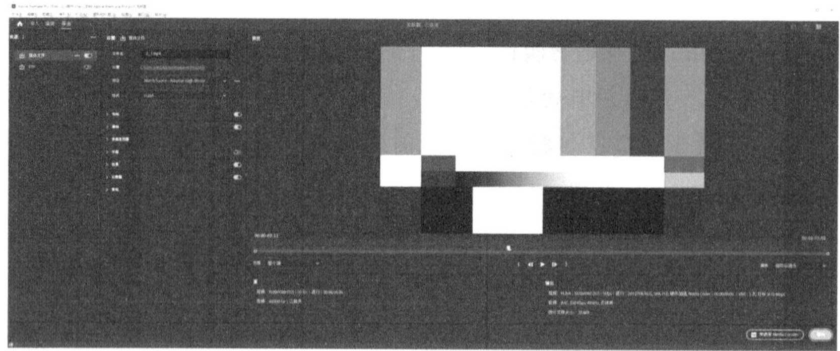

图 5－17　视频文件输出

（二）认识工作区

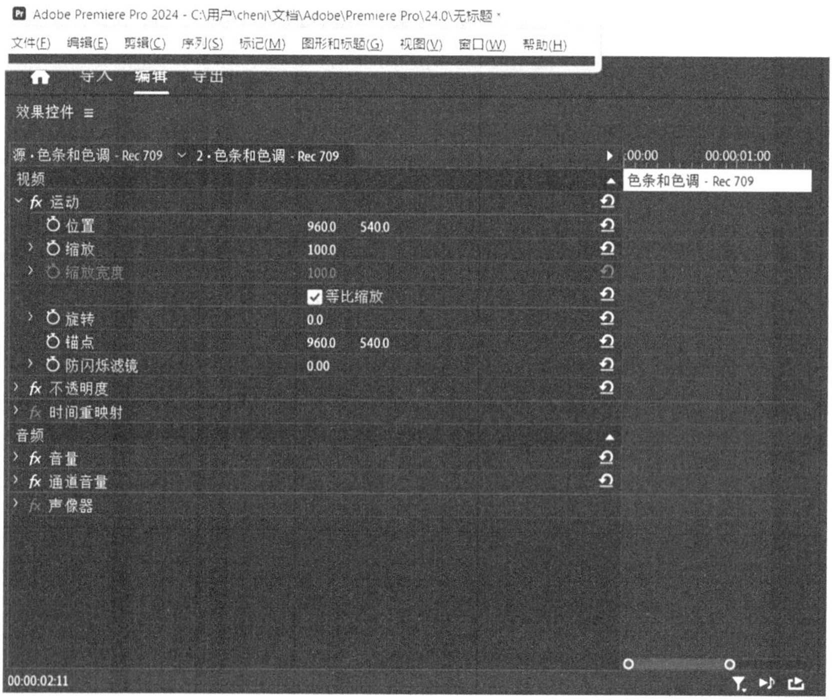

Adobe Premiere Pro 2024 - C:\用户\cheni\文档\Adobe\Premiere Pro\24.0\无标题 *

文件(F)　编辑(E)　剪辑(C)　序列(S)　标记(M)　图形和标题(G)　视图(V)　窗口(W)　帮助(H)

导入　编辑　导出

效果控件 ≡

源・色条和色调 - Rec 709　2・色条和色调 - Rec 709　:00:00　00:00:01:00

视频　色条和色调 - Rec 709

fx 运动

位置　960.0　540.0

缩放　100.0

缩放宽度　100.0

等比缩放

旋转　0.0

锚点　960.0　540.0

防闪烁滤镜　0.00

fx 不透明度

fx 时间重映射

音频

fx 音量

fx 通道音量

fx 声像器

00:00:02:11

图 5－18　菜单栏

Premiere 的菜单栏有“文件”“编辑”“剪辑”“序列”“标记”“图形”“视图”“窗口”“帮助”9 个菜单。

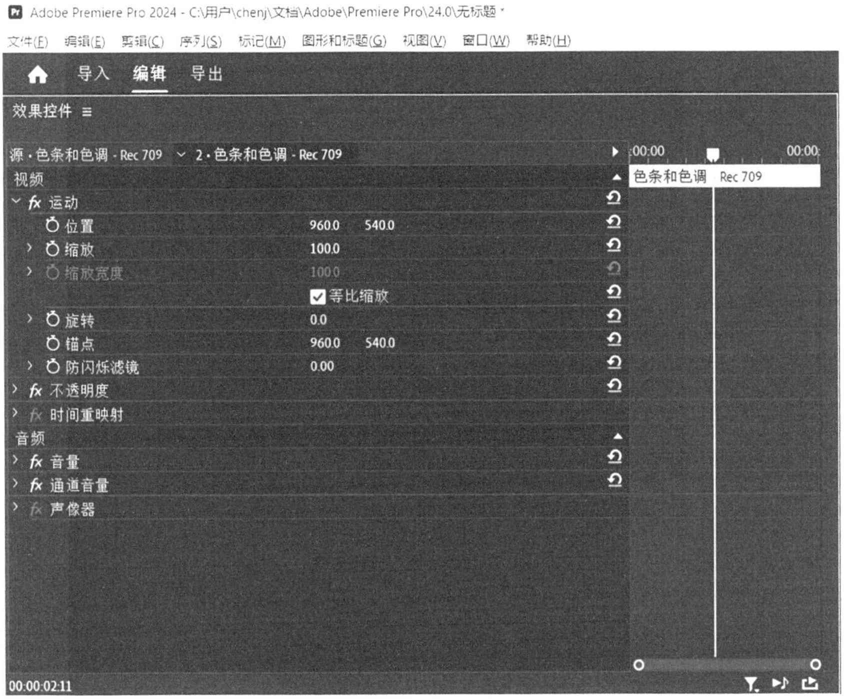

图 5－19 “源”“效果控件”“音频剪辑混合器”面板组

1. “源”监视器面板

双击“项目”面板的视频素材之后在“源”监视器面板会出现视频素材的预览画面，这个面板是原始素材的预览面板。

2. “效果控件”面板

在“时间轴”面板若不选择任何素材则“效果控件”面板为空。

3. “音频剪辑混合器”面板

“音频剪辑混合器”面板可以更加有效地调节项目的音频，实时混合各轨道的音频对象。

监视器面板用于显示视频、音频经过编辑后的最终效果，可以方便剪辑者进行下一步的调整与修改。

“项目”面板主要用于导入、存放和管理素材。该面板可以显示素材的属性信息，包括素材的缩略图、类型、名称、颜色标签、出入点等，也可以对素材执行新建、分类、重命名等操作。

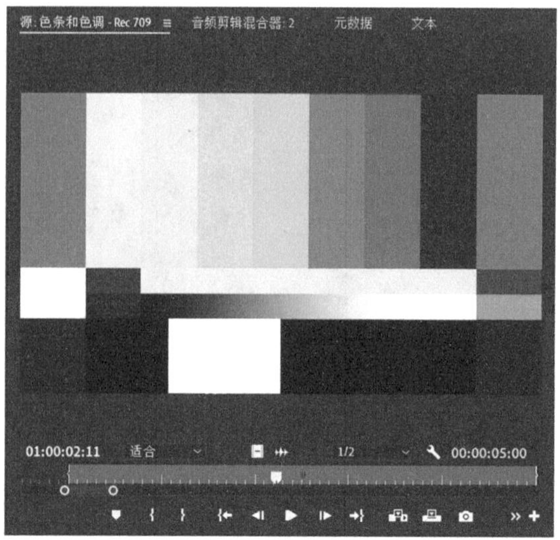

图 5－20　监视器面板

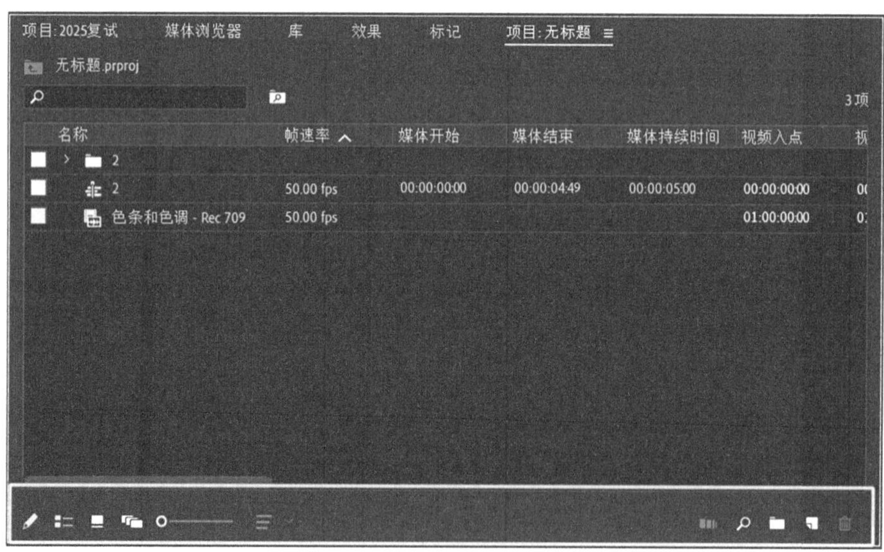

图 5－21　“项目”面板

图 5－22　工具面板

工具面板中主要是“工具”按钮，使用时单击某个按钮即可激活对应的工具，主要用于在“时间轴”面板中编辑素材。

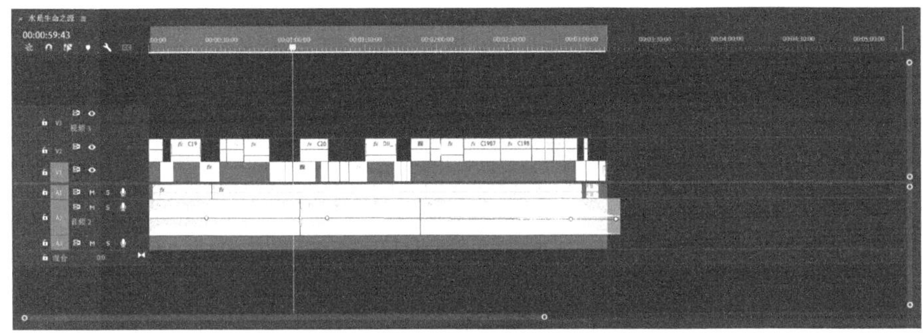

图 5－23 “时间轴”面板

“时间轴”面板是工作区的核心区域，在此面板中可以对素材进行剪辑、插入、复制、粘贴等操作。

(三) 剪辑基本操作

本节主要讲解素材的移动与删除、音画分离、字幕的添加、视频的转场、音乐的无缝衔接等剪辑中常用的基本操作，以及相关工具的使用方法。

1. 添加字幕的方式

图 5－24 项目文件管理

在视频中，字幕是非常常见的一种画面表达方式，添加字幕不仅可以对画面内容进行解释说明，还可以美化画面。

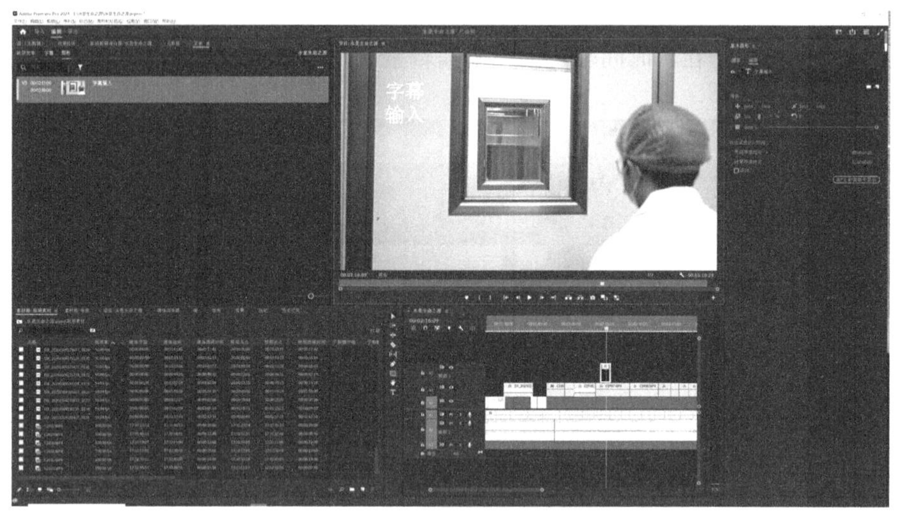

图 5－25　文字调整工具面板

2. 视频转场的用法

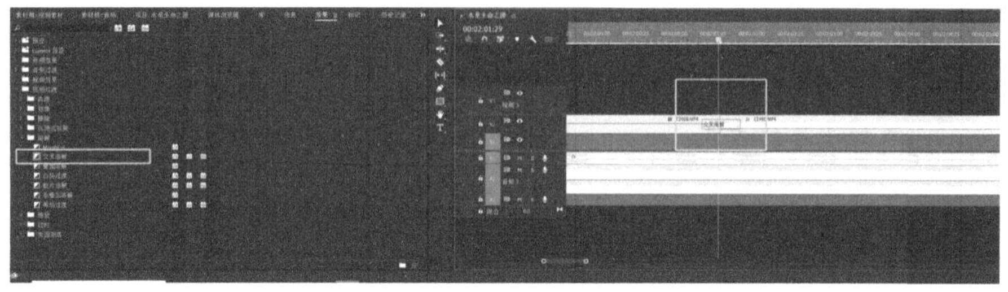

图 5－26　视频转场

打开“效果”面板，展开“视频过渡”文件夹，选择“溶解＞交叉溶解”效果，将其拖至第 1 段和第 2 段视频素材之间。

3. 视频的升格与降格

电影在拍摄时的帧速率通常为 24 帧/秒，也就是一秒会显示 24 幅画面，这样就可以得到正常的播放画面。但有时为了制作一些含有特殊效果的画面，如慢镜头或快镜头，就需要对帧速率进行调整。

（1）升格

升格又称慢动作摄影，在拍摄时拍摄速度超过 25 帧/秒，而放映时按照正常速度放映，就会看到比实际动作慢的画面效果。

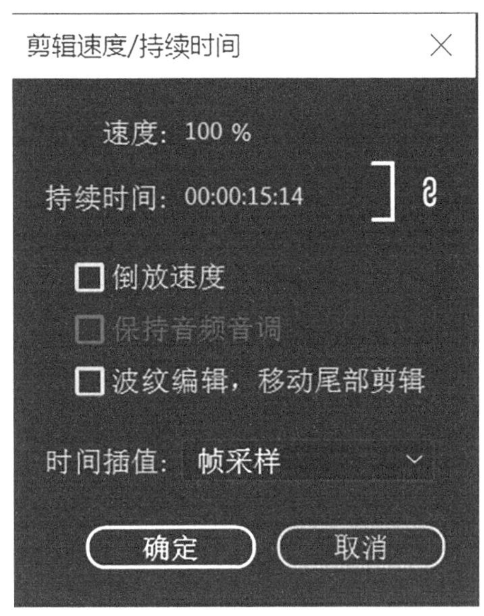

图 5－27　剪辑速度调整面板

（2）降格

降格又称快动作镜头，在剪辑时加快视频的播放速度，可以得到比实际速度快的运动效果。

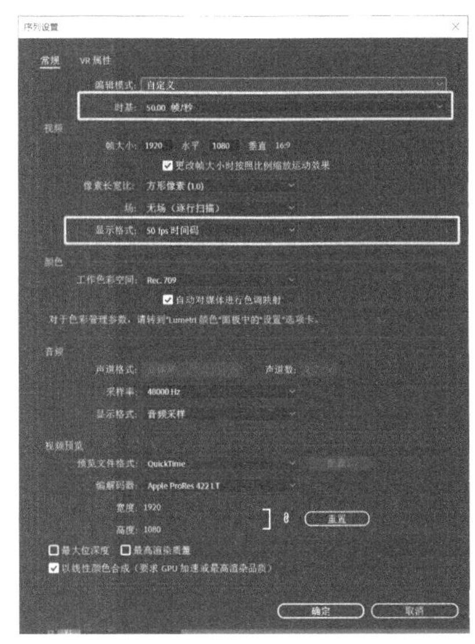

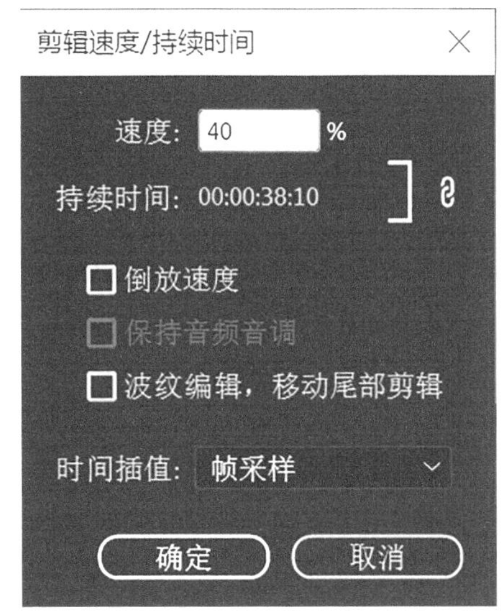

图 5－28　剪辑素材速度调整

4. 运动

（1）视频运动

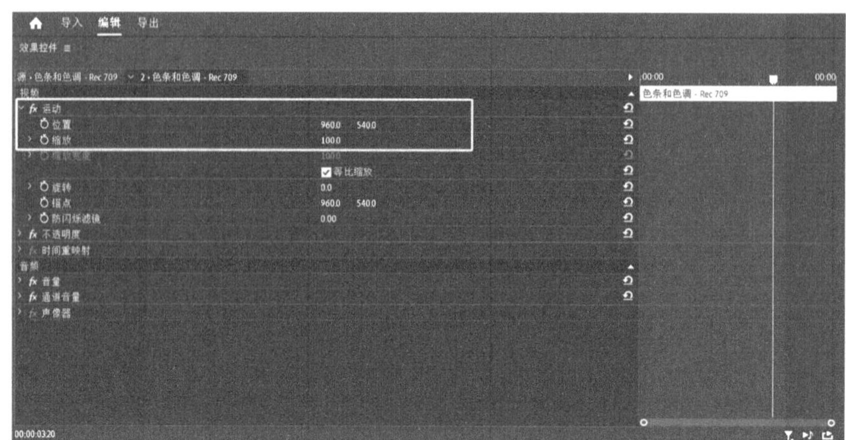

图 5－29　剪辑基础属性调整面板

（2）不透明度

不透明度可以理解为所选素材的显示状态，不透明度为 0％时，素材图像是透明的；不透明度为 100％时，素材图像将完全显示。

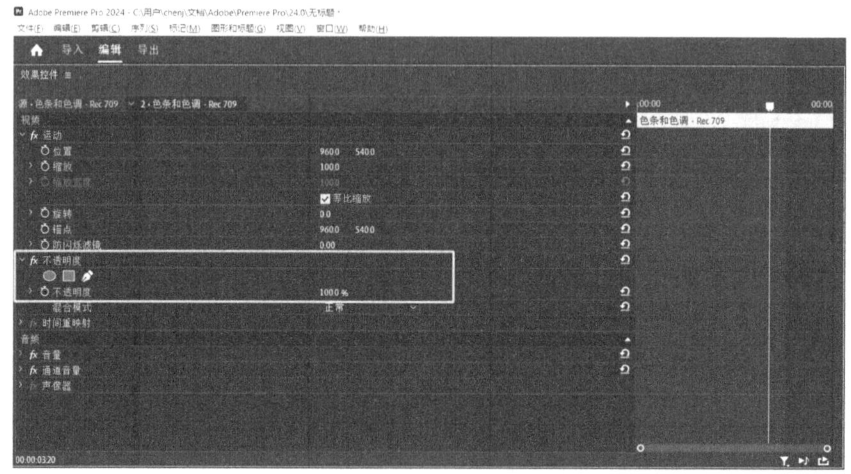

图 5－30　不透明度调整

（3）时间重映射

时间重映射功能主要应用在改变视频素材的速度上，可以实现单个视频素材中慢动作和快动作的切换。

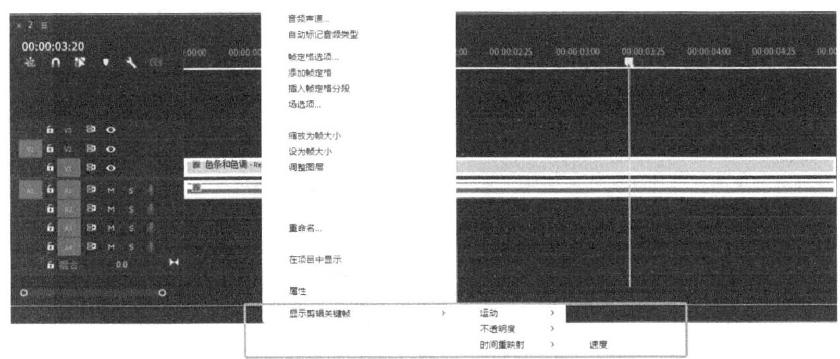

图 5－31　时间重映射打开

5. 视频序列的操作技巧

本节主要讲解视频序列的设置技巧，以及绿屏抠像技术的应用、电影遮幅效果的制作等。

（1）竖屏（手机屏）视频序列的设置

在编辑视频前，需要先确认视频序列的设置。目前，很多人会使用手机观看视频，手机平台上的视频以竖屏为主，可以参考图 5－32 中竖屏序列的设置方法。

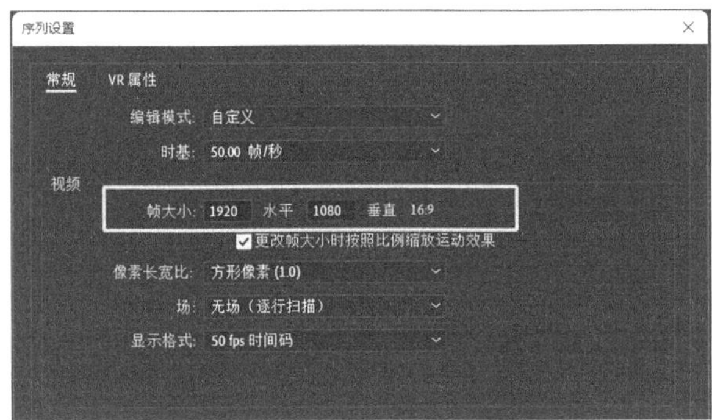

图 5－32　竖屏显示设置参数

（2）匹配视频画面

在部分情况下，新建的序列和视频素材的序列不会完全匹配，这时需要调整视频素材，使其与序列完全匹配。

（3）导出和上传高清视频

视频剪辑完成后，需要将视频导出，导出视频时的设置会直接影响视频的清晰度。

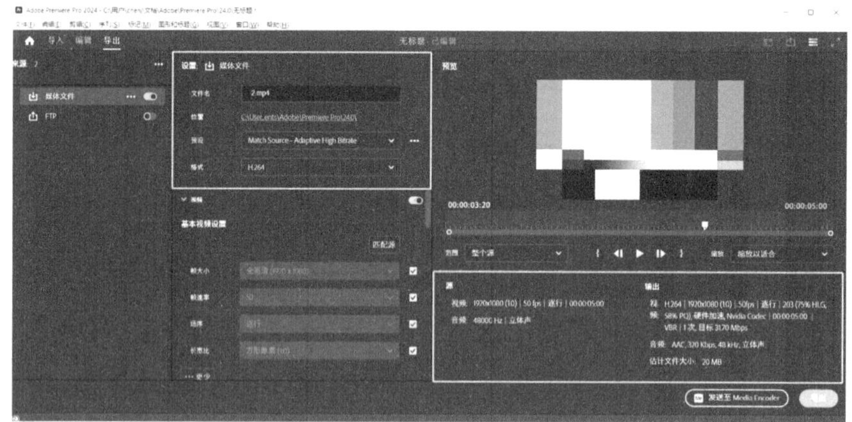

图 5－33　导出为视频文件设置

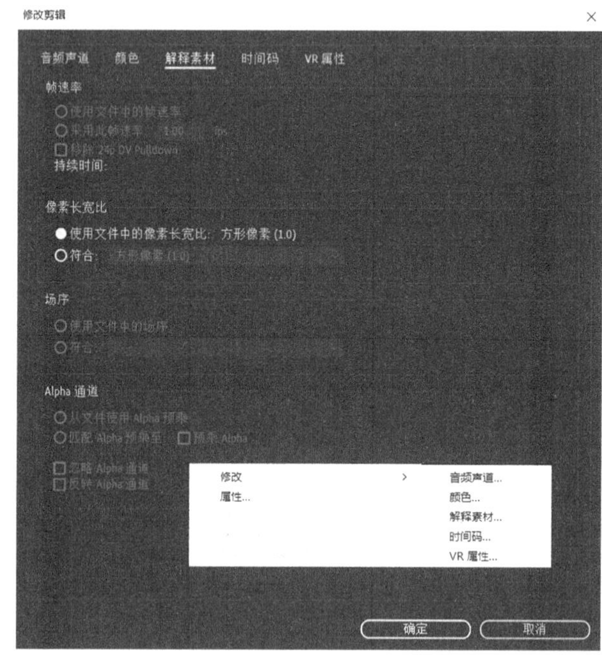

图 5－34　剪辑素材属性更改面板

三、字幕效果设计实战

字幕在视频中是不可或缺的一部分，在内容表现方面占有至要地位，观众通过字幕可以清晰地理解视频的内容。本章主要讲解字幕的制作，以及字幕效果在视频中的合理运用。

（一）使用文本工具制作字幕

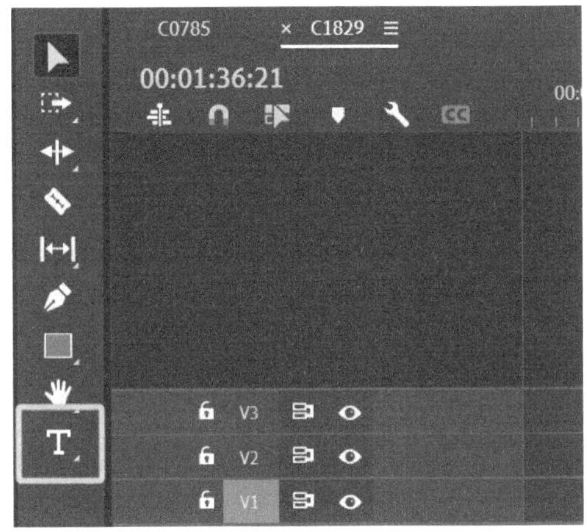

图 5 - 35　字幕添加工具

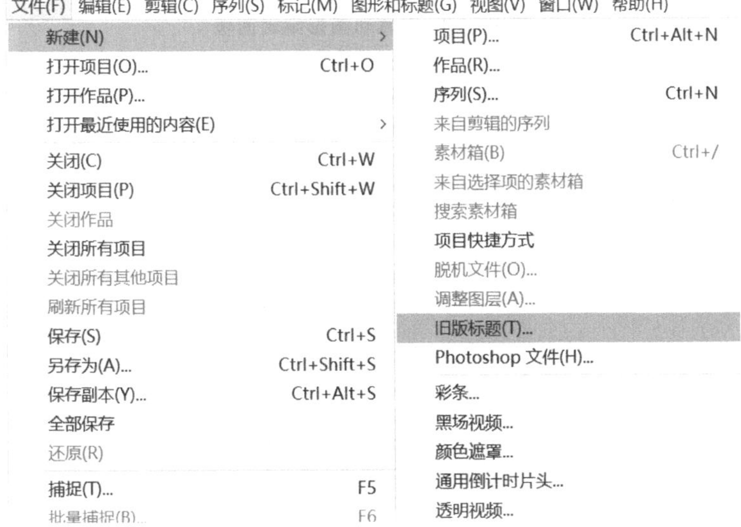

图 5 - 36　旧标题字幕打开方式

选择“文本工具”，然后单击素材画面中的任意位置，输入文字。

（二）使用旧版标题制作字幕

执行“文件〈新建〉旧版标题”命令，在弹出的对话框中单击“确定”按钮，如图所示，即可打开“字幕”面板。

（三）通过基本图形编辑制作字幕

先将素材拖至“时间轴”面板中，将操作界面切换为“图形”模式，在“基本图形”面板中选择“编辑”选项卡。

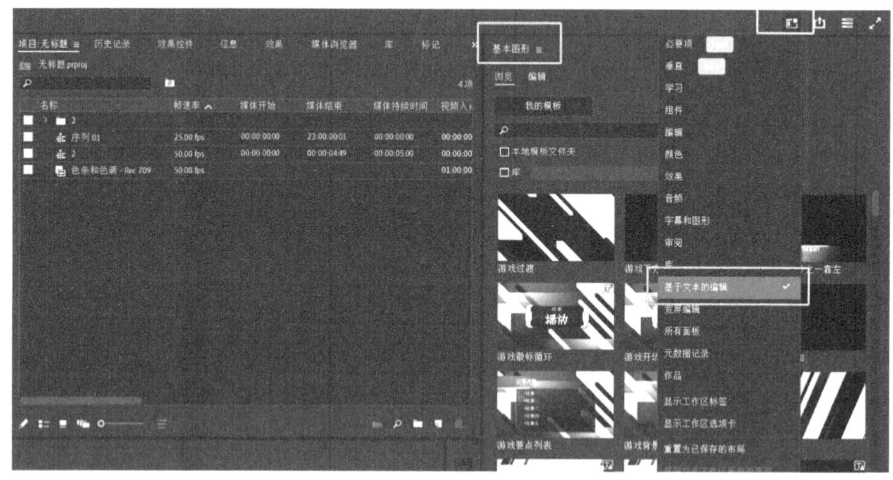

图 5－37　字幕和图形编辑面板

（四）视频效果设计实战

本小节主要讲解使用 Premiere 制作转场和视频效果，了解剪辑的转场与视频效果的制作认识，为之后的视频制作、效果添加打下基础。

1. 经典转场效果的制作

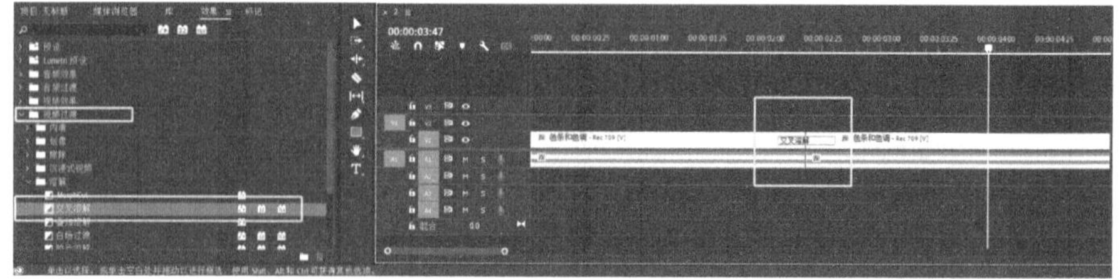

图 5－38　转场效果添加

视频过渡列表

溶解过渡

- 叠加溶解过渡
- 交叉溶解过渡
- 渐隐为黑色过渡
- 渐隐为白色过渡
- 胶片溶解过渡
- 非叠加溶解

划像过渡

- 盒形划像过渡
- 交叉划像过渡
- 菱形划像过渡
- 圆划像过渡

页面剥落过渡

- 页面剥落过渡
- 翻页过渡

滑动过渡

- 中心拆分过渡
- 推过渡
- 滑动过渡
- 拆分过渡

3D 运动过渡

- 立方体旋转
- 翻转

擦除过渡

- 双侧平推门擦除过渡
- 渐变擦除过渡
- 插入擦除过渡
- 擦除过渡

图 5－39　视频过度列表

(1) 交叉缩放

可以融合两段视频的内容并实现视频画面的平滑过渡或增加趣味性。

(2) 渐变转场

主要把画面的亮度作为渐变的依据，可以在亮部和暗部之间进行双向调节。

(3) 叠加溶解过渡

“叠加溶解”将来自剪辑 B 的颜色信息添加到剪辑 A，然后从剪辑 B 中减去剪辑 A 的颜色信息。

(4) 交叉溶解过渡

“交叉溶解”在淡入剪辑 B 的同时淡出剪辑 A。如果希望从黑色淡入或淡出，也很适合在剪辑的开头和结尾采用“交叉溶解”。

(5) 渐隐为黑色过渡

“渐隐为黑色”使剪辑 A 淡化到黑色，然后从黑色淡化到剪辑 B。

注意：在剪辑的开头或结尾使用“渐隐为黑色”，也将影响下方轨道上的视频，因此当希望获得简单的目标剪辑淡入/淡出结果时，有时会出现意外结果。此交叉溶解过渡可能更适合此用途。

(6) 渐隐为白色过渡

“渐隐为白色”使剪辑 A 淡化到白色，然后从白色淡化到剪辑 B。

(7) 抖动溶解过渡

“抖动溶解”使用抖动算法将剪辑 A 淡化到剪辑 B。可以指定以下任一选项：边框宽度增加抖动大小。默认值为零。

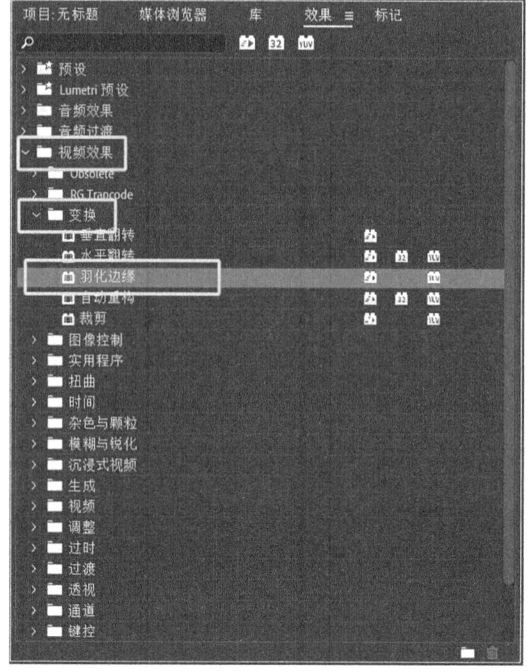

图 5－40　视频效果管理面板

边框颜色确定用于抖动的颜色。默认值为黑色。

抗锯齿质量默认为关闭。

(8) 胶片溶解过渡

“胶片溶解”过渡是混合在线性色彩空间中的溶解过渡（灰度系数=1.0）。

“胶片溶解”过渡以更现实的方式进行混合；基本上，溶解呈现应有的外观。

2. 常用视频效果

(1) 反转（视频）效果

反转（视频）效果可反转图像的颜色信息。

(2) RGB/红色/绿色/蓝色

RGB 反转所有的三个叠加的颜色通道。红色、绿色和蓝色分别反转各个颜色通道。

(3) 通道

要反转的一个或多个通道。每组项目在特定的色彩空间中工作，可反转该色彩空间中的整个图像或者仅反转单个通道。

（4）HLS/色相/亮度/饱和度

HLS 反转所有的三个计算的颜色通道。色相、亮度和饱和度分别反转各个颜色通道。

（5）YIQ/明亮度/相内彩色度/正交色度

YIQ 可反转所有的三个 NTSC 明亮度和色度通道。Y（明亮度）、I（相内彩色度）和 Q（正交色度）可分别反转各个通道。

（6）Alpha

反转图像的 Alpha 通道。Alpha 通道不是颜色通道，可指定透明度。

（7）效果的透明度与原始图像混合

效果的结果与原始图像混合，合成的效果结果位于顶部。此值设置得越高，效果对剪辑的影响就越小。例如，如果将此值设置为 100%，效果对剪辑没有可见结果；如果将此值设置为 0%，原始图像不会显示出来。

Premiere Pro 中的加速效果列表

以下提供了 Adobe Premiere Pro 中可由 CUDA 加速的效果和过渡的列表。

- Lumetri 颜色
- 裁剪
- 变形稳定器
- 超级键
- 水平翻转
- 亮度与对比度
- 变换
- 投影
- 渐隐为黑色
- 胶片溶解
- 锐化
- 色彩
- 垂直翻转
- 叠加溶解
- 轨道遮罩键
- 基本 3D
- 马赛克
- 快速模糊（已过时）
- 渐隐为白色
- 镜头扭曲
- 推
- 反转
- 滑动
- 擦除
- MorphCut
- RGB 曲线（已过时）
- 偏移
- 时间码
- 颜色替换
- 简单文本
- 自动重构
- VR 发光
- 灰度系数校正
- ASC CDL
- ProcAmp
- 提取
- Alpha 发光
- 镜像
- VR 数字故障
- Alpha 调整
- 快速颜色校正器（已过时）
- 渐变
- 颜色过滤
- VR 模糊
- 查找边缘
- 黑白
- VR 降噪
- 剪辑名称
- RGB 颜色校正器（已过时）
- VR 色差
- VR 颜色渐变
- 三向颜色校正器（已过时）
- VR 旋转球面
- SDR 遵从情况
- 色阶
- VR 分形杂色
- VR 光圈擦除
- VR 渐变擦除
- VR 光线
- VR 投影
- VR 默比乌斯缩放
- 杂色
- VR 色度泄漏
- 视频限幅器
- VR 漏光
- VR 球形模糊
- VR 锐化
- VR 平面到球面
- 亮度校正器（已过时）
- VR 随机块
- 视频限幅器（已过时）
- 高斯模糊
- 方向模糊
- 交叉溶解
- 急摇
- 减少交错闪烁
- 闪光
- 拆分
- 中心拆分
- 非叠加溶解

图 5-41　提供 GPU 加速的效果插件

【问题思考】

1. 如何运行构图原则来增强视觉吸引力并传达信息？不同的构图元素对画面的情绪表达及故事叙述有何影响？

2. 如何利用光线改善照片质量？

3. 导入一段人物采访视频进入编辑软件，调整播放速度为200％，观察视频有什么变化？

4. 导入两段视频，通过改变两段视频基础属性，使一段视频缩小为50％放置到画面前端，另一段视频放大到200％放置到画面背景。通过改变前端画面的透明度观察有什么变化？

第六章　融合报道的传播[①]

【内容提示】

在这个变革的时代，作为新闻人，我们不得不去思考如何回应时代对新闻的创新发展要求。本章通过对融合报道作品传播效果的反思，来进一步厘清这样几个问题：融合新闻为何而融，有何可融？运用了多媒体就是融合报道吗？融媒体与全媒体是不是同样的意思？新媒体时代，我们要做的，是“制作”融合新闻“作品”，还是“生产”融合新闻“产品”？从而能够更有目的性和针对性地加强融合报道内容创新和传播创新。本章主要内容：①融合报道的两个不同认知视角；②融合报道的“五互”原则；③融合报道创新传播模式；④理解有意义的传播互动。

第一节　从传播效果反思看融合报道创新

融合报道的“融合”二字不是想当然，不是为了融而融。从传播效果的角度来说，知己知彼，才“可能”百战不殆。流量、价值和影响力是否等同，何者为真、何者为重？由此我们可以反思融合报道所要关注的点和努力的方向到底是什么？今天被广泛讨论的融合报道只是因为要去被动地适应乃至迎合市场吗？

一、为什么要融

（一）融合报道的创新探索

我们知道融合报道一直在不断创新，例如，新华社在 2021 年全国两会

① 本章由任正安副教授编写。

期间推出了一个创意视频《舞动“十四五”》。这个只有145秒的短视频在新华社客户端的浏览量很快达到百万+，应当符合流量时代坊间对成功作品传播的一般认知。

请大家观看作品后思考，您认为这个作品的突出特点是什么？MR技术的运用看起来最直观，将新闻的数据呈现与舞蹈以及绚丽的虚拟背景有机融合在了一起。用创作者的话说叫以柔克刚，是硬数据与柔美艺术的共舞。当然也请大家思考，您认为作品的新闻内容传达效果如何，这是不是我们要做的融合报道理想的样子呢？带着这个问题我们将进行后面的讨论。

拓展阅读：

《145秒MR艺术舞台秀，新华社用好莱坞影像技术舞动“十四五”[①]》

这是新华网在今年两会期间推出的创意MR艺术舞台秀《舞动“十四五”》，视频时长严格卡在145秒，为契合“十四五”规划可谓“武装到了牙齿”。

在新华社客户端，该视频的浏览量迅速过百万，众多网友纷纷点赞，称“有创意，有内容，值得反复观看”。

用创新“增香”，探索融合的多种可能

如何提升传播效果，让普通民众对宏大主题同样“入脑入心”，是《舞动“十四五”》主创团队孜孜以求的目标。

创新，源于敢于跨界的大胆。

“原创内容生产才是主业、是核心，前沿技术与新颖创意都必须以内容为本，从内容出发。”新华网视频总监马轶群说。

“一字一句写‘十四五’太刚硬，以柔克刚是我们的秘诀。”魏文彬说。但是，创新很少是电光石火般的灵感乍现，而是一点一滴不断修正的过程。

近些年受众对中国传统艺术的关注度越来越高，魏文彬希望将传统艺术、数据可视化、时政报道这些看似风马牛不相及的内容，融合在一起。

念念不忘，必有回响。团队成员每天吃饭睡觉都在琢磨的融合，慢慢有了雏形——“与数据共舞”。

---

① 刘婧宇．融媒故事22［N/OL］．新华每日电讯，2021-03-13. https：//mp. weixin. qq. com/s/8J5EpwXgiz6kRPiq7iseWA.

功夫不负有心人。视频呈现的最终效果很好，柔美的舞蹈让“十四五”这个报道主题有了全新的视角，也让受众真实地“参与”到国家大政方针当中；舞蹈演员手部和脚步动作，在不同场景中与我国不同领域的成就数据有机互动，真真切切做到了与数据“共舞”。

靠技术“上色”，追求多彩的融合效果

想让受众对产品“一见钟情”，就要创造出新鲜感、惊喜感、科技感和趣味感，而这些都有赖于技术的不断创新、不断突破。

“这次拍摄，我们首次把工场的两大利器——MOCO 运动控制系统（Motion Control）和 MR 智能演播厅合体。”马铁群非常自豪地说，“MR 智能演播厅是目前全球最大的四面屏 AR 演播系统，MOCO 运动控制系统也是全球顶级的影视拍摄系统，二者的结合实现了很多‘不合理的任务’。”

比如，“推动绿色发展”那一部分，一个舞蹈演员有两个分身，分别对不同的目标进行互动，场景跟随镜头的运动而运动，就是利用了 MOCO 设备的分身克隆技术，在运动镜头中将人克隆出来。这是一般的拍摄设备无法实现的。

技术难点之一是虚拟制片的流程。

主创团队这次采用了世界先进的影视工业流程——虚拟制片。它最大的优势在于不用忍受绿幕，也无须等待几周甚至几个月的后期，所有关键决策人现场协作，实时生成最终画面，立等可取，随时可改。

“但这个流程难度特别大，目前在好莱坞等影视制作基地比较流行，国内影视拍摄很少有采用这种方式。”魏文彬坦言用这种方式风险很高，“但创新就是敢于尝试。”

他在前期和 MR 演播厅负责人不停地磨这个项目的技术可行性，反复评估测试虚拟场景与 MOCO 数控摇臂、舞蹈演员、音乐的同步，耗时很久才将流程顺下来。

技术难点之二是人员的“跨界”。

“整个拍摄过程，全部是我们自己的人，没有花大价钱去寻求市场化外援。”马铁群对大家的付出十分感动，这些一起“战斗”的同事，以前就是传统媒体的编辑，现在都转成了技术人员或产品经理，即使工作内容跨度再大，为了助力主流媒体融合发展，大家都默默地实现了艰难的“行业内跨行”。

“敢跨界、全流程、自己上。”魏文彬感叹这次创作也是对自己人的“拉练”。“大家都是不计较得失的战友。否则，这样的工作量如果找外援，那这笔花费我估计接受不了。”他笑着说自己“比较省钱”。

以内容“入味”，全情投入“秀好”主旋律

每年在两会等重要节点，新华媒体创意工场都会做一些重磅的融媒产品，既体现在技术呈现上，也体现在内容设置上。

《舞动“十四五”》在内容上同样下足了功夫，编辑陈凯茵整理了海量的往年相关数据，然后主创团队一起讨论，挑选12个发展领域中最具代表性的数据，让过去几年中国的发展成就与“十四五”规划之间交相辉映。

常年从事时政报道相关工作的陈凯茵十分有经验，传统媒体人的优势此刻充分体现：去年党的十九届五中全会召开之后，她就参与推出了很多可视化策划，比如，《数·百年》等。这次，顺着脉络十分顺利就敲定了12个领域——经济发展、科技创新、产业发展、国内市场、深化改革、乡村振兴、区域发展、文化建设、绿色发展、对外开放、社会建设以及安全发展。

每一帧画面背后，都有主创团队大量工作。陈凯茵说：“内容是形式的基础，短片中每一秒、每一个画面都没有浪费，信息量特别密集，色调有信息、数据有信息、文案有信息、演员动作有信息甚至音乐也有信息。”

这些都需要网友用心体会，才能发现其中之“妙”。

马轶群建议：“这个片子要看三遍，第一遍是看热闹，就是看视效、看艺术；第二遍看数据，就是看过去中国发展成就数据；第三遍看规划，就是重点看我们提炼的‘十四五’规划内容。”

重新回看这部145秒的短片，与数据“共舞”，数据可视化在短片中是绝对的主角。没有旁白，靠文案字幕提纲挈领，把大部分画面留给人和数据。每个数据、每个元素，都在上扬、发光和跳跃。无须多言，舞蹈演员的举手投足之间，就让受众感受到主创团队想传达的“情绪”。

在媒体融合大潮中，新华社不断探索“数据可视化”，将内容生动化，将抽象概念具体化，将新闻信息知识化，力争用网民认可的新形态报道方式，在潜移默化中引导舆论。

《舞动“十四五”》，就是这一探索的缩影，是在过往成就中的喜悦之舞，更是在未来希冀中的憧憬之舞。

舞动之间，奋斗不息，不负春光，不负时代，不负今朝。

再看同样来自新华网的另外一个作品——《绘景未来》。这个作品使用了 XR 的方式对 2022 年政府工作报告进行解读，通过一个小朋友眼中的世界的视角，以虚拟 3D 动画的形式来解锁未来生活愿景。

这两个作品有一个共同特点，在传统的视频制作基础上，融入了舞蹈、美术、音乐等多元的艺术表达形式，这在传统新闻制作中是少见的。传播数据也证明了明显有助于增强视觉吸引力和趣味性。另一个显著特征是用上了当下热点的 3R 技术。在《舞动“十四五”》中还采用了虚拟制片这样的过去在好莱坞才会见到的先进影视工业流程，画面是实时生成而不是后期制作的。

所以为什么要融合，从传播达到率的角度，我们是不是可以首先找到最容易得到的两个答案，所谓“致命”的吸引力法则和其背后的新技术推动。

新媒体在技术环节的快速更新迭代特征是显而易见的。比如，2023 年革命性的热点话题 AIGC，以及近年来风生水起的元宇宙、虚拟数字人等，尤其对传统新闻人来说，不管您喜不喜欢，这些都已成为无法回避的问题。因为前述这些甚至可以说在颠覆性地重新定义新闻表达、效率，以及新闻业的整个生产模式。

百度早在文心一言 AI 大模型面世之前，在 2021 年推出了 AI 探索官。还让其主持了一场直播，名为“2021 人类流行语大赏”，对百度平台的年度搜索热词进行梳理。百度甚至直接据此发布了一首由 AI 生成和演唱的歌曲，名为《2021 在说啥?》。就像新华社等媒体也制作发布过多首新闻歌一样，艺术、技术、娱乐与新闻，以这种方式结合在了一起。

这种新闻生产的变革，当然在根本上是媒介大环境变化的反映。这种变化在媒体上和网络上有很多讨论，这里不再展开，但是跟我们理解融合报道在很多地方息息相关，比如，在这个影响较广的图表中，这些认知是合理的吗？新媒体与传统媒体的区别很多也很明显，但是否要这样泾渭分明甚至极端对立？中国传统认知和思维模式中有一句话叫作“执两用中”，表一中左右两边本身不是各有优缺点，可以相互结合、取长补短，根据具体情境融合使用的吗？

表 6-1 传统媒体与新媒体特质对比

传统媒体	新媒体
教堂模式	集市模式
自上而下	自下而上
精英化	草根化
封闭	开放
少数人生产，多数人消费	多数人生产，多数人消费
二八理论	长尾理论（缝隙经济的聚合）
作品	产品

（二）融合报道传播效果的反思

进一步看，我们在理解受众、市场，乃至国际环境变化的时候，有没有一些被绝对化了的认知？比如，新媒体是否一定是自下而上的集市模式？生产者一定是草根化的吗？新媒体有没有其一定的相对封闭性？实际上，当我们这样将新媒体完全与传统媒体截然二分的时候，恰恰忽略了新媒体的多元特质和融合属性。因为新媒体显然不等同于自媒体。当我们在进行融合报道时，如果一味落入技术主导的趣味和流量导向，是否正是这种认知误区导致的？

从媒介传播效果看，媒介融合更本质意义上的价值驱动，应该是消除单一媒介的局限性。

这一局限首先体现在媒介的时间或空间偏至，无论是传统的视频、音频，还是图文无疑都具有这种局限。而新媒体，恰恰可以通过数字化平台的融合特质抵消这种时空偏至。时空偏至所带来的缺陷，尤其是对音视频这种偏向于空间的媒介来说，在浅阅读的时代，非常容易造成信息认知接受不足。正如我们前面所看的《舞动“十四五”》这个案例，看完后，受众能对其中的数据内容形成清晰的印象吗？视频中，舞动的数字稍纵即逝，在好看的同时，它的信息传达效果如何？我们再看同一个作品的百度百家号的版本，与单纯视频版本的不同是，这里增加了截屏的动图和相应的文字，是不是弥补了一些缺憾？但是如果想要对经济社会发展和“十四五”规划形成更清晰的理解，显然又是远远不足够的。这正是单稿的局限所在，需要配置以更多的深度解读。

再看上游新闻的案例《SVG | 10 大典型案例，看重庆如何让长江十年禁渔落地有声!》。作品梳理了长江十年禁渔的十大典型案例，这是很好的新闻故事选题。主作品采用当下国内流行的 SVG 图片互动的形式，简洁、明快，点击可以查看每个案例的概况。同时，作品附上了详细报道的二维码链接。但是点击其中的二维码会发现，基本上是同样的简要报道。我们想要更详细地去看这十个故事，显然无法得到满足。

所以从传播效果考量，融合报道通过新技术确实容易引发兴趣。但是兴趣的背后，如果不能形成更好的认知，那这种传播流量的终极意义又在哪里呢?

融合报道的意义在于充分发挥不同媒介的传播特质的优点，通过规避，或者通过互补弥补缺点。这是非常重要的出发点。相关的优缺点，也可以从表 6-2 来看。当然这仍属一家之言，肯定有不完善、不恰当的地方，尚待大家再进一步辩证思考。

表 6-2 不同传播媒介特质的不完全总结

媒介类型	优点	缺点
口语	融入情感，非语言符号，具身性	不便记忆、保存，个体表达局限，传播失真
文字	表达深度，调动抽象思维与想象力	视觉吸引力不足，受阅读素养影响大
音频	传播快捷（广播），复合情景宽容度，情感直观呈现	稍纵即逝，信息量、内容深度、传播效率有局限
视频	传播快捷（电视），生动，具象化，视听结合，兼容少量文字	稍纵即逝，信息量、内容深度、传播效率有局限
网络	兼容以上，破解传播偏至，相对降低成本，互动，共创	信息泛滥，质量参差不齐，放大人性的弱点

二、传播生态视角的融合报道创新

注重传播效果当然是我们新闻报道的终极目标所在。而传播效果的提升，不仅需要内容表达的创新，更包括在新闻的采集、制作流程，以及在媒体的运营模式上都有相应的变革。当我们将融合报道纳入新闻采访与写作课程体系的时候，实际上，已经在体现着整个新闻业的变革。当互联网进一步发展到 Web3.0 的时候，类似公众参与、区块链、元宇宙、AIGC、DAO 等，这些概念对新闻业来说，其划时代的意义可能不亚于互联网的出现所带来的冲击，是我们不得不去认真面对和思考的问题，而不是依然停留于过往的经验。至于我们是否已经迎来一个后新闻业或后新闻传播业时代，同样值得一起来讨论。

（一）融合报道的两个不同视角和认知维度

至少在新的时代环境下探讨融合报道，需要有应对当下、面向未来的不同于传统的新视角。传统上是站在主流媒体自身业务生产的角度看问题。将媒介融合看作采编作业、媒介运营的结合，衍生出不同形式的信息产品。在此基础之上，新视角更加立足于传播生态，重新反思今天的碎片化，和对受众趣味的一味迎合，在关系、服务等层面有更多思考。

传统生产视角	将报纸、电视台、电台和网站的采编作业、媒介运营相结合，资源共享、集中处理，衍生出不同形式的信息产品，通过不同平台传播给受众。
传播生态视角	重新组织碎片化了的内容，归正媚俗化了的新闻价值，凝聚分众化了的受众，建立新的表达体系、新的传受—服务关系模式。

图 6－1　融合报道的两个认知视角

同样，融合报道实践层面也可以如图 6－2 总结为两个维度。

一个是外延式的形态组合。类似于捆柴火式结构，体现为“五多”：从写作的多文体到作品的多媒体、传输的多渠道、发布的多终端和多平台。

另一个则是内涵式的机制渗透，类似于水波纹，体现为“五互”：从表达互补、内容互联，到传播互动、关系互生和价值互益。

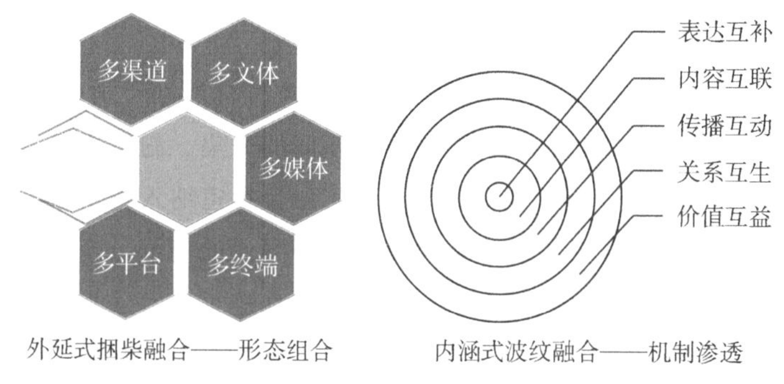

图 6－2　融合报道的两种不同旨趣对比

传统上，我们多着眼于外延。今天我们恰恰更多应该在内涵上寻求突破。实际上，是寻求深度融合从量到质的提升。如何去实现这种提升？

（二）融合报道与“四作”

前面我们引用了几个在新闻作品中借助艺术表达的案例，也有人会提出问题：这样的融合新闻到底算新闻作品、艺术作品，还是文化产品？也就是说，新闻报道可不可以这样融？

类似从严谨的视角会被提出的疑问还有，我们在日常经常看到的一些表述是否合适？比如，在招聘中常见的“新闻创作”岗位名称，工作中常见的“标题创作”“电视新闻创作”“新闻节目创作”等概念。“创作”这个词经常跟“新闻”一起出现。但是我们知道，新闻讲究客观、真实。而“创作”这个词在汉语中有三个意思：其一，制造，建造；其二，始创；其三，特指文艺创作或文艺作品。其中“制造”和“始创”与我们要讨论的问题无关，剩下一个就是专指艺术创造活动了。创是创造，作是作成，一般专指体现人的创造性的艺术创造活动，体验、表现、意象、物化是其基本特质。“新闻”与“艺术”的创造在旨趣上显然不同，因此，经典意义上的新闻不能用创作，上面这些词从这个角度来说自然是不严谨的。

但是回到前面的例子来看，融合报道不能融入艺术创作吗？显然未必一定会影响到新闻的真实性和表达的严谨性。恰恰融合报道的发展可以用这四个“作”来概括：从传统的文本“写作”，到音视频和网页“制作”，到基于辅助表达或者拓展产品线而进行的并非虚构事实的“创作”，以及在报道策划、报道组织和传播、运营等方面意义上的“运作”。

对融合报道“四作”这一定位的理解，可以体现为这样三个特质：

一是在新闻信息采访写作层面，有多元模式选择；二是在作品编辑制作层面，媒体技术、媒体艺术常常是需要互相结合，灵活运用各种媒体技术及媒体艺术创作生成适当媒体形式或其组合；三是在发布传播环节，需要重视互动，围绕新闻价值实现，而非单纯流量变现，来拓展产品思维和服务思维。终极目标是满足需求，而不是赚取眼球。

定义往往不会是完美的，但要在实践中首先确立对于融合报道的认知基础，有三个常用概念可以结合起来看。

一个是基于报道样态的多媒体，着眼于媒介元素的融合。早期的媒介融合，或者说狭义的融合报道主要是在这个层面，例如，手机报、电子杂志、网络广播、H5新闻等，是报道样态、呈现方式的“融合”；第二个是基于报道组织的跨媒体，体现在不同类型媒体的报道和运作融合；还有就是立足报道生态的全媒体，是对前两者的进一步深化，体现在全程、全息、全员和全效——四全媒体之上。跨媒体尤其是全媒体已经可以算在广义上对融合报道的进一步发展，迈向深度融合。不仅涉及新闻生产方式，也涉及活动组织、服务等方面的运营，是在媒介形态、媒介功能、传播手段、所有权、组织结构、运营模式等要素方面所进行的聚合和演进，既包括媒介要素相互融合，也包括新闻生产方式的融合，是新闻产品、新闻传播活动以文本、声音、图像、视频、动画、互动叙事、直播、元宇宙、活动等形式呈现出来的信息服务方式的融合。如果从媒体深度融合的视角来看全媒体的“全”，是否还有补充、拓展的空间？当然是的，后面也还有进一步的探讨。

表6-3　融合报道的三个相关认知

维度	范畴	特点
多媒体	报道样态	媒介元素融合
跨媒体	报道组织	不同类型媒体融合运作
全媒体	报道生态	全程、全息、全员、全效

国内的教科书上，以及在业界的实践中，更常见的是从上述第一个概念——多媒体，也就是从报道样态的角度来对融合报道进行分类。包括较早的网络视频新闻、网络音频新闻和网络图文新闻，以及后期出现的动画新闻、VR新闻、网络直播、新闻游戏、数据新闻等。

但是基于我们前述的思考，不得不提的一个疑问是，以上这些是融合新闻吗？

首先，从“多”媒体的角度看已经较为牵强了，比如，网络视频报道，被视作融合报道的理由是视频加网络，但是我们平时真的会把它当成电视加上互联网的结合体吗？即便是这种相加还有意义吗？因为从本质上来说，我们通过手机看一段视频，跟通过电视看一段视频，在视频内容呈现、制作模式以及信息的获得上有本质的不同吗？同样，无论是动画还是VR，或者直播，都是相对比较单一的形式，只是相对增加了互动环节。

而从全媒体“五互”的角度看，更有较大局限。这种相对单一的报道，并不能真正在内涵上产生更多表达、传播和价值上的补益。随着时代的发展，像网络视频新闻、网络音频新闻、网络图文新闻等已经不能算作融合报道。而动画新闻、VR新闻、网络直播、新闻游戏这些都已经只能算作采用了一些新技术的、相对于过去传统媒体常见报道形式的创新报道，也往往呈现为独立作品，即便勉强列入融合报道范畴，也离深度融合相去甚远。

但是如果像前述这些样态的新闻报道两种或两种以上相结合，就称得上是组合式的融合报道了。这种组合式的融合报道也包括新闻专题，其共同特点是，每篇作品采用了不同的媒介形态，同时具有各自的独立性。

相对于组合式，集成式融合报道本身是一篇独立作品，但内含了多元媒介形式。典型如早期的电子杂志、现在的H5、微杂志和互动阅读。

（三）熵减式融合报道

组合式和集成式的融合报道属于应用比较多，相对比较成熟的形式，对于深化融合更进一步的创新方向，这里或可称为熵减式。

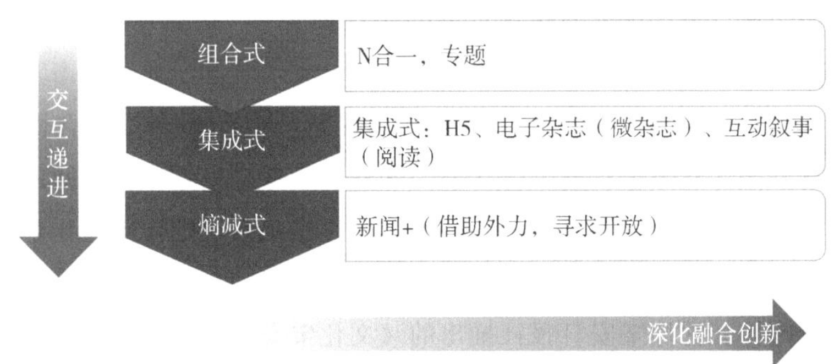

图6-3　融合报道的形式分类

所谓熵减，反向对应的是熵增。“熵”的含义，通常认为即对于无序度的衡量。热量不能自发地从低温物体转移到高温物体，这被称为人类史上最重要的物理定律之一，或最令人绝望的物理定律——热力学第二定律，熵描述的是一种不可逆的过程，孤立系统的熵只能增大，也就是系统一直向最混乱无序状态发展。熵增过程是一个自发的由有序向无序发展的过程。简单来说，熵增就是生活自发地走向混乱的一种趋势。薛定谔在其作品《生命是什么》中说：“人活着就是在对抗熵增定律，生命以负熵为生。”清华大学科学史系主任吴国盛说，如果物理学只能留一条定律，我会留熵增定律。前腾讯副总裁吴军说，如果把人类文明简化为3个公式，其中一个就是熵增定律：1+1=2（代表了数学文明），$E=mc^2$（爱因斯坦的质能方程），$S=-\sum P\ln P$（熵的定义）。[①]

这里需要注意两个关键点：一是孤立系统，二是无外力做功。媒介的发展史，是否也典型地反映了这一过程？一种媒介取代另外一种媒介，交替式取得垄断地位，就像我们今天所说的短视频时代“视频为王”，所以有了抖音、快手的如日中天。然而，当短视频成为主流信息获取渠道，且越来越具有封闭性的时候，其弊端就会与日俱增地显现出来。这也许正是抖音要学习小红书可以发布纯文本内容的原因了。所以，媒介层面要对抗熵增，做到熵减，应该打破这种封闭，寻求开放，突破单一，借助多元融合。不只是多元媒介，更包括借助传统新闻范畴之外的外力，进行跨界融合，融入艺术正属于其中之一，这里可以称之为“新闻+”。这方面还有非常多值得探索的创新空间，关于这部分的深化融合、创新，我们将在下一节中展开具体讨论。

上游新闻《重庆山火救援新闻研讨会作品集》（请通过网络检索查看，下同），通过SVG交互的方式将相关新闻集合到了一起。通过点击其中的每一个超链接可以链接到相关作品，而本身这每一个作品多是包含图文、动图、视频等多元媒体形式的融合作品，同样属于聚合报道。新华网的长江经济带报道系列作品通过卷轴长江图的形式组织在一起，把历史人物李白的游历和跟当地人物的对话作为线索和形式，将经济报道和历史、人文融合到一起，多重跨界。深圳宝安日报社推出的《文化宝安》电子杂志发布在微信平台，以微杂志的形式集成了多种类型的作品。

封面新闻则将两会的系列多媒体组合报道展示在了“元里”这个元宇宙空间，以类游戏的方式进行操控，增强沉浸式体验。同样的类游戏作品，腾讯公益的《跟着阿猫去流浪》这个H5作品，以流浪猫视角拍摄生活中可能遇到的危险和挑战，以交互选择的方式进行互动叙事体验。同样是互动视频H5作品，新华网推出的《转行》这个扶贫新闻故事，更增强了游戏化的叙事互动性，讲述基层扶贫干部的工作。通过互动游戏，观众可以更有趣地体

---

① 模型君．为什么熵增定律让好多人一下子顿悟了［OL］．制造界，2021-04-19．https：//www.eet-china.com/mp/a46805.html.

验扶贫干部如何帮助群众一步步步入小康的情景。作品有文字对话和互动选择按钮，辅以真实的人物和背景，互动过程中有人物转行成功或者失败提示，失败后可以重新选择，两个职业转行成功后，会有真实的人物原型和生活中的扶贫干部。这些是不同的多媒体互动报道样态作品案例。

除了表现形式的融合，在报道组织和报道生态层面，可以进行更多样化的融合传播创新。以报道组织来说，一方面是内联，媒体打破了传统的部门结构和新闻生产流程，成立媒体大脑，或者“中央厨房”作为信息指挥调度中心，统筹全媒体数字化信息采集、编辑、发布等生产管理，以及用户管理、资料管理、运营系统等，实现跨媒体共同采集，多次生成，多终端多元发布，融媒体矩阵多层次展现。另一方面是对外的拓展，这方面包括非常多样化的类型。比如，与不同行业的跨界合作，以及越来越多地吸引公众参与，这种参与不仅体现在传统的阅读交互上，更多的是在新闻采编和创作层面。

这方面更具体的还有众包新闻（Crowdsourcing Journalism）和众筹新闻（Crowdfunding Journalism）的出现。“众筹”概念在新闻领域使用，早在2008年美国的大卫·科恩创建了新闻众筹网站“Spot. us”，此后Kickstarter等众筹网站也出现了不少新闻众筹项目，有人统计在2010—2011年全球涌现了七十多个众筹新闻网站。《新京报》《21世纪经济报道》等媒体的记者也在国内发起过众筹报道。2013年众筹网发布国内首家“众筹资讯”平台。2015年南方都市报在地方新闻板块推出“众筹新闻”，让普通市民参与新闻的生产过程并享受新闻分红。但是直到目前，这个领域都还没能形成更好的发展和推广。“众包新闻”理论上包括众筹新闻，但是不仅停留在资金层面，更包括从用户那里获取报道灵感、素材等帮助，是新闻机构和用户之间一种更通力合作的方式。

这几个都属于在传播者融合、合作与人的合作拓展方面，包括PGC、UGC等的多元结合。同样还包括越来越重要的MGC、AIGC的融合。包括Web3、传感器新闻等。而在动态数据新闻方面，进一步打破了新闻都是完成式作品的局限，作品保持开放性，吸引公众参与，数据和内容保持实时更新，对于烂尾新闻，或者说新媒体的浪涌效应等是一种有效应对。例如，这两个案例，一个是新华社与腾讯，包括故宫博物院跨界合作，三方共同制作的《畅游多宝阁》。另一个是在西安举行的中国中亚峰会期间，京沪粤新陕

5 家媒体合作，并通过 AI 数字人进行了 AI 报道联动。

融合报道在实践层面依然在不断地推陈出新，也需要针对现有的局限寻求突破，探索更深入的媒体融合。

第二节　深度融合与创新传播策划

在上一节中，我们留下了一个没有充分展开讨论的话题，如何应对新闻传播领域的熵增定律？这在很大程度上，需要打破传统固化思维，更具创新性地来实现熵减。

一、从熵增走向熵减

每一种媒介模式发展久了都会出现所谓“熵增”问题，从纸媒到电子媒介，到新媒体，都是如此。融合报道不断推陈出新、吸引关注的背后是流量焦虑，但是这些趣味迎合的技术导向依然很难改变“日抛型”的特质，还是要面对“浪涌效应”的魔咒。在这里，我们先从两个看似不相关的案例中，寻找有意义的创新思考的方向的可能性。

“淄博烧烤”以及“村 BA”“村超”是 2023 年的爆款话题，都来自过去对很多人来说也许名不见经传的地级或者县级中小城市，乃至乡村，但共同开启了中国文旅网红爆款叙事的大幕。稍有不同的是，淄博烧烤从年初的火爆，到下半年后逐渐失去曾经的热度。村 BA 和村超的话题出现得稍晚，但延烧也相对更久。也许大家会说任何一个热点话题都会有凉下来的一天，这才是自然规律、正常现象，就像此后的一系列地方性文旅话题热点一样。但是可以反思的是这两个案例当初为什么会火，以及像有些网民所说的，是否乐见和应该让其继续一直火？先从淄博烧烤来看，新冠肺炎疫情期间，在淄博隔离的来自济南的大学生得到了淄博当地的温暖接待，解封后大家相约回来吃离开时曾经吃过的烧烤，这是一个充满温情的故事。后续的发展是淄博当地人的热情、平实的价格不宰客所呈现的诚信，和政府的积极作为提供便利和引导，老百姓的主动配合、积极参与等，呈现出一个“政通人和”、大家期待已久的感人样本。所以，千里迢迢“进淄赶烤”的人群显然不只是为了一口美味，更重要的是一种和美的体验，以及大家力所能及地予以支持。在这里，感人的故事、全民参与的政通人和情境都有了，具有独特性，甚至很难复制。那为什么会依然慢慢淡下来？非常可惜的是，一个对当下中国来说如此有意义的话题，没能够被继续引向深入，乃至于进一步拓展。虽然故事起源于烧烤，但重点不只是烧烤乃至美食，或者说旅游。淄博的故事不只在于一个老工业城寻求经济转型发展突破的焦虑，更重要的是，如何能够创造这样一个政通人和的发展环境，尤其是让老百姓能够积极主动参与其中，让自身的行为本身成为风景的一部分。这不正是当下最需要的，本身很难复制，却恰恰更应该在很多地方复制的最宝贵的淄博精神吗？如果能够从吃烧烤，进一步延伸到探讨如何以淄博现象为契机，形成有效学习和推广，促进整个国家的精神文明进步，会不会是更有意义、常说常新的事情？而在这方面，淄博本来同样具有得天独厚的优势。两千多年前，正是在淄博的稷下学宫，掀起了诸子百家社会发展学说的百家争鸣，被称为中国文化的“轴心时代”，奠定了整个民族的文化基础。稷下学宫当初存在了一百五十多年，今天很可惜的是，我们放弃了这个难得的机会，让一个本该得到深入讨论的话题戛然而止。反观在一般人看来偏远的贵州黔东南州乡村的村 BA 能够火出圈，甚至火到国际，除了有当地篮球和足球运动的基础、老百姓参与的热情，更有多元领域人士、媒体等的介入。大家在思考的是，当中国职业篮球、职业足球遇到这样或那样的问题的时候，民间的这种热情和土壤，不正属于中国篮球、足球运动最缺失、最应该广泛推广的领域吗？有两个案例，一个是新华网以“长图电画”这一创新形式，探秘稷下学宫，梦回泱泱齐风。而这一作品恰恰发布在 2022 年，那时淄博还没有成为一种现象。另一个作品是澎湃新闻在 2023 年 7 月淄博烧烤话题趋于平寂的时候进行的报道，特别探讨了当地文化工作者以文化延续热度的话题。可惜的是，只是呈现为几条碎片化的视频，没有能够联合政府、学界和关注的公众等，进一步深化相关讨论，尤其是发起更多的相关活动，而这正是贵州黔东南在做的事情。

所以当 Web2.0 以浅阅读和碎片化引领各方媒体的流量狂欢和流量焦虑，引导自媒体走向无序的熵增定律的时候，以开放融合和跨界融合来实现熵减是一个特别需要关注的问题。跨媒体报道组织的深化，正如我们在探讨跨媒介叙事一样，不可或缺的三要素正是跨界跨平台、参与者的扩充和故事的延展。可惜的是，淄博的故事在这三方面都没有得到延展。跨媒体叙事不同于多媒体叙事，不是同一内容的跨媒介简单复制呈现，而是在不同的媒介平台上展开，相互独立，但逻辑上高度关联。不同于传统的叙事学，除作者和媒介运营者外，跨媒介特别强调受众的参与叙事，是一种基于协同创作、集体智慧的文化活动。在这方面，淄博烧烤曾经的火离不开这一点，贵州的村超同样如此。

所以跨媒体叙事也好，媒介融合也好，不仅是技术上的融合、贯通，也是对技术、产业、市场、内容风格以及受众这些因素之间的关系的重构。核心不在于使用了多少种媒介表达方式，而在于对整个生产关系的重构。在跨媒体叙事中，受众的线索、讨论和表达等都会对故事的走向产生影响，他们的创作也可以构成整个作品的一部分。简言之，作为产消者的受众既是消费者，也是内容生产者。跨媒体叙事是一种基于协同创作、集体智慧深化叙事的艺术。

进一步来说，跨媒体的深化的更深一层是全媒体传播生态的深化。这里可以用“全景化”来予以概括。这里正是我们前面说到的，全景可以作为四全媒体的进一步补充或者说是综合，场景传播或者说媒介传播的场景化是媒介融合的灵魂载体。体现为这样一种多元化的场景：既包括多元传播模式的融合，也包括多元参与者的角色融合，以及突破媒介偏倚的时空融合。这种突破体现在线上空间和线下空间的联动。以淄博现象为例，除了线上讨论，在线下组织更多相关活动，打造相应的文化场景，既是旅游业推动的契机，更是相关文化传播推动的场景化载体。这一点，西安的大唐不夜城做得有代表性。再就是内容的实时更新和全时性的关注。再者是媒介功能性融合。我们还以前面两个案例为例。这样的线下活动和线上讨论，让媒体已经不再只是内容平台，也不只是经济平台、服务平台，更是社会治理和发展平台，而这不也正是新闻价值所在吗？而这也都体现在各方面参与者关系的重构上。所以这种跨界的融合背后其实也是一种多元表达的融合。

如果说融合报道在新媒体领域的实践意义在于从对抗走向无序的熵增，回归秩序，也就是回归应有的媒介价值、新闻价值。那么这种融合就体现在从“失和”到“合和”。媒介的失和体现在后真相、信息茧房、低质量信息的病毒式传染、论断压过报道、浅阅读以及“一鸣惊人”的心态流量至上。作为对比，从熵增到熵减的融合报道的“合和”体现在从过去的形式创新到叙事创新，从互补性融合到增益性融合，从高趣味吸引到高情感融入，从单纯的高技术追逐到高人文关注。这才是真正意义上的内涵式融合。

二、重塑融合报道的文化价值

《北斗，北斗，收到请回答》这个案例在跨界融合、技术融入和吸引受众互动方面做得有可参考意义。但是如果说不足，是不是也恰恰体现在新闻性、价值属性上？

广东诗人世宾有一首叫《碎了》的诗：

碎了。神的天空，殿堂碎了/……/这世界，已找不到一块完整之物/石头碎了，心碎了/……/我也只是破碎之物/在众多的碎片中……

全媒体社会难道一定同步也是碎片化时代吗？而我们媒介的叙事话语碎片的背后，恰恰是不是让文明碎落一地。

如果回归到新闻报道的信息属性、人文属性、社会属性，那么也许可以说融合报道的内在本质是文化的融合。当动画电影《长安三万里》热映的时候，武汉的一个商家组织了一场 300 人规模的穿汉服观影活动，还融入了飞花令等相关线下活动，反响热烈、积极，一个场景化的公众参与的文化传播活动就这样搭建起来了。对比那些以“爽文”吸引关注的网络文化产品，除了趣味迎合和被动适应，融媒体“深度融合”之艰难，可能恰恰根源于价值建构的失魂落魄，失去真正的文化自信的同时更容易落入热媒介和技术的陷阱。所以文化融合的破题根源在道与技之间，需要跨媒体叙事的创新，也需要叙事语言的创新，重构有价值的媒介传播仪式。中文媒体的灵魂就是致敬传统“诗礼传家”的“诗礼传网”，“诗”是叙事价值，“礼”是传播场景，这方面我们还有更多可传承和创新的空间。

诗礼传网式文化融合的背后是内容范式逻辑的新维度。如国内学者所讨论过的体现为深度价值和宽度价值两个层面：深度价值是专业价值向高质量资讯所依托的资源与组织协调社会生产侧重，在无序的资讯时代帮助公众更好地认知这个世界，以优质内容赢得传播力、引导力、影响力、公信力；宽度价值体现在以情感与人文表达的内容“助产”多元社会群体的共振共识，促进互联网平台精英化的网络场域与线上民间社会的良性交互。

站在文明的高度处理社会表达赋权和社会传播赋能，不是迎合碎片化，而是在碎片化的时代重铸理性。

再如三个有关声音的作品。中国网的《AI 唱报告给你听》融入了 AI 创作歌曲，政府工作报告也可以编成歌，报道形式确实比较新颖。新华社的

《声在中国》将多首主题MV、相关大型音乐活动以及原创音乐作品、相关音乐综艺和空中音乐直播间融合在了一起。刀郎的新专辑《山歌寥哉》也许不能算新闻报道，但是换个角度思考，他创造性地将传统文化聊斋文学以及民间的山歌进行融合，反映的却是当下生活，如果联系到新闻歌，又何尝不可以给新闻报道提供有价值的参考。当然，刀郎个别歌曲在引爆话题的同时，也具有一定的争议性，从新闻严谨性的角度要学习借鉴的话也许是可以反思的。融合报道的文化融合在文化价值沉淀上是一个非常重要的考量。从这个角度来说，您认为这三个作品哪个做得更好呢？

说到具体领域的深度融合与创新，我们可以从几个类型分别来看。目前相对单一的VR新闻媒体，正在更多地与AR、MR相结合，比如，封面新闻的有关沉浸式体验成都大运会首金的报道，乃至进一步融入元宇宙，深化赛博空间与现实空间的融合。正如钱学森将元宇宙称为“灵境”。他所谈的人与计算机的“深度结合”非常具有启发意义，他说：“我对灵境技术及多媒体的兴趣在于，它能大大扩展人脑的知觉，因而使人进入前所未有的新天地，新的历史时代要开始了！”[①]在2023“互联网3.0：未来互联网产业发展论坛”上，“钱学森数字人”谈灵境时畅想“用数字复原技术，能为唐氏综合征患儿再造一个‘自己’，再结合人工智能语言模型，就能让患儿和‘自己’对话，开展心理治疗。”这种人机融合的意义在于提升人的创造能力，落脚在促进科学与人文的发展与融合，这也正是我们前面所谈到的。《连线》杂志创始主编凯文·凯利（Kevin Kelly）谈“Web4：The Metaverse”：“Web4.0会把设备电子化，并以不同的方式连接进网络，最终形成一个数据化、可被机器读取的世界。物联网将是实现Web4.0的重要平台。”[②]

而电子杂志是一个被严重忽视的领域，也许是被10年前所谓“行业死亡率100%”的话题影响。传统电子杂志之所以不能适用移动互联，恰恰在于它的封闭性，以及对纸质媒体的简单复制。今天，新型的电子杂志制作平台，比如，方正飞翔、flbook等已经在多终端方面更好地适应，在融合方面和产品形态方面具有鲜明的特质，其实应该加以更好地利用。

---

① 钱学森1993年7月3日给汪成为的信。

② 上游新闻．聚焦中关村论坛｜互联网预言家凯文·凯利：物联网将是实现Web4.0的重要平台［EB/OL］．上游新闻，2023-05-27．https：//finance.sina.com.cn/jjxw/2023-05-27/doc-imyvf-pwz0400754.shtml.

新闻直播本身是对具身传播非常好的体现。“AI talk”将 AI 引入直播，用 AI 苏格拉底与当代人物对话本身引出一个非常重要的话题。我们前面谈到稷下学宫和文化的轴心时代，在那个时期，不管是孔子还是苏格拉底，恰恰是将知识的传递更多地倾注于对话。今天的直播是不是应该更好地发展这种新闻对话，致敬传统，重塑价值、信任与尊重。回到淄博烧烤的案例，这不正是在淄博应该拓展的故事？同样，曹云金的线上直播相声是不是也可以给媒体以启发？直播，或者进化的对话新闻，也可以让公众更多元化参与，产生更多元化的产品。

第三节　融合报道的互动设计

谈到融合报道，“互动”作为新媒体，也是融合媒体特别重要的特质，在实践设计上有必要给予特别的重视与思辨。在电视时代，有线电视领域就有所谓的互动电视。互联网诞生之初，很快也就有了互动评论。但是这些是不是就是互动的全部了呢？乃至于说今天融合报道中广泛应用的互动呈现，以及我们常说的互动传播，是不是就体现了互动的本质了呢？显然远远不够。

一、关于互动本质的冷思考

封面新闻的 SVG 互动制作了一个成都爬墙熊猫出逃了的图片互动，互动完留下了什么呢？CGTN 花几个月的时间做的《Who runs China?》这个作品在数据的互动呈现上别具匠心，这也是当下海外比较流行的一种方式。同时，在 PC 端的作品上，可以看到上面的每一个小点都可以点击并且呈现相关附属信息。而在移动端，因为界面小很遗憾无法实现这一点。但是要说到更深入的挖掘，其中的故事是不是依然还有很多发展的空间呢？

这些仍需要将其称为“前互动”。原因就在于我们要思考互动的意义到底是什么？互动、交互与互文有什么区别？我们今天的互动设计，是不是仅仅停留于交互？再者互动是新媒体的核心价值本身还是核心价值的实现途径？为什么要让接收者成为参与者？重要的难道不是内容，而是内容展示手段吗？市场导向引导内容发展？冷思考的意义在于清醒地、辩证地来看待这些问题，从而让互动，在所谓的吸引人之外，回归其应有的价值。

在互动的应用领域，或者说外延拓展上，今天在影视、阅读等传统领域也都纷纷加入互动阵营，更不用说游戏和广告了。

《古董局中局》是国内一部有代表性的互动影视作品，特点是剧情的走向交由观众来选择。国外更早的还有《黑镜头之潘达斯奈基》，其剧情的排列组合可以达到万亿级，上百种选择支线 5 个不同的结局，制作不可谓不用心。但是票房效果呢？却与想象中相去甚远。

今天在哔哩哔哩等平台一些纪录片、新闻片也开始采用了互动视频的形式。当整个网络都在互动的时候，视频确实坐不住了。但是如何才是有意义的活动，而不是与视频所内含的沉浸式体验、想象空间、仪式感、惊喜感传播特质形成冲突？也许应该有所为有所不为，选择适合的内容、恰当的形式，让互动选择真正能够在叙事上成为不可或缺。

早在图文阅读时代，也已经出现了符合图文阅读特质的互动叙事。比如，儿童的立体书，以及小说的根据情节逻辑，选择阅读顺序。今天很多曾经的游戏公司纷纷加入互动阅读的赛道。比如，橙光、闪艺和网易的易次元。而游戏领域的王者之一腾讯所开发的“壹零零壹”如今却已经关闭了。背后折射出了一个问题：在浅阅读视频为王的时代，大家都认为似乎越来越多的人不待见文字，所以文字转为漫画和游戏，以互动叙事的方式呈现，更应该能够打动读者。但是同样的图像的具象化，与文本的想象力之间的冲突等表明它们不会是同一类作品。互动阅读的意义不应是文字的简单复现，而是在互文和超文本互动叙事上与文字等形成有机结合。这一点对新闻报道来说其实有很大的参考性和想象空间。在融合报道的跨媒体互动叙事上，其实还有很多可以向不同阅读学习的地方。

而在游戏领域，早期的《第二人生》，以及国内当前比较有代表性的《光遇》《蛋仔派对》等，有一个共同的特质，除了比较强的社交互动之外，用户还可以参与场景的生成，而不再是一个封闭的体系。在有的游戏中，甚至还可以融入线下实景，在此基础上进行交互。当融合新闻报道走入游戏化的时候，这些值得学习和借鉴。

二、在效果互动中完成传播

回到融合报道互动设计的本质意义和内涵，可以从四方面来看。

第一，作为外在特质的是“媒介互动”，表层的媒介互动是形式互动与内容互动二者都不可偏废，最终才能落实在“效果互动”上。同时跨媒体互动叙事不要忽视单一媒介的力量，恰恰是要发挥单一媒介的优势特质，更深层次的媒体互动是形成参与型媒体与社会化生产。

第二，说到社会化生产，又不得不提到社会互动与网络互动理论。在这里提供给大家一些相关的认知和思考线索。如通过符号互动论，认知意义生成需要的背景与情境；通过角色理论，理解社会角色如何遵循一定的角色规范，在互动中完成；通过参照群体理论，理解个人与群体的互动；通过社会交换理论，思考行为的目标与报酬；通过俗民方法论（本土方法论），探索在日常互动中建立和共同使用对现实的定义和共同语言；通过网络社会理论，理解从工业社会到网络社会；通过行动者网络理论（联合社会理论，转译社会学），理解主体间性，告别二元对立，思考相互影响；以及数字民族与数字民族志，从波普尔三个世界理论到新轴心文明理论，可以去查阅和阅读相关的书籍。对充分理解互动设计的社会因素来说，这是不可或缺的。

第三和第四方面是知行互动与意义生产互动，这是融合报道互动的终极目标所在。这种互动需要公众参与意义生成，同时又服务于公众。而当这些公众媒介素养参差不齐，有时又表现出乌合之众特质的时候，如何规避业余的狂欢，充分发挥民间的创造性就非常关键了。尤其是作为数字民族的数字原住民，充分发挥对话属性，挖掘更多专业活动参与者，是方式之一。同时，“DAO”等是不是也提供了有意思的想象空间，虽然在中国，还需要更多的适应性调整。由达成同一个共识的群体自发产生的共创、共建、共治、共享的协同，能否解决人与人之间的信任问题，形成有意义的互动生产，至少是人类协作史上的一次重要实验。

【问题思考】

1.《孙子兵法》讲“以正合，以奇胜”，当艺术创作融入新闻，新闻还是新闻吗？融合报道如何处理好守正与出新？

2. 如何以“新闻＋”来应对新媒体的熵增定律？

3. 跨媒体叙事是不是在融合报道里做得很不够的部分，如何应用于实践创新？

4. 新闻游戏如何面对娱乐化新闻争议，更好地形成新闻价值沉淀？

5. 以用户为中心的底层逻辑是什么？

6. 在互动设计中是否可以行使选择权实现叙事自由？

7. 形式交互如何贡献意义互动？

第七章　融合报道的政策法规与监管[①]

【内容提示】

中国的媒体融合进程现在已经进入了深度发展期，并且总体上呈现出向好向善的发展局面，这离不开国家在媒体融合过程中制定的各项政策和法律规范。本章通过对政策与法律的解读以及媒体监管措施的阐释，致力于让读者对媒体融合进程中重要的政策和法律有清晰的认知，并且思考如何让政策与法律更好地为媒体融合服务。本章主要内容：①媒体融合的政策支持；②媒体融合的法律规范；③媒体融合的监管措施。

第一节　媒体融合的政策支持

国家政策作为媒体融合发展的风向标，指引着媒体融合发展的方向。2013 年 8 月 19 日习近平总书记在全国宣传思想工作会议上首次提出媒体融合发展的概念，十年来，媒体融合已经上升为国家战略并深刻嵌入社会发展肌理。为了促进媒体融合向好向善发展，负责媒体管理的国家部门与时俱进，在综合考虑各方因素的基础上陆续出台了相关的政策文件，对媒体融合发展做出了具体的要求和指示。

一、媒体融合政策

随着媒介技术的不断进步和媒体理念的日益成熟，媒体融合已经开始从简单的物理融合状态向深度融合的状态迈进。在媒体融合逐渐走向深入的过

---

① 本章由陈丽丹教授和硕士研究生李佳欢编写。

程中，国家也陆续出台了多项政策来确保媒体融合始终沿着正确的方向发展，走具有中国特色的媒体融合之路。十一年来，媒体融合政策的演化大致可以分为三个基本阶段。

第一阶段为2013年至2017年，该阶段是媒体融合的起步和发展时期，媒体融合政策的关注点主要以中央级和省级媒体为主。2013年8月19日，习近平总书记在全国宣传思想工作会议上鸣响了“媒体融合”的发令枪，会议指出：“要适应社会信息化持续推进的新情况，加快传统媒体和新兴媒体融合发展，充分运用新技术新应用创新媒体传播方式，占领信息传播制高点。”[①]同年的11月12日，党的十八届三中全会通过《中共中央关于全面深化改革若干重大问题的决定》，其中强调：“要整合新闻媒体资源，推动传统媒体和新兴媒体融合发展。”[②] 2014年8月，中央全面深化改革领导小组第四次会议审议通过《关于推动传统媒体和新兴媒体融合发展的指导意见》，提出要遵循新闻传播规律和新兴媒体发展规律，强化互联网思维，坚持传统媒体和新兴媒体优势互补、一体发展。中共中央总书记习近平在会议上提出要“坚持传统媒体和新兴媒体优势互补、一体发展”，着力打造一批“形态多样、手段先进、具有竞争力的新型主流媒体”，至此，媒体融合上升为国家战略，该年也由此被称为“媒体融合年”。2014年之后，随着媒体融合的舞台正式拉开大幕，在2015年至2017年期间，国家相继出台了《“互联网+”行动计划》《三网融合推广方案》《电视台融合媒体平台建设技术白皮书》《广播电台融合媒体平台建设技术白皮书》《关于进一步加快广播电视媒体与新兴媒体融合发展的意见》《国家“十三五”时期文化发展改革规划纲要》《关于促进移动互联网健康有序发展的意见》等政策，该阶段的政策主要是基于媒体融合的全局性考虑而提出的，视野较为宏大，并且政策导向主要强调了要打造“互联网+”的服务模式，把服务用户作为政策实施的落脚点。

第二阶段为2018年至2021年，该阶段是媒体融合的深入发展期，县级融媒体中心的建设逐渐成为媒体融合政策的关注主体。2018年8月21日，

---

① 唐淑楠. 人民网：习近平谈媒体融合发展，关键在融为一体、合而为一［N/OL］.（2019-03-26）［2023-12-23］. http：//www.qstheory.cn/2019-03/26/c_1124282589.htm.

② Zhouxu. 中共中央关于全面深化改革若干重大问题的决定［N/OL］.（2013-11-15）［2024-12-23］. https：//china.huanqiu.com/article/9CaKrnJDaOm.

习近平总书记在全国宣传思想工作会议上指出“要扎实抓好县级融媒体中心建设，更好引导群众、服务群众”，该精神也可以说是2014年8月习近平总书记指出的“着力打造一批形态多样、手段先进、具有竞争力的新型主流媒体，简称建成几家拥有强大实力和传播力、公信力、影响力的新兴媒体集团，形成立体多样、融合发展的现代传播体系”思想的进一步深入。[①]从这一刻开始，县级融媒体的建设成为媒体融合政策的一部分。之后，中宣部于2018年9月20日做出部署，要求2020年年底基本实现县级融媒体中心在全国的全覆盖，这也表明县级融媒体中心建设已经成为该阶段媒体融合工作的重心。2018年11月14日，中央全面深化改革委员会第五次会议审议通过了《关于加强县级融媒体中心建设的意见》，致力于打通传播最后一公里，将边缘化的县级媒体重新拉入媒体融合的序列之中。在该阶段，随着媒体融合程度的加深，国家相继出台了《关于推进政务新媒体健康有序发展的意见》《县级融媒体中心建设规范》《县级融媒体中心省级技术平台规范要求》《县级融媒体中心网络安全规范》《县级融媒体中心运行维护规范》《县级融媒体中心监测监管规范》《关于推动广播电视和网络视听产业高质量发展的意见》《关于加快推进媒体深度融合发展的意见》《关于组织制订广播电视媒体深度融合发展三年行动计划的通知》等政策，第二阶段的媒体融合政策在贯彻第一阶段政策导向的同时更加注重技术的应用，并且针对区县级融媒体中心技术建设薄弱的缺陷，对融媒体中心融合发展的技术标准和技术平台的建设做出了更为细致的规范和指导，政策的可操作性也逐步提高。此外，由于目前广播电视系统的建设已经完全覆盖到区县层面，区县融媒体中心的建设也是以广电系统为主体逐步展开的，所以广电媒体的建设也成为该时期融媒体政策关注的要点。

第三阶段为2022年至2024年，这一时期，中国持续推进媒体深度融合的进程，地市级融媒体中心建设成为政策关注重点的同时还强调媒体融合是数字中国建设和推进中国式现代化的具体要求。2021年发布的《中华人民共和国国民经济和社会发展第十四个五年规划和2035年远景目标纲要》强调了地市级融媒体建设的重要性，为后续政策融媒体政策的制定指引了方向。该文件指出：“推进媒体深度融合，做强新型主流媒体。地市级媒体是

① 陈昌凤．媒体融合：策略与案例［M］．北京：中国社会科学出版社，2019：306.

做强新型主流媒体的腰部支撑。”在这之后，国家在 2022 年到 2023 年期间，相继出台了《推进地市级媒体加快深度融合发展实施方案的通知》《“十四五”文化发展规划》《“十四五”全国城市基础设施建设规划》以及市级融媒体中心系列 5 项技术标准规范《市级融媒体中心总体技术规范》《市级融媒体中心数据规范》《市级融媒体中心接口规范》《市级融媒体中心网络安全防护基本要求》《市级融媒体中心技术系统合规性评估方法》等政策，该阶段的媒体融合政策依然注重地市级融媒体中心技术的发展，对于技术的考量更为细致，并且将实现与上级或者下级网络或者平台的对接。这一阶段媒体融合政策关注的核心问题[①]，比如，“接口”“数据”“网络安全”“技术”等，成为该时期媒体融合政策的中心词或关键词。除此之外，为了适应智能传播时代建构和完善数字基础设施的要求，国务院还印发了《数字中国建设整体布局规划》，要求到 2025 年基本形成横向打通、纵向贯通、协调有力的一体化推进格局，到 2035 年数字化发展水平进入世界前列。这进一步说明数字化已成为生产生活和治理方式变革的重要驱动力，为当代媒体的深度融合指明了方向。[②] 2024 年，国家从党和国家事业发展的战略全局出发，进一步完善全媒体传播的工作机制和评价体系，将媒体融合贯穿到乡村振兴、“一带一路”等各项国家重点工作中。2024 年年初的《中共中央　国务院关于学习运用“千村示范、万村整治”工程经验有力有效推进乡村全面振兴的意见》《“大地流彩—全国乡村文化振兴在行动”工作方案》等文件明确规定了各媒体要利用融媒体平台，线上线下共同发力，做好乡村文化振兴的宣传工作。2024 年 7 月，党的二十届三中全会通过了《中共中央关于进一步全面深化改革、推进中国式现代化的决定》，该文件对推进主流媒体系统性变革加以强调，这与党的十八大以来做出推动传统媒体和新兴媒体融合发展的重大决策部署一脉相承，又有创新发展，进一步为建设系统联动、协同高效的全媒体传播体系明确了发展目标和方向路径。[③] 8 月，《“一带一路”媒体合作成都倡议》发布，要求发挥“一带一路”新闻合作联盟等多边合作平台的

---

① 朱春阳，刘波洋．媒体融合的中国进路：基于政策视角的系统性考察（2014—2023 年）[J]．新闻与写作，2023（11）：12—23.

② 顾烨烨，方兴东．中国媒体融合 30 年：基于政策的视角 [J]．传媒观察，2023（6）：13—24.

③ 李明德，刘娇杨．新质生产力引领下的全媒体传播体系建设 [J]．编辑之友，2024（10）：53—62.

作用，进一步加强媒体合作，拓展内容形式，丰富渠道平台。

从 2013 年习近平总书记发表关于媒体融合的重要讲话到 2024 年党的二十届三中全会做出“构建适应全媒体生产传播工作机制和评价体系，推进主流媒体系统性变革”的重大部署，发出了新征程上深化媒体改革的动员令，媒体融合的重要性越发凸显，“不得不融”已经成为中国媒体融合的发展现状与大势所趋，因此党和国家也顺应时代趋势，因时因地制宜，拟定了相关政策，为媒体融合的发展指引方向，并且形成了中央到地方、全局到部门、整体到局部的媒体融合政策体系。

目前，人工智能已经开始逐渐应用于新闻的生产、分发等各项环节，不仅能够提升媒体工作效能，还能够打造出高质量的新闻产品，增强受众的体验感。未来，随着人工智能技术的应用场景日益广泛，融媒体也将逐渐完成向智能媒体转变的过程，届时国家的媒体政策也将更多涉及人工智能方面的内容，为人工智能与媒体的融合发展提供指引。

二、媒体融合政策解析

要想了解党和国家如何领导这场具有历史意义的传媒变革运动，就需要明晰十一年来国家关于媒体融合的政策建构，因此，本部分将挑选在媒体融合进程中起到关键性作用的政策进行分析和解读。

（一）《关于推动传统媒体和新兴媒体融合发展的指导意见》

2014 年 8 月，中央深化改革领导小组审议通过《关于推动传统媒体和新兴媒体融合发展的指导意见》（简称《意见》），该《意见》的出台表明媒体融合正式上升为国家战略，是我国媒介发展史上具有里程碑意义的壮举。

1. 出台背景

2013 年 8 月 19 日，习近平总书记在全国宣传思想工作会议上指出：“经济建设是党的中心工作，意识形态工作是党的一项极端重要的工作。”他强调做好新时代党的宣传思想工作“要适应社会信息化持续推进的新情况，加快传统媒体和新兴媒体融合发展，充分运用新技术新应用创新媒体传播方式，占领信息传播制高点”。该《意见》的出台肯定了新闻媒体作为国家意识形态机器的重要作用，要求新闻媒体做好智能互联网时代的思想宣传和舆论引导工作，从而为党的意识形态工作贡献力量。

党的十八大以来，随着媒介技术和互联网技术更新迭代的进程加快，媒体格局和信息传播方式都发生了变化。以智能手机为代表的移动终端的普及和网络媒体的崛起极大冲击着原有的媒介生态、秩序和格局，报纸、广播、电视等传统媒体的作用开始式微，网络媒体凭借其传播范围广、传播速度快、传播内容丰富等优势强化了自身的传播力，但是由于网络空间存在着信息繁杂、质量参差不齐等问题，所以公信力强的传统媒体仍然是新闻传播的主要渠道。为了改变传统媒体艰难坚守、新媒体野蛮生长的局面，传媒业的深度调整、融合发展势在必行。[①]在网络传播的时代背景下，做好新时代党的新闻宣传和舆论引导工作就必须坚持传统媒体和新兴媒体的融合发展，促进二者的优势互补。

2.《意见》主要内容

（1）媒体融合发展的目的和意义

《意见》提出，整合新闻媒体资源，推动媒体融合的发展是推进文化宣传领域创新，适应媒体格局发展变化，提升主流媒体公信力、传播力、影响力和舆论引导能力的重要措施。媒体融合的目的就是要利用先进的媒介技术提升媒体的信息采集、生产和传播能力，进而使媒体在传播党和国家声音的同时更好地为人民服务，满足人民群众个性化和多样化的信息需求。

（2）媒体融合发展的原则和方法

《意见》指出，推动媒体融合发展的原则就是要遵守两项规律，即新闻传播规律和新兴媒体发展规律；强化一项思维，即互联网思维；还要推进五个坚持，即坚持以正确方向和舆论导向、统筹协调、创新发展、一体化发展、先进技术为支撑。[②]推进媒体融合的方法则是要“用两条腿走路”，将技术建设和内容建设放在同等重要的位置上。在技术上要顺应互联网传播的特点，加强技术研发，积极运用大数据、云计算等技术，打造媒体客户端和网站；在内容建设上则要创新采编流程，优化信息服务，满足用户对于优质信息内容的需要。

（3）媒体融合发展的目标

《意见》指出了媒体融合的目标就是要推动传统媒体和新兴媒体在内容、

---

① 郑保卫，谢建东．2015年新闻启示录［J］．当代传播，2016（1）：96－98，104.

② 尤红，谢建东，杨柳，等．新时代中国共产党新闻政策创新发展案例（一）［J］．青年记者，2021（7）：35－37.

渠道、平台、经营、管理等方面深度融合，着力打造一批形态多样、手段先进、具有竞争力的新型主流媒体，建成几家拥有强大实力和传播力公信力影响力的新型媒体集团，形成立体多样、融合发展的现代传播体系。①

3.《意见》出台意义

作为拉开媒体融合舞台大幕的指导性政策，该《意见》的出台对于传媒行业的发展具有极其重要的意义。

（1）掀起全国媒体融合的热潮

《意见》出台后，各媒体纷纷响应政策的号召，开始着力推动本媒体的融合进程。以人民日报为例，在2014年，人民日报便成立了单位内部的联合工作团队，着手建设人民日报“中央厨房”，并于2016年正式投入使用。人民日报的“中央厨房”集新闻采集、分发、运营和管理于一身，可以通过中央厨房控制人民日报下辖所有媒体，有效实现媒体产品的收集、制作和发行。至此，人民日报的“中央厨房”成为中国媒体融合的典范性成果。

（2）加速媒体的新技术应用和转型发展

《意见》出台后，各媒体开始进行探索新的技术应用，以此来推动媒体转型发展。2014年10月，解放日报出品的付费新闻客户端“上海观察”完成改版，以上海市政经届的精英群体为目标受众，利用新闻付费模式打造具有地域特色的精品新闻客户端；2015年，人民日报客户端第二版上线，可以精准定位用户需求并且为用户提供政务信息、便民缴费、文化娱乐、生活休闲等服务。

（二）《关于加强县级融媒体中心建设的意见》

2018年11月14日，中央全面深化改革委员会第五次会议审议通过了《关于加强县级融媒体中心建设的意见》（简称《意见》），在为县级融媒体中心的建设进行了全面部署的同时也规定了县级融媒体中心的发展方向。该《意见》的出台将日益处于边缘化的县级媒体重新纳入了媒体融合体系的建设中。

1. 出台背景

党的十八大以来，以习近平同志为核心的党中央十分重视县级融媒体中

① 政策要闻［J］. 中国编辑，2014（5）：93.

心的建设，在 2018 年全国思想宣传工作会议上，习近平同志也发表了媒体融合的重要讲话，即“要扎实抓好县级融媒体中心建设，更好引导群众、服务群众”①。

进入 2018 年以后，媒体融合开始进入深度发展期，但是基层的媒体融合体系建设并不完善。尤其是在县级层面，由于资金、技术、人才等方面的匮乏，媒体体系的基本架构依然由广播和电视两部分组成，并没有充分利用互联网技术和新媒体技术进行信息内容的生产和传播。因此，在网络媒体时代，县级媒体“融而不合”的现状使其本地化和贴近性的优势难以发挥，致使传播力大打折扣，既无法像借助资源优势牢牢占据主阵地的中央媒体那样强势崛起，也无法像凭借技术优势的头部商业平台那样吸引海量用户。面对这样的难题，县级媒体必须进行改革才可以更好地引导群众、服务群众。2019 年 1 月，中宣部和国家广电总局联合发布了《县级融媒体中心建设规范》《县级融媒体中心省级技术平台规范要求》，为制定更具可操作性的建设规范提供了政策依据。

2.《意见》主要内容

（1）面向基层群众，满足人民群众信息需求

《意见》提出，县级融媒体中心的建设要面向基层的人民群众，实现功能主体的全面覆盖，此外，还要夯实县级融媒体中心的基础功能，打造县级融媒体传播矩阵，要保障并且全方位、多层次地满足基层群众的信息需求。让基层人民群众充分享受到媒体融合所带来的红利，使信息传播能够达到惠民利民的目的。

（2）加快资源整合，加大媒介技术革新力度

《意见》要求县级融媒体要加快资源整合，实现技术功能的全应用，并且要加大媒介技术的革新力度，善于利用新技术进行信息生产和传播。此外，还应该进行必要的平台联动和内容整合，形成统一规划和统一领导。

（3）加速中心建设，实现信息治理现代化

《意见》强调要加速县级融媒体中心的建设，实现实践效益的全面提高，同时要把县级融媒体中心打造成区域综合智慧平台，实现信息治理体系和治

① 张国圣，李宏．探索“新闻＋”的无限可能［N/OL］．（2020-08-21）［2023-12-24］．https：//news. gmw. cn/2020－08/21/content_34105678. htm.

理能力的现代化。

此外，《意见》还强调要对县级融媒体中心的机构、技术、人才、薪酬等方面进行改革，以此来优化媒体布局，推进媒体融合，并提升县级融媒体的传播力、引导力和影响力。

3.《意见》出台意义

（1）便利群众生活，提供多元服务

县级融媒体中心作为基层媒体是联系基层人民群众和政府的桥梁与纽带，负责将党和政府的声音传递给人民群众的同时也要将底层人民群众的心声反映给党和政府。《意见》的出台可以推动县级融媒体中心更好地坚持为人民服务的发展导向，利用互联网技术打造具有地域特色的媒体平台并将本地的生活服务、政务、商务等资源都集中在县级融媒体中心的平台上，让媒体平台真正成为提供新闻信息、反映社情民意、便利群众生活的工具。如江西省共青城市融媒体中心与多个平台进行联动和共享，推出“点单派单”系统，居民在线下单，便可以享受到由志愿者提供的精准服务，此外，该融媒体中心的公众号还链接了市长信箱、扫码办事、网络举报等功能，极大方便了居民的政务生活。再如，成都市双流区融媒体中心，为居民提供新闻宣传服务的同时，还开发了自己的客户端，居民在媒体客户端就可以办理就医、行政许可、入学等事项，与此同时融媒体中心还设立了政企沟通平台，方便企业与政府的实时沟通。

（2）利用网络惠农，助力乡村振兴

《意见》出台后，各县级媒体纷纷响应政策号召，着手打造具有自身特色的融媒体中心。作为联系基层人民群众的重要基点，县级融媒体中心的触角可以直接触及农村百姓的日常生活，在做好农村政务信息宣传工作的同时也可以利用媒体的力量做好助农工作，为农村群众带来切身利益，助力乡村振兴战略的实施。近年来，直播带货成为农产品销售的重要渠道，但由于资源不平衡以及软硬件设施落后等条件的限制，农产品的信息化销售难以取得良好的效果，而项城市融媒体中心利用自身的有利条件，融媒体中心的工作人员参与到直播带货的项目中，利用官方媒体的公信力和影响力，当地的农副产品和特色手工产品的销量都得到了提升。除此之外，项城市融媒体中心还与当地文旅局合作，为当地拍摄具有风土人情和自然景色的文旅宣传片，以此来推动旅游产业的发展，为当地居民创收。

（3）推动县级融媒体中心的体制机制改革

该《意见》的出台可以推动一些县级媒体在原有改革的基础上进一步完善顶层设计、调整组织架构、创新经营管理机制，在“破旧”与“立新”之间找好平衡点，破除旧的思想观念和体制机制，保留优势，增强创新，为深度融合发展破除制度壁垒，谋求未来的可持续发展。①例如，为了有效地解决融媒体中心体制机制难以适应媒体融合发展需求的问题，张家港市融媒体中心进行了事业单位企业化管理的探索，首先，重塑媒体内部机构，精简部门，实现扁平化管理；其次，打破各部门之间的工作壁垒，实现工作项目化，以项目组、工作室的形式进行内容生产和产品运营，实行项目制量化考核；最后，改革薪酬制度，以岗定薪，实行绩效考核，提升一线工作人员的薪资水平，以此来提升媒体职工的工作热情。

（三）《关于加快推进媒体深度融合发展的意见》

2020 年 9 月，中共中央办公厅、国务院办公厅印发了《关于加快推进媒体深度融合发展的意见》（简称《意见》），从重要意义、目标任务和工作原则三方面明确了媒体深度融合发展的总体要求。该《意见》的出台既是对 2018 年《关于推动传统媒体和新兴媒体融合发展的指导意见》内容的深化，也标志着我国媒体融合工程进入 2.0 阶段。

1. 出台背景

进入 2020 年以后，中国网民数量突破 10 亿大关，数据在媒体信息传播方面的运用愈加广泛，社会数字化转型持续推进。随着 5G 技术投入使用，智能化浪潮开始席卷中国，并且将中国的媒体融合推向了深度发展的新阶段，处于智能化转型阶段的大部分媒体在技术运用方面已经趋于成熟，但依然存在着以下问题：一是过分注重技术运用而忽略了内容方面的建设，导致媒体的内容生产变成了毫无内涵的炫技的过程，无法满足社会公众对高质量信息的需求；二是媒体传播体系的建设不够完善，各级媒体之间的发展水平差距较大；三是对外传播能力较弱，国际社会难以听到中国声音。

为了解决媒体发展的困局，增强媒体传播在国内和国际的影响力，国家需要出台相关的政策来引导媒体融合发展的方向，推动媒体融合体系的建设

---

① 胡正荣，黄楚新，吴信训．中国新媒体发展报告（2022）[M]．北京：社会科学文献出版社，2022：217.

和完善。

2.《意见》主要内容

（1）坚持人民导向，占领互联网阵地

《意见》指出在媒体时代依然要走好群众路线，坚持以人民为中心的工作导向，强化媒体与受众的连接，为用户提供信息生产和传播的开放性平台，生产人民群众喜闻乐见的内容。与此同时，各级媒体还要强化互联网思维，优化资源配置，将资金、技术、人才等资源投入移动端和网络平台的建设，占领新兴传播阵地。

（2）强化技术应用，做好内容建设

《意见》提出要用强化技术在媒体融合过程中的驱动作用，用好 5G、区块链、云计算、大数据、人工智能等技术，推动关键核心技术的自主创新。此外还要推进内容生产供给侧的改革，强化媒体的内容建设，保持内容定力，提升内容质量，创新内容表现形式，增强内容传播效果。[①]

（3）深化媒体机制改革，完善媒体布局

《意见》指出要深化主流媒体体制机制改革，建立适应全媒体传播的一体化组织结构，创新采编流程，增强主流媒体的市场竞争力，建立“新闻＋政务服务商务”的模式，增强自我造血能力。同时，还要完善中央媒体、省级媒体、市级媒体和县级融媒体中心四级融合发展的布局，打造完善的对外传播体系，讲好中国故事，传播中国文化。

（4）培养全媒体人才，强化政策保障

《意见》强调要培养全媒体人才，完善人才引进政策，优化全媒体人才队伍的建设，释放人才的活力。此外，各级党委和政府也要为媒体融合提供政策支持并进行相应的监管，以此推进媒体融合的工作落到实处。

3.《意见》出台意义

（1）促进新兴媒体技术的开发与运用

21 世纪 20 年代，媒介技术正处于迅猛发展和变革的时期，在这个特殊的时期内，技术的革新已经成为驱动媒体融合发展的重要力量，而如何真正实现技术赋能媒体深度融合，还需要抓住“匹配度”的关键问题，把握住

① 中华人民共和国中央人民政府．关于加快推进广播电视媒体深度融合发展的意见［EB/OL］.（2020-11-13）［2024-01-30］. https：//www.gov.cn/gongbao/content/2021/content_5582647.htm.

“人”的核心问题。该《意见》的出台不仅可以推进媒体的技术研发和技术运用，即利用研发的新兴技术助力信息内容的生产和传播，还可以为各媒体处理好“紧跟前沿”和“适用为上”之间的关系提供指引，进而推动各媒体实现技术运用与内容生产深度融合的目标。以人民网为例，2022年，人民网研究院展示了“5G+8K”超高清技术、虚拟数字人、扩展现实技术、数字藏品以及人工智能编辑部等前沿技术在媒体领域的应用。具体来说，“5G+8K”超高清技术可以助力体育赛事直播，给观众更真实的观赛体验；以人民日报“果果”、新华社“新小微”为代表的初代虚拟主播，可以全天候不停歇地进行信息播报，而以湖南卫视“小漾”、北京广播电视台“时间小妮”、央视网“小C”为代表的虚拟主播功能更为全面，不仅可以从事访谈、采访、新闻播报等工作，还可以为公众提供问题咨询等服务；央视网人工智能编辑部秉持着将让人工智能技术全面应用在新闻信息的采集、生产、分发、接收和反馈程序之中的理念，打造出了全流程化的智能采集、智能制作、智能审核、智能分发、智能运营、智能云平台等AI产品，致力于利用AIGC产品推动媒体和企业实现智慧化转型，创造出更大的社会价值和经济价值。

（2）推动地市级和县级媒体融合的发展

《意见》出台后，地市级媒体和县级媒体依托既有的资源优势和资源条件，根据政策要求，顺应并把握数字化、智能化、移动化趋势，利用互联网技术逐步构建起内容丰富、渠道多样、功能多元的媒体融合发展格局。例如，《三峡日报》《长江日报》等媒体借助大数据、云计算等技术，以丰富的功能搭载，增强了媒体融合建设过程中的交互性[①]；伊春市融媒体中心、鹤岗市融媒体中心、白山市新闻传媒中心等媒体通过资源链接，将电子证件绑定、医保、户口等多项功能都集中于信息服务平台，不仅提升了人民群众的办事效率，还节省了大量的时间成本和人力成本；重庆市江津区融媒体中心的微信公众号平台不仅可以向用户推送本地区新闻，还拥有网络问政和政务服务的功能，上述功能在微信公众号平台的聚合为当地居民参与政治生活提供了便利的条件，使他们足不出户就能够参政议政。此外，江津区融媒体平台还开辟了新闻线索征集的特色渠道，以经济奖励的方式鼓励社会公众向媒

① 黄楚新，陈伊高，雷婕好，等．蓄力与突破：华中四省地市党报媒体融合现状［J］．中国记者，2022（2）：87—93.

体提供新闻线索，让社会公众参与到新闻生产的过程中，从而在一定程度上实现新闻的社会化生产。

（3）推动国际传播能力的建设

由于西方国家的排斥与打击，中国在国际传播中处于“有话说不出，说了没人听”的尴尬境地，因此为了塑造良好的中国形象，提升国际影响力，就必须增强中国媒体的国际传播能力。《意见》也指出了提升对外传播能力的办法，即讲好中国故事，传播中国文化。人民日报就根据该《意见》的要求进行国际信息传播，人民日报的 Facebook 账号通常会以中国本土文化为特色，呈现一些具有中国文化特色的信息，比如，对在国际社会广受欢迎且具有中国特色的国宝大熊猫进行报道，迎合了国际社会受众对中国的心理期待，取得了良好的传播效果。除此之外，在比较强调个人主义的西方社会，民众更希望通过普通人的生活来了解整个社会的发展状况，而非国家层面的宏观宣传。[①]因此，人民日报还会从普通人的视角出发，报道一些社会普通公众的故事，如社会上的一些互帮互助的暖心事件。

表 7－1　媒体融合政策概览

时间	政策	主要内容
2010.1	《推进三网融合的总体方案》	将三网融合提升为培育战略性新兴产业的重要任务，组织开展三网融合试点。
2010.8	《关于加快我国数字出版产业发展的若干意见》	以数字化带动出版业现代化，鼓励自主创新，研发数字出版核心技术，推动出版传播技术升级换代，构建传输快捷、覆盖广泛的现代出版传播体系。
2012.2	《关于加快出版媒体集团改革发展的指导意见》	支持出版传媒集团应用高新技术和推动产业升级，切实加强出版传媒集团科学管理。
2014.8	《关于推动传统媒体和新兴媒体融合发展的指导意见》	遵循新闻传播规律和新兴媒体发展规律，强化互联网思维，坚持传统媒体和新兴媒体优势互补、一体发展。
2015.3	《“互联网＋”行动计划》	从顶层设计层面敦促传统媒体充分融入互联网时代的浪潮。
2016.7	《关于进一步加快广播电视媒体与新兴媒体融合发展的意见》	力争两年内广播电视媒体与新兴媒体融合发展在局部区域取得突破性进展，形成几种基本模式的总体目标。
2017.1	《关于促进移动互联网健康有序发展的意见》	大力推动传统媒体与移动新媒体深度融合发展，加快布局移动互联网阵地建设。

① 杜康．主流媒体的国际传播与中国形象建构——以央媒 Facebook“十九大”报道为例［J］．国际传播，2019：29.

续表

时间	政策	主要内容
2017.5	《国家“十三五”时期文化发展改革规划纲要》	扶持重点主流媒体创新思路，推动融合发展尽快从相“加”迈向相“融”，形成新型传播模式。支持党报党刊、通讯社、电台电视台建设统一指挥调度的融媒体中心、全媒体采编平台等“中央厨房”，重构新闻采编生产流程，生产全媒体产品。
2017.9	《新闻出版广播影视“十三五”发展规划》	提出到2020年争取实现舆论传播力、引导力、影响力、公信力大幅提升，公共文化服务全面升级，对经济的拉动作用显著增强，“智慧广电”战略和新闻出版数字化转型升级行动全面推进，保障国家文化安全的能力显著提高，传播中国声音、提升中国形象、产品服务走出去的成效和作用更加凸显等目标。要求深化一体发展，推动媒体融合取得新突破。
2018.11	《关于加强县级融媒体中心建设的意见》	要深化机构、人事、财政、薪酬等方面改革，调整优化媒体布局，把社会效益放在首位。
2018.12	《关于推进政务新媒体健康有序发展的意见》	推进政务新媒体与政府网站等融合发展，实现数据同源、服务同根，方便企业和群众使用。
2019.1	《县级融媒体中心建设规范》《县级融媒体中心省级技术平台规范要求》	要求县级融媒体“对接政府部门技术平台”。规定了对县级融媒体中心提供业务和技术支撑的省级技术平台规范要求。
2019.4	《政府网站与政务新媒体检查指标》《政府网站与政务新媒体监管工作年度考核指标》《总局办公厅关于建立“国家广播电视总局媒体融合发展专家库”的通知》	鼓励县级政府门户网站的公开、办事、互动等功能与县级融媒体平台对接。为总局推进媒体融合发展决策提供重要参考，提升总局广播电视行业治理体系和治理能力现代化水平。建设初期，专家库包括“优秀专家学者”和“优秀行业从业人员”两个子库。
2019.8	《关于促进文化和科技深度融合的指导意见》	加快建设广电5G网络，打造集融合媒体传播、智慧广电承载、智能万物互联、移动通信运营、国家公共服务、绿色安全监管于一身的新型国家信息化基础网络。
2019.10	《总局关于创建广播电视媒体融合发展创新中心有关事宜的通知》	择优创建广播电视媒体融合发展创新中心，以改革创新的思路举措，汇聚各方力量、深入研究探索、强化应用示范，加快推进广播电视媒体与新兴媒体深度融合一体发展。
2019.11	《关于批准建设媒体融合与传播等4个国家重点实验室的通知》	批准建设“媒体融合与传播国家重点实验室”“传播内容认知国家重点实验室”“媒体融合生产技术与系统国家重点实验室”“超高清视音频制播呈现国家重点实验室”4个实验室。

续表

时间	政策	主要内容
2020.3	《网络信息内容生态治理规定》	网络舆情监测平台建设横向上有望向不同政府部门延伸，纵向上有望进一步向县市渗透。
2020.9	《关于加快推进媒体深度融合发展的意见》	从重要意义、目标任务、工作原则三方面明确了媒体深度融合发展的总体要求。
2020.10	《中共中央关于制定国民经济和社会发展第十四个五年规划和二〇三五年远景目标的建议》	“推进媒体深度融合，实施全媒体传播工程，做强新型主流媒体。”标志着媒体深度融合发展已从顶层设计进入全面落实的新阶段。
2020.11	《关于加快推进广播电视媒体深度融合发展的意见》	力争用 1 至 2 年时间，新型传播平台和全媒体人才队伍建设取得明显进展；用 2 至 3 年时间，在重点领域和关键环节的改革创新取得实质性突破。
2021.3	《关于组织制订广播电视媒体深度融合发展三年行动计划的通知》	地市级以上广播电视台要提高政治站位，树立改革思维，强化问题导向，抓紧谋划和制订本机构媒体深度融合发展三年行动计划。
2021.3	《中华人民共和国国民经济和社会发展第十四个五年规划和 2035 年远景目标纲要》	“推进媒体深度融合，做强新型主流媒体。”地市级媒体作为主流媒体的重要环节，是做强新型主流媒体的“腰部”支撑。
2022.4	《推进地市级媒体加快深度融合发展实施方案的通知》	对地市级融媒体中心的建设做出总体要求，为后续地市级融媒体中心建设具体政策的出台奠定基础。
2022.8	《“十四五”全国城市基础设施建设规划》	发展智慧广电网络，建设新型媒体融合传播网、基础资源战略网、应急广播网，加速有线电视网络改造升级，推动有线网络全程全网和互联互通，建立 5G 广播电视网络，实现广播电视人人通、终端通、移动通，实现广电网络超高清、云化、互联网协议化、智能化发展以及推进应急广播体系建设等。
2022.10	党的二十大报告	加强全媒体传播体系建设，塑造主流舆论新格局。
2023.2	《市级融媒体中心总体技术规范》《市级融媒体中心数据规范》《市级融媒体中心接口规范》《市级融媒体中心网络安全防护基本要求》《市级融媒体中心技术系统合规性评估方法》	市级融媒体中心系列 5 项技术标准规范发布实施，对市级融媒体中心的技术建设提出了具体的方案和要求。
2023.2	《数字中国建设整体布局规划》	按照“2522”的整体框架进行布局，即夯实数字基础设施和数据资源体系“两大基础”，推进数字技术与经济、政治、文化、社会、生态文明建设“五位一体”深度融合，强化数字技术创新体系和数字安全屏障“两大能力”，优化数字化发展国内国际“两个环境”。
2023.3	第十四届全国人民代表大会	“扎实推进媒体深度融合”被首次写入政府工作报告。

续表

时间	政策	主要内容
2023.9	《国家广播电视总局关于开展广播电视和网络视听虚拟现实制作技术应用示范有关工作的通知》	鼓励具备条件的企事业单位，开展虚拟现实制作关键技术攻关、重要标准研制、应用场景创新、业务流程示范、研发成果推广等，形成若干创新联合体，在一定区域内开展技术应用示范，形成虚拟现实制作实验区。推动广电行业虚拟现实生产、传播、呈现产业链快速成熟，促进广播电视和网络视听行业高质量发展。
2024.1	《中共中央　国务院关于学习运用“千村示范、万村整治”工程经验有力有效推进乡村全面振兴的意见》	持续实施数字乡村发展行动，缩小城乡“数字鸿沟”。实施智慧广电乡村工程。鼓励有条件的省份统筹建设区域性大数据平台，加强农业生产经营、农村社会管理等涉农信息协同共享。
2024.3	《“大地流彩——全国乡村文化振兴在行动”工作方案》	充分用好中央媒体、行业媒体、地方媒体等各级各类媒体资源，注重发挥新媒体平台作用，线上线下结合，全方位、多角度展示乡村文化振兴的建设成果，扩大活动声势影响。及时总结推广好经验、好典型，对农民群众自主开展文化建设涌现的先进代表、感人故事，要加强展示推介，营造良好舆论氛围。
2024.4	《“大地欢歌”全国乡村文化建设年工作方案》	广泛利用政府门户网站、广播电视、新闻媒体和新媒体平台，加强乡村文化建设年各项工作和活动的宣传，营造浓厚氛围。鼓励采用数字化手段丰富线上推广，国家公共文化云对重点活动予以直录播，专题展示活动动态。及时总结推广乡村文化建设经验做法，选树一批文化和旅游赋能乡村振兴典型案例。
2024.7	《中共中央关于进一步全面深化改革　推进中国式现代化的决定》	完善意识形态工作责任制。完善新闻发言人制度。构建适应全媒体生产传播工作机制和评价体系，推进主流媒体系统性变革。完善舆论引导机制和舆情应对协同机制。构建更有效力的国际传播体系。推进国际传播格局重构，深化主流媒体国际传播机制改革创新，加快构建多渠道、立体式对外传播格局。加快构建中国话语和中国叙事体系，全面提升国际传播效能。
2024.8	《“一带一路”媒体合作成都倡议》	充分发挥“一带一路”新闻合作联盟等多边合作平台的作用，进一步加强媒体合作，拓展内容形式，丰富渠道平台，深入开展联合采访、人员互访、信息互换、节目共制、技术协作、合作传播，汇聚更多促进互联互通的媒体力量，共同讲好促进共同发展、互利共赢的故事，讲好深化区域合作、完善全球治理的故事，讲好促进文明互鉴、民心相通的故事。

第二节 媒体融合的法律规范

媒体融合的深入发展带来的是传播主体、传播内容、传播方式、传播范围等方面的巨大变化，传统的信息控制和垄断格局被打破，公众获得了更为广泛的信息生产、传播和反馈的自由。传统媒体和新兴媒体在深度融合的进程中相辅相成，不仅满足了社会公众广泛化和多样化信息需求，还推动了我国政治、经济、文化等领域的发展。但与此同时，媒体融合过程中新媒体的运用也带来了一系列新的社会问题，如虚假信息、暴力信息、侮辱诽谤信息的泛滥以及侵犯隐私权、著作权、名誉权、肖像权的现象频发。所以对媒体融合进行法律规制也成了国家目前需要解决的难题。

就我国立法的实际情况而言，媒体融合的法律规范主要分为三个层级：第一层是全国人民代表大会制定的法律；第二层是国务院出台的行政法规；第三层是负责媒体监督管理的国务院相关部门出台的部门规章。本节将根据法律法规的层级顺序对媒体融合的相关法律法规进行梳理并辅以相关的案例，对涉及传媒行业的法律规范予以解读。

一、与媒体融合相关的法律

在我国，法律指由全国人民代表大会及其常务委员会制定、颁布的规范性文件，由国家主席亲属主席令公布。目前，中国并没有针对媒体融合的专项法律，规制传媒活动的相关法律散布在《中华人民共和国民法典》《中华人民共和国刑法》《中华人民共和国著作权法》《中华人民共和国网络安全法》等法律之中。

(一)《中华人民共和国民法典》

2020 年中华人民共和国第十三届全国人民代表大会第三次会议通过《中华人民共和国民法典》，并于 2021 年 1 月 1 日起施行。民法典较之过去的《民法总则》和《民法通则》，专门设置了人格权编，人格权编用于调整因人格权的享有和保护而产生的民事关系，该编能够对融媒体在发布信息时产生的侵犯人格权的行为进行规制。根据《民法典》第九百九十条之规定，人格权是民事主体享有的生命权、身体权、健康权、姓名权、名称权、肖像权、名誉权、荣誉权、隐私权等权利。[①]在融媒体的报道实践过程中需要经常使用报道对象的照片、视频或其他个人信息，如若处理不当很容易侵犯报道对象的肖像权、名誉权、隐私权以及个人信息权。因此，《民法典》的人格权编既规定了新闻行为侵犯人格权所要承担的法律责任，又对肖像、个人信息等的合理使用做出了界定，除此之外，还对事实上侵犯报道对象名誉权和荣誉权但不用承担民事责任的情况做了具体说明，比如，为公共利益实施新闻报道、舆论监督等行为，影响他人名誉的不用承担民事责任，但同时要保证新闻的真实性，不侮辱贬损他人且要对他人提供的严重失实内容尽到合理核实义务。

《民法典》人格权编的相关法律规定可以为融媒体的信息制作和发布提供规范的指引，从而在一定程度上避免媒体在报道活动中出现侵犯报道对象或其他相关主体的人格权的现象。

例：方某某与某市广播电视台肖像权纠纷案[②]

2021 年 4 月初，方某某发现在某市广播电视台“经济与科技频道”播放的“2021 太原翡翠和田玉文化节”和“2021 翡翠和田玉特供节”，相关广告中出现了自己的姓名及声像，但他本人既没有授权某市广播电视台，也未授权任何第三方在某市广播电视台“经济与科技频道”播放的上述广告中使用自己的姓名以及肖像。因此，方某某认为某市广播电视台擅自播出的上述广告已严重侵犯了他自身的肖像权等合法权益。之后，方某某向法院提起诉讼，要求某市广播电视台公开道歉并且赔偿自己的经济损失。法院审理后认为，某市广播电视台的行为侵犯了方某某的肖像权，应依法承担相应责任。

法院依据《中华人民共和国民法典》第一百一十条、第一千零一十九条、第九百九十五条、第一千条、第一千一百八十四条之规定，判决被告某市广播电视台在判决生效十五日内向原告方某某做书面赔礼道歉，并赔偿其经济损失 200000 元。

---

① 中华人民共和国民法典［EB/OL］．［2024-02-22］．https：//www.gov.cn/xinwen/2020-06/01/content _ 5516649.htm.

② 参见北京市西城区人民法院（2021）京 0102 民初 22597 号民事判决书。

(二)《中华人民共和国刑法》

自 1979 年刑法颁布到 2023 年，《中华人民共和国刑法》共经历了十四次修正，现在通行的是 2020 年修正的刑法。在《刑法》中，对媒体活动的法律规制主要分为对传播内容的规制和对媒体工作人员的规制两方面。一方面，《刑法》第六章第九节的制作、贩卖、传播淫秽物品罪主要用于处理融媒体的传播内容是否属于淫秽色情信息，并且对淫秽物品的范围做出了界定，即根据《刑法》第三百七十六条，本法所称淫秽物品，是指具体描绘性行为或者露骨宣扬色情的淫秽性的书刊、影片、录像带、录音带、图片及其他淫秽物品①，如若违反该条法律规定就需要根据实际情况，承担相应的刑事责任。另一方面，《刑法》第八章和第九章的贪污贿赂罪和渎职罪则对融媒体工作人员的行为做出了约束，这两项罪名可以针对新闻寻租和有偿新闻现象做出处罚，能够在一定程度上保证媒体工作队伍的纯洁性和新闻报道的真实性和客观性。除此之外，为了遏制互联网上诋毁、丑化、侮辱英雄烈士的风潮，刑法还设立了侵害英雄烈士名誉、荣誉罪，对以各种方式损害英烈名誉和荣誉的行为设立了相应的罚则，以此来维护中华民族的优秀文化、民族精神和共同情感。

例 1:《中国某报》记者新闻敲诈②

郗某某作为《中国某报》河南记者站的副站长，在其主持媒体工作期间，多次利用职务便利，通过新闻报道活动牟取不正当利益。2011 年至 2012 年，郗某某以发布相关部门和企业的负面报道为由，收受基层官员、企业工作人员现金共计 8 万元；2012 年至 2013 年，郗某某以曝光南阳移动公司因基站故障而导致周边群众话费虚高问题相要挟，要求南阳移动公司在《某时报》做有偿专版，并且将南阳移动公司提供的 5.8 万元专版费用据为己有；除此之外，在本媒体或其他新闻媒体的记者对某些单位或个人进行监督性报道时，郗某某还会利用职务便利，接受报道对象的委托向相关记者进行贿赂，以此来避免负面新闻的发布对报道对象所产生的不良影响。国家广

---

① 中华人民共和国刑法［EB/OL］.［2024-05-30］. https://flk.npc.gov.cn/detail2.html?ZmY4MDgxODE3OTZhNjM2YTAxNzk4MjJhMTk2NDBjOTI%3D.

② 参见河南省郑州市中级人民法院（2014）郑刑二终字第 111 号刑事判决书。

电总局在查实上述违法行为后，将郗某某移送司法机关进行处理。

法院审理后认为郗某某身为国家工作人员，利用职务上的便利，侵吞公款5.8万元，其行为已构成贪污罪；其又利用职务上的便利，多次非法收受他人财物，为他人谋取利益，其行为已构成受贿罪；其还向其他国家工作人员介绍贿赂四次，情节严重，其行为已构成介绍贿赂罪。依照《中华人民共和国刑法》第三百八十二条第一款、第三百八十五条第一款、第三百九十二条第一款、第三百八十六条、第三百八十三条第一款第（二）项、第九十三条、第六十七条第二款、第六十三条第一款、第六十九条、第六十一条，判决郗某某犯贪污罪，判处有期徒刑五年；犯受贿罪，判处有期徒刑二年零六个月；犯介绍贿赂罪，判处有期徒刑六个月。决定执行有期徒刑六年零六个月。

例2：罗某某侵害英烈名誉荣誉案[①]

2021年10月，原北京市某报知名记者罗某某在观看完《长津湖》电影和与长津湖战役相关的纪录片后，为了吸引网络流量，制造舆论，便在其实名注册的新浪微博账号上发表帖文，在否定抗美援朝战争正义性的同时还以戏谑的口吻公开侮辱、讽刺在抗美援朝长津湖战役中英勇牺牲的冰雕连战士。罗某某在第二天虽然删除了帖文，并在朋友圈发布了道歉声明，但是这种行为极大侵害了英雄烈士的名誉和荣誉。后经查证，罗某某自2009年注册微博之后，共发布9条侮辱、嘲讽英雄烈士的帖文，并且阅读量累计已达7613621次，评论量和转发量分别达到19152条、32015次。2022年2月18日，海南省三亚市城郊人民检察院针对罗某某侮辱、嘲讽英雄烈士的行为向三亚市城郊人民法院提起公诉和刑事附带民事公益诉讼。

三亚市城郊人民法院审理后认为罗某某在网络平台公开侮辱、讽刺烈士的行为否定了社会主义核心价值观和抗美援朝精神，并且破坏了社会公共秩序，损害了社会利益，情节严重，已构成侵害烈士名誉、荣誉罪。依法判处罗某某有期徒刑七个月，并在媒体公开赔礼道歉。

---

① 杨帆．侵害英烈名誉荣誉，罗昌平被判有期徒刑七个月并公开赔礼道歉［N/OL］．检察日报，2022-05-06［2023-12-25］．https：//newspaper.jcrb.com/2022/20220506/20220506_001/20220506_001_7.htm.

（三）《中华人民共和国著作权法》

在融媒体时代，由于媒体或个人对网络的广泛使用，导致侵犯著作权的现象频发，尤其是对于信息网络传播权的侵犯最为严重。因此，为了保护文学、艺术和科学作品作者的著作权，以及与著作权有关的权益，鼓励有益于社会主义精神文明、物质文明建设的作品的创作和传播，促进社会主义文化和科学事业的发展与繁荣，国家依法对《中华人民共和国著作权法》进行了修正。[①]首先，《中华人民共和国著作权法》规定了著作权人享有的权利，即著作权人依法享有发表权、修改权、署名权、保护作品完整权等人身权利，除此之外还享有复制权、发行权、放映权、广播权、信息网络传播权等财产权利，其中，信息网络传播权是 2001 年对著作权法进行修改时新加入进去的，即著作权人通过有线或无线的方式提供，使公众可以在其选定的时间或地点获得作品的权利[②]，信息网络传播权与广播权的区别主要体现在受众信息接收方式的差别之上，广播权强调传播者在信息传递过程中的作用，而信息网络传播权更加注重受众在信息接收过程中的作用。其次，《中华人民共和国著作权法》还对著作权的归属、享有著作权作品的合理使用范围、与著作权相关的其他权利以及侵犯著作权所要承担的法律责任等方面做了详细的规定。《中华人民共和国著作权法》规定媒体对生产的部分信息产品享有著作权，可以规范融媒体时代由激烈的行业竞争所引起的新闻抄袭或不合理的引用和转载现象。

除此之外，还有从《信息网络传播权保护条例》中引申出来的两项原则与融媒体时代著作权的保护息息相关。一是避风港原则，即发生著作权侵权案件时，网络服务提供商只提供空间储存服务，并不参与内容的制作，如果网络服务提供者被权利人告知侵权，就有义务删除侵权内容，否则就被视为侵权[③]；二是红旗原则，作为避风港原则的例外，红旗原则是指侵犯著作权的事实显而易见，像“红旗”一样飘扬时，网络服务提供者就不能装作看不

---

① 中华人民共和国著作权法［EB/OL］．［2024-05-30］．https：//www.gov.cn/guoqing/2021-10/29/content_5647633.htm.

② 中华人民共和国著作权法［EB/OL］．［2024-05-30］．https：//www.gov.cn/guoqing/2021-10/29/content_5647633.htm.

③ 周贝贝．面对版权问题云服务等新业态的权利与义务［J］．新产经，2019（8）：48－50.

见或者以不知道侵权为由推脱法律责任。[①]

例：北京某视觉文化传媒有限公司与某市互联网新闻中心侵害作品信息网络传播权纠纷[②]

北京某视觉文化传媒有限公司发现某市互联网新闻中心为了宣传自己的网站，在未经公司许可的情况下就在其经营的网站上，擅自使用公司享有作品信息网络传播权的摄影作品。该公司认为，某市互联网新闻中心对自己作品的使用行为并未获得公司的授权许可，也未向公司支付相关权利使用费，所以此互联网新闻中心的行为侵犯了本公司摄影作品的作品信息网络传播权。于是，北京某视觉文化传媒有限公司向北京互联网法院提起诉讼，要求某市互联网信息中心承担相应的侵权责任并赔偿公司的经济损失。

法院经审理后认为某市互联网新闻中心在其网站上使用涉案图片，侵犯了该文化传媒公司对涉案图片所享有的著作权，应承担停止侵权、赔偿损失的法律责任，并且此互联网新闻中心创作的文章不属于时事新闻，且在该篇文章中使用涉案图片的行为并非不可避免，所以某市互联网新闻中心的行为不构成著作权法意义上的合理使用。因此，法院依据《中华人民共和国著作权法》第四十八条第一项、第四十九条，《最高人民法院关于审理侵害信息网络传播权民事纠纷案件适用法律若干问题的规定》第三条之规定判决互联网新闻中心于判决生效之日起十日内赔偿北京某视觉文化传媒有限公司经济损失 500 元。

（四）《中华人民共和国个人信息保护法》

随着媒体融合进程的不断推进，包括中央级、地市级、县级媒体在内的各级媒体都开始着手建设自己的信息平台，并且通过各具特色的新闻报道来吸引用户注册。与抖音、快手、小红书等平台的注册程序一样，上述各级媒体的用户在进行注册时，也需要对平台进行授权，允许平台收集自己的个人基本信息和浏览记录等。因此，媒体平台也就成为《个人信息保护法》规制

---

① 郑一媛．“避风港原则”在移动新闻聚合平台的适用性——以今日头条胜诉为例［J］．传播力研究，2018，2（5）：16－17，24．

② 参见北京互联网法院（2020）京 0491 民初 25502 号民事判决书。

的对象，以此来保护用户的个人信息权益，规范平台对个人信息的处理活动，促进个人信息的合理利用。

2021年施行的《个人信息保护法》不仅规定了个人在个人信息处理中的权利，比如，包括请求查阅、复制和转移（第四十五条）、更正和补充（第四十六条）、删除个人信息（第四十七条），以及要求个人信息处理者解释说明个人信息处理规则（第四十八条）和允许个人行使信息处理（第五十条）的权利[①]，还规定了作为个人信息处理者的平台的信息收集和处理义务，如真实、准确、完整地向信息主体披露个人信息收集的范围、目的、处理方式和权利救济途径（第十七条）；不得公开其处理的个人信息（第二十五条）；不得未经个人同意，处理其敏感信息（第二十九条）；根据个人信息处理的目的、方式以及个人信息的种类等因素，采取合法性措施来防止个人信息泄露、篡改或丢失，具体包括采取加密、去标识化等安全技术措施；定期培训从业人员；制订并组织实施个人信息安全事件应急预案等（第五十一条）；个人信息处理者要定期审计其在信息处理过程中遵纪守法的情况（第五十二条），并且要在个人信息发生泄露、篡改、丢失等状况时及时采取补救措施，并通知负责个人信息保护的相关部门或个人（第五十七条）。除此之外，《个人信息保护法》第六章还对负责保护个人信息的政府各部门的职责和义务进行了详细的规定。

例：李某某与北京某科技有限公司网络侵权责任纠纷[②]

李某某在某科技有限公司经营的某APP上拥有昵称“路人甲的重逢”账号并通过居民身份证进行了实名认证。2021年11月1日，李某某向该APP询问，如何将曾观看过的全部视频数据信息复制下来，数据应包含视频名称、创作者账号名称、所看视频的观看时长（或观看完成度）、观看时间、视频发布时间、该视频在此平台的播放量等信息。李某某希望某APP的经营者能够在2021年11月1日17：00之前将自己所需要的数据以可编辑的表格的方式（可编辑的xlsx版），发送至自己留言的邮箱内。但是该

① 孙靖洲.《个人信息保护法》下网络平台的地位和责任构造［J］. 中国人民大学学报，2023，37（6）：117—131.

② 参见北京互联网法院（2022）京0491民初2138号民事判决书。

APP 自动回复称，“暂时没有相关功能，在未来的产品优化中会参考每一位用户的想法”。李某某认为，自己的账号浏览的所有视频名称、视频创作者账号名称、视频观看时长（或观看完成度）以及观看时间均属于《个人信息保护法》中所保护的个人信息，因此，个人有权向个人信息处理者查阅、复制其个人信息；个人请求查阅、复制其个人信息的，个人信息处理者也应当及时提供。但是某 APP 在接收到自己的合理要求后，并没有提供自己所需要的个人信息的数据，反而以没有相关功能为借口拒绝自己的要求。因此李某某认为某 APP 侵犯了其个人在信息处理中享有的查阅、复制权。为了维护自己的合法权益，李某某便向北京互联网法院提起诉讼，要求某公司依法提供自己在平台上产生的个人数据信息。

法院审理后发现在李某某提起诉讼后，某公司就以邮件的形式发送了其账号 90 天的浏览记录，并且由于法律及相关规范对于查阅、复制权实现的方式、及时提供的认定尚缺乏具体规定，所以系统或客服人员无法立即响应且满足李某某要求的行为，并不存在主观故意性。此外，针对只提供九十天浏览记录的争议，由于信息储存能力和储存成本的限制，不能对企业有更高的要求。基于此，法院认为被告并未侵害原告个人信息的查阅、复制权，依照《中华人民共和国民法典》第一千零三十七条，《中华人民共和国个人信息保护法》第四条、第六条、第四十五条，《中华人民共和国民事诉讼法》第六十七条规定，判决其母公司某信息服务有限公司此判决生效之日起十日内向原告李某某提供 2022 年 1 月 23 日 13 时 29 分 59 秒至 2022 年 3 月 29 日的浏览记录并驳回李某某的其他诉讼请求。

除了上述法律，为了应对互联网世界中出现的广告无序生产与投放、网络安全、数据安全等新问题，我国还出台并修订了不同的法律规范以适应时代发展的需求。面对互联网广告的无序生产和投放问题，我国于 2015 年修订了《广告法》，首次将互联网广告纳入法律规制的范围内，并对互联网广告的内容、投放等行为进行了明确规定，比如，互联网广告应能一键关闭，不能未经同意在用户发送的电子邮件中附加广告等。为了规范广告行业秩序，及时解决广告业发展中暴露的新问题，全国人大分别在 2018 年和 2021 年对《广告法》进行了再次修订。互联网技术的崛起也造成国家不同领域的安全风险不断提升，为了适应新的网络安全形势，确保国家网络安全，落实总体国家安全观，我国于 2016 年颁布了《网络安全法》，对网络运行安全、网络信息安全、监警预测与应急处置以及法律责任的承担等几部分进行了规定。互联网时代，包括商业数据、科学数据等在内的各类型数据价值不断提升，数据安全已然成为事关国家安全和经济社会发展的重要因素，而如何推动各网络平台合理地收集和使用数据也随之成为社会关注的焦点。因此，为了维护数据价值，保护数据安全，发挥数据的基础资源作用和创新引擎作用，弥补数据安全方面的立法空白，我国于 2021 年颁布了《数据安全法》，对数据安全制度、数据安全义务、政务数据安全与开放以及法律责任的承担等方面进行了明确规定。

二、与媒体融合相关的行政法规

行政法规是国务院根据宪法和法律规定制定的领导和管理国家各项行政工作的各种规范性文件的总称，由国务院总理签署，国务院令公布，其效力和地位低于宪法和法律。相比法律，行政法规对于媒体或新闻传播活动的规制更为清晰且可操作性较高。因此，在媒体融合的进程中，随着各媒体与互联网的联系愈加紧密，国务院也出台了相关的行政法规对媒体的互联网信息生产和传播做出了规定。

1997 年，国务院新闻办公室、新闻出版署联合发布《利用国际互联网络开展对外新闻宣传暂行规定》，指出“国家对利用国际互联网开展对外新闻宣传，实行积极支持、促进发展、宏观指导、归口管理的方针”。该文件的出台也确立了互联网管理的基本方针。[①] 2000 年，国务院又出台了《互联网信息服务管理办法》，对从事新闻信息服务的网络媒体的审核程序进行了规定，并且赋予了网络新闻媒体管理和监督互联网信息的权利。这也是我国第一部对网络媒体进行管理的行政法规，并且为了适应社会的发展和技术的进步，国务院在 2011 年对该法规进行了修订。2006 年，国务院颁布了《信息网络传播权保护条例》，该条例不仅对著作权人、表演者、录音录像制作者的信息网络传播权进行保护，还对媒体在新闻报道过程中可能产生的著作权问题进行了解析，例如，新闻媒体为了报道时事新闻，可以在其新闻作品中合理引用已经发表且具有著作权的作品，并且不用经过著作权人的同意，

① 顾烨烨，方兴东．中国媒体融合 30 年：基于政策的视角［J］．传媒观察，2023（6）：13－24.

也不用向著作权人支付报酬。之后，为了解决著作权领域出现的新的问题，国务院在 2013 年对该法规进行了修订。除此之外，国家也从未成年人保护的视角出发，对网络媒体的内容生产和产品服务进行了规定，例如，国务院在 2023 年 10 月 16 日颁布了《未成年人网络保护条例》，要求从事互联网产品生产和服务的网络平台、主流媒体、自媒体等要生产适合青少年身心健康发展的网络产品，保护未成年人个人信息，并且防止未成年人沉迷网络，该条例于 2024 年 1 月 1 日正式施行。

在推进媒体深度融合的过程中，广播电视等传统媒体的作用同样十分重要。因此，在梳理与互联网媒体信息生产传播相关的行政法规之外，还需明晰规范传统媒体行为的行政法规，比如，在行政法规中运用较为广泛的便是国务院于 1997 年颁布，分别在 2013 年、2017 年和 2020 年修订的《广播电视管理条例》，该条例对广播电台和电视台的设立、终止，广播电视网的建设，广播电视节目的播放以及违反该条例的罚则等方面进行了明确的规定。

融媒体时代，网络数据已然成为媒体生产经营中的关键要素，所以媒体在制作和传播新闻信息之外，还要对平台生产和收集的网络数据进行保护和利用，于媒体而言，保障自身的网络数据安全是维护用户个人信息安全，生产高质量新闻产品从而赢得行业竞争的必要条件，2024 年 9 月 24 日国务院公布的《网络数据安全管理条例》，为媒体数据的安全处理提供了参考和指引，该条例将于 2025 年 1 月 1 日正式施行，届时媒体可以根据此条例，制定合理的数据处理制度，促进网络数据依法合理有效利用。

三、与媒体融合相关的部门规章

国务院各部、委员会、中国人民银行和审计署等具有行政管理职能的直属机构以及法律规定的机构，可以根据法律和国务院的行政法规、决定、命令，在本部门的权限内，制定部门规章。[①]为了适应媒体融合发展的需要，负责媒体平台治理的相关政府机构也都陆续制定了相关的部门规章以规制媒体融合进程中新媒体平台中出现的各种乱象。

2004 年 7 月，国家广电总局颁布了《互联网等信息网络传播视听节目

① 中华人民共和国立法法［EB/OL］.［2024-05-30］. http://www.npc.gov.cn/zgrdw/npc/lfzt/2014/2000-11/29/content_1875256.htm.

管理办法》，该文件对开办信息网络传播视听节目业务的基本条件做出规范的同时明确了国家广电总局负责互联网视听节目的管理工作，并且从新闻类、影视剧类网络视听节目的播出条件，网络视听节目禁止播出的内容，网络视听节目的管理制度，网络视听节目的监督管理机构等几方面对网络传播视听节目的业务监管做了具体的规定。例如，用于通过信息网络向公众传播的新闻类视听节目，限于境内广播电台、电视台、广播电视台以及经批准的新闻网站制作、播放的节目。用于通过信息网络向公众传播的影视剧类视听节目，必须取得《电视剧发行许可证》《电影公映许可证》（第十七条）。持证机构应建立健全节目审查、安全播出的管理制度，实行节目总编负责制，配备节目审查员，对其播放的节目内容进行审查（第二十条）。省级以上广播电视行政部门应设立视听节目监控系统，建立公众监督举报制度，加强对信息网络传播视听节目的监督管理（第二十四条）。①

为了解决互联网直播行业中出现的问题，2016 年 11 月 4 日，国家互联网信息办公室发布《互联网直播服务管理规定》，对互联网直播服务提供者、互联网直播发布者、互联网直播服务使用者责任和义务进行了明确的规定，并且还指明了互联网直播服务信息内容的监督管理执法工作由国家互联网信息办公室和地方互联网信息办公室负责。例如，国家互联网信息办公室负责全国互联网直播服务信息内容的监督管理执法工作。地方互联网信息办公室依据职责负责本行政区域内的互联网直播服务信息内容的监督管理执法工作（第四条）。互联网直播发布者发布新闻信息，应当真实准确、客观公正。转载新闻信息应当完整准确，不得歪曲新闻信息内容，并在显著位置注明来源，保证新闻信息来源可追溯（第十条）。②

2017 年，国家互联网信息办公室先后发布了《互联网新闻信息服务管理规定》和《互联网新闻信息服务许可管理实施细则》，将以微博、网站、客户端、通信工具为代表的具有产生舆情和社会动员功能的网络媒体纳入了规制范围。该规定对申请互联网新闻信息服务许可的要求、互联网新闻信息服务的运行规则、互联网新闻信息服务的监管等方面进行了规定，其中，就

① 互联网等信息网络传播视听节目管理办法［J］. 中国有线电视，2003（7）：89－90.

② 互联网直播服务管理规定［EB/OL］. ［2024-03-01］. http：//www.cac.gov.cn/2016-11/04/c_1119847629.htm.

包括互联网新闻信息服务提供者提供互联网新闻信息传播平台服务，应当与在其平台上注册的用户签订协议，明确双方权利义务（第十四条）；转载新闻信息时应当转载国家规定范围内的单位发布的新闻信息并注明新闻来源（第十五条）；不得制作、复制、发布、传播法律、行政法规禁止的信息内容等具体规定（第十六条）。[①]以封面新闻、南方都市报、澎湃新闻等媒体为例，他们在对人民日报、新华社等媒体的新闻内容进行转载时，都会根据《互联网新闻信息服务管理规定》的要求，在其所转载文章的开头顶部标明新闻来源，即该新闻转载自哪家媒体单位。

2021年，国家互联网信息办公室、中华人民共和国工业和信息化部、中华人民共和国公安部、国家市场监督管理总局联合发布《互联网信息服务算法推荐管理规定》，该部门规章对算法推荐服务提供者的信息服务规范、用户权益保护以及对算法推荐服务提供者的监督管理等方面进行了规定。该规定中的部分条款与新闻信息的推送紧密相关，例如，算法推荐服务提供者提供互联网新闻信息服务的，应当依法取得互联网新闻信息服务许可，规范开展互联网新闻信息采编发布服务、转载服务和传播平台服务，不得生成合成虚假新闻信息，不得传播非国家规定范围内的单位发布的新闻信息（第十三条）；应当向用户提供不针对其个人特征的选项，或者向用户提供便捷的关闭算法推荐服务的选项。用户选择关闭算法推荐服务的，算法推荐服务提供者应当立即停止提供相关服务（第十七条）[②]。以聚合类新闻APP今日头条为例，如果用户对平台推荐的某类信息内容不满意时，可以通过点击“不感兴趣”的功能按键来减少有关内容的推送，之后平台的算法机制便会记住用户的偏好，从而更加精准地定位用户信息需求。

现阶段，新媒体平台为了实现新闻信息的精准分发，都会使用算法机制，根据描摹的用户画像进行个性化的信息推荐，因此很容易产生算法黑箱、隐私泄露、数据偏见等问题。而《互联网信息服务算法推荐管理规定》的颁布可以在一定程度上减少因为算法推荐而产生的问题。

当前社会，网络虚拟空间的匿名化和网民素质的参差不齐导致网络暴力

---

① 互联网信息服务算法推荐管理规定［EB/OL］.［2024-05-30］. https://www.gov.cn/zhengce/2022-11/26/content_5728941.htm.

② 互联网信息服务算法推荐管理规定［EB/OL］.［2024-05-30］. https://www.gov.cn/zhengce/2022-11/26/content_5728941.htm.

现象肆虐，对他人的恶意侮辱、谩骂以及暴露他人行踪等行为已经严重危害到他人的人格尊严、生命安全和财产利益，长此以往将破坏社会秩序，影响社会安全稳定。因此为了治理网络暴力信息，营造清朗网络空间，国家互联网信息办公室、中华人民共和国公安部、广电总局等部门联合制定了《网络暴力信息治理规定》，于 2024 年 8 月 1 日正式施行，该部门规章对网络暴力信息的预防、处置、防护以及散布网络暴力信息账号的处理措施进行了详细规定。《网络暴力信息治理规定》的出台为各平台对网络暴力信息的处理提供了法律依据，能在一定程度上遏制网络暴力现象的大幅度蔓延。

未来，随着人工智能等新兴技术的研发和广泛使用，在媒体融合领域内可能会出现更多亟须解决的问题，而国家也势必会与时俱进，针对新出现的问题和现象制定专项的法律法规，比如，《人工智能法》。因此，无论是官方主流媒体还是活跃在网络空间里的自媒体从业者和广大网民都需要增强法律素养，在学习现行媒体专项法律知识的同时也要做到常学常新，根据法律法规的变动及时更新自己的法律知识储备，以此来避免因违反相关的法律法规而对媒体机构、个人和社会造成负面影响。

第三节　媒体融合的监管措施

随着媒体融合进程的持续推进，新媒体的运用范围日益广泛，运用程度日益加深，媒体机构对新媒体技术的运用不仅可以推动传播内容丰富化、传播形式多样化的发展趋势，还能够实现信息的实时性传播和大范围传播。与此同时，技术的突破往往也会产生新的问题，媒体机构和广大网络用户通常会因为难以适应新技术的冲击而产生诸如上文提到的虚假新闻、垃圾信息、新闻侵权、舆论审判、网络暴力等问题。因此为了维护媒介生态，保障媒体融合进程的顺利推进，我国也开始探寻融媒体时代下的媒体监管策略。

一、媒体融合的监管主体

基于历史和现实的考量，我国的媒体监管有着显著的特点，即“党管媒体”。目前，我国传媒行业的监管主体主要是政府的相关部门，规制体制主要是“归口”管理。政府各部门按照“谁主管谁监管”“谁审批谁监管”的原则对媒体行业开展监督和管理工作。国家网信办是负责互联网信息内容管理的主体部门，国家广播电视总局和国家新闻出版署是政府中负责传媒监管的行政部门，除此之外，还有一批协助监管的部门，如公安部、文旅部、教育部、工业和信息化部等也都参与到媒体融合的监管之中。下文将对作为传媒管理主体的各部门的职能进行划分。

（一）中共中央宣传部

中共中央宣传部（简称中宣部）主管意识形态方面的工作，是中央层面重要的媒体监管机构，2018 年国家机构改革后，对外加挂了国家电影局和国家新闻出版署（国家版权局）的牌子。

中宣部主要在舆论引导、新闻出版管理、电影管理、媒体工作协调和人事管理方面负有责任。①在舆论引导方面，中宣部主要负责意识形态工作的管理，通过对媒体宣传内容的管理以保证舆论导向的正确性；在新闻出版管理方面，中宣部的主要职责是贯彻落实党的宣传工作方针，制定新闻出版业的管理政策并进行监督落实，管理新闻出版行政事务，统筹规划和指导协调新闻出版事业、产业发展，监督管理出版内容和质量，监督管理印刷业，管理著作权等；在电影管理方面，国家为了精简机构，提高电影管理水平，促进电影事业的繁荣发展，将国家新闻出版广电总局的电影管理职责划入中共中央宣传部，中宣部在电影管理方面主要负责管理电影行政事务，指导管理电影制片、发行、放映工作，审查电影内容，指导协调管理电影制片、发行、放映工作，承担对外合作制片、输入输出影片的国际合作交流等；在协调媒体工作方面，中宣部可以协调人民日报、新华社、广电总局等媒体的工作，指导各媒体做好新闻宣传和舆论引导工作，服务于国家发展需要；在人事管理方面，中宣部负责中央层面各新闻单位领导干部的管理，比如，中宣部有些副部长就兼任部分新闻单位的领导或负责人。此外，地方宣传部也可以对本地方媒体的新闻宣传进行指导和监管。

2019 年，中宣部下辖的传媒监管局成立，负责监督管理国内报刊社、通讯社分支机构和记者站以及报纸、期刊出版活动，监督管理报纸、期刊的内容和质量，负责全国新闻单位记者证的监制管理，组织查处重大新闻违法活动。

（二）国家广播电视总局

国家广播电视总局（简称广电总局），正部级单位，是国务院的直属机

---

① 唐亚杰．网络时代我国媒体监管机构建设研究［D/OL］．北京：华北电力大学，2018：33.

构，主要负责监管广播电视和网络视听节目。其下辖政策法规司、宣传司、传媒机构管理司等 13 个内置机构。

国家广播电视总局职责是制定广播电视管理的政策措施并监督落实；指导、协调、规划广播电视领域产业发展，制订发展规划并组织实施；制定广播电视行业发展政策，并指导广播电视基础设施的建设，扶助边远贫困地区的广播电视事业发展；负责广播电视与新媒体技术新业态融合发展；监督管理和审查电视节目和网络视听节目的内容和质量。2011 年，广电总局成立了监管中心，对利用有线、无线等技术和使用互联网技术进行信息生产的传统媒体和新媒体进行全面监管，以保证媒体技术能够服务于内容生产，具体来说，广电总局监管中心主要采用“专业监管人员＋监管技术”的双层监管模式，并且其技术监管系统由其内部、省级和合作单位三层构成，省级设监管立分中心，合作单位设立前端系统。系统层级明显，省级监管划区而治。①

除此之外，国家广电总局下辖的政策法规司负责研究并起草广播电视、网络视听节目管理的重要政策、法规草案和规章，承担规范性文件的合法性审查以及普法宣传、组织协调行政审批等工作。

（三）国家网信办

为了加强对新型媒体的监管，国务院于 2014 年 8 月 26 日重组中华人民共和国国家互联网信息办公室（简称“国家网信办”），授权国家网信办作为互联网信息内容管理的主体部门主要负责互联网内容管理，并且指导、协调、督促相关部门对互联网的监督和管理工作，除此之外，国家网信办还有国务院授权的互联网管理执法功能，不仅可以查处违规网站，还能够对网络新闻内容进行审批和监管。国家网信办的重组标志着我国对互联网的监督管理进入了重构升级的阶段。②

（四）国务院新闻办公室

中华人民共和国国务院新闻办公室（简称“国务院新闻办”），主要职责是推动中国媒体向世界宣传中国，指导和协调对外报道的同时鼓励中国媒体

---

① 陈海．新兴媒体语境下的内容监管政策与原则［J］．新闻大学，2013（5）：149－152.

② 王融．中国互联网监管的历史发展、特征和重点趋势［J］．信息安全与通信保密，2017（1）：52－65.

向中国公众报道各国情况和国际热点问题。具体来说就是以召开新闻发布会、提供与中国有关的书籍资料以及影视作品来介绍中国西藏地区建设发展状况和中国人权事业发展情况等方面的内容；协助外国记者在中国的采访活动，推动海外媒体真实客观准确地报道中国；开展与各国政府和媒体之间的交流、合作。除此之外，国务院新闻办还要制订对外新闻事业发展规划，并组织实施；制订互联网新闻事业发展规划并指导和协调互联网新闻工作。

（五）国家市场监督管理总局

国家市场监督管理总局，正部级单位，国家直属机构。国家市场监督管理总局下辖广告监督管理司，负责制订广告业发展规划并组织实施；制定广告监督管理措施；组织监测各类媒介广告发布情况，并且对虚假广告等违法行为进行查处。

（六）工业和信息化部

工业和信息化部（简称“工信部”），正部级单位，国家直属机构，工信部是现在我国负责互联网行业管理的主要行政部门。在媒体监管方面，工信部内设的网络安全管理局（简称“网安局”）会组织开展网络环境和信息治理活动，配合相关部门处理网络有害信息，打击网络犯罪和防范网络信息失密窃密。信息通信管理局（简称“信管局”）主要负责推动三网融合工作的落实和开展，对互联网市场的竞争秩序、服务质量、用户权益和个人信息保护等方面进行监督管理，以此来推动互联网行业实现创新性发展。

（七）公安部

公安部，正部级单位，国务院组成部门，公安部在省级及以下的地区分设公安厅、公安局、派出所，并且从公安部到公安局都内设网络安全保卫部门（简称“网安”），负责网络安全的检查工作，网安部门可以对网络媒体发布的内容进行监督管理，并根据相关的法律对媒体的违法行为进行处罚。

（八）文化和旅游部

文化和旅游部（简称“文旅部”），国务院组成部门，正部级单位，在媒体监管方面主要负责对全国性或跨区域的文化、出版、广播电视、电影等市场存在的违法行为进行查处，以维护社会主义文化市场的秩序。

二、监管措施

媒体融合时代，我国的媒体监管措施主要可以归纳为以下几种：法律监管，以政府部门为主体的行政监管手段，媒体内部监管以及媒体行业自律。其中，法律监管与行政监管是运用较多且效果较为显著的方式。

（一）法律监管

作为媒体融合体系重要组成部分的网络媒体兴起之后，国家为了应对网络媒体的使用所产生的问题，在对《刑法》《著作权法》等法律进行修订的同时，又出台了《互联网信息服务管理办法》《互联网出版管理暂行规定》《信息网络传播权保护条例》《网络安全法》《数据安全法》《个人信息保护法》等法律规范，而《互联网信息服务管理办法》也是我国出台的第一部针对网络媒体进行管理和规制的行政法规，该法规的出台拉开了我国新媒体立法的大幕。之后，随着媒体融合程度的加深，我国针对媒体融合的法律法规也越来越完善且成熟，目前，我国围绕融媒体传播的信息内容、传播技术等方面，已经形成了以宪法为核心，以法律、行政法规、部门规章以及地方法规为重要组成部分的融媒体法律监管体系。

宪法作为国家的根本大法对新闻出版广电行业的责任和义务进行了总体的规定，并且对于公民的言论出版自由做了规定，而对于其他层级法律监管的具体分析在第二节已经呈现，所以在本节不再赘述。总而言之，法律监管是融媒体监管体系的关键一环，发挥着举足轻重的作用。

（二）行政监管

政府部门对媒体采取的行政监管手段形式多样，主要包括约谈、警告、罚款、关停、人事任免等方式。

1. 约谈媒体平台

为了维护网络新闻信息传播秩序，减少互联网新闻信息服务中出现的虚假信息、暴力恐怖信息、诈骗信息等不良信息，国家网信办颁布了《互联网新闻信息服务单位约谈工作规定》，试图在依法惩处网络新闻媒体之外，通过约谈一些违规新闻单位，提出整改措施的方法指导网络新闻媒体的新闻信息服务工作，该规定的出台意味着“约谈”已经成为媒体监管的重要行政手段。

具体来说，如若网络新闻媒体平台存在传播不良信息，发布违法广告，通过采编、报道、删除新闻信息的方式谋取不正当利益等行为，那么作为行政主体的国家网信办、地方互联网信息办公室或者其他政府机构将会根据违法程度的不同，依法对网络新闻媒体平台的相关负责人进行约谈，要求他们根据实际情况在规定的时间内完善内容审核制度，删除涉嫌违法的信息，对违反规定的用户进行禁言或封号等。

从2018年至2019年，北京市网信办针对侮辱、嘲讽英烈，侵犯英雄烈士名誉权、荣誉权的现象，对抖音、搜狗、今日头条等网络媒体平台进行约谈，要求上述媒体清除相关的违法内容，并且进行相应的整改；2019年，临沂市场监管局对涉嫌发布违法广告的市级媒体进行约谈，要求他们加强广告审核，提升广告质量。

2. 对违法违规媒体予以经济处罚

当媒体平台在某短时间内传播暴力信息、虚假信息、淫秽色情等不合规内容或出现其他违法行为时，网信办等国家部门就会依法对相关媒体进行查处并向社会通报。

2016年，国家广电总局公开通报了对《财经》杂志微信公众号、澎湃新闻网、《济南时报》等15家媒体发布失实报道的查处情况，其中《财经》杂志微信公众号的记者未经实地调查就撰写了《春节纪事：一个病情加重的东北村庄》的虚假报道，并且光明网、中国青年网、江苏扬子晚报微博网、山东齐鲁晚报网等对该文章未经核实就对该文章进行了转载，扩大了虚假新闻的影响范围，造成了严重的社会影响，因此，国家广电总局和相关省级新闻主管单位对上述媒体分别做出警告、罚款的行政处罚，并追究相关人员责任。2023年9月，国家网信办指导广东省网信办，针对腾讯QQ平台的“小世界”板块（提供视频浏览的板块）中推送色情等违法信息的问题，对腾讯公司约谈后，做出停更“小世界”板块30天，没收违法所得，并处罚款100万元的行政处罚决定。除此之外，在2023年10月，网信部门在对搜索引擎“夸克”调查后发现，“夸克”浏览器不仅可以浏览淫秽色情信息，还会向用户推送低俗、色情等不良信息词条，破坏了网络生态，广东网信办在约谈后对夸克平台处以50万罚款并要求平台深入整改。

3. 开展专项行动，整治违规自媒体

为了整治网络信息传播中出现的乱象，以国家网信办为代表的部分政府部门会定期开展专项行动，对部分违法违规的网络媒体进行集中整治，比如，“净网行动”“护苗行动”“清朗行动”等，其中比较有代表性的便是国家网信办开展的“清朗”系列专项行动。

2023年3月，国家网信办宣布开展2023年“清朗”系列专项行动，针对自媒体乱象、网络水军、短视频内容导向不良、网络戾气、生活服务类平台不良信息等问题进行专项整治。

在整治自媒体专项行动中，首先，对传播有害信息、谣言和虚假信息的自媒体账号进行封停、禁言、清理粉丝等处罚，截至 2023 年 5 月，对 7541 个散布谣言的自媒体账号永久封停，对 2.68 万以上的自媒体账号进行禁言、清理粉丝、暂停或取消营利权限的处理。[①]其次，对假冒官方机构、新闻媒体和特定人员的自媒体账号进行查处，比如，对冒充政府机关政务媒体的"最高人民检察院""平安公安""河南卫健委"等账号，假冒官方新闻媒体的"朝闻天下""人民日报首发""中南都市报"等账号，擅自使用行政区划名称误导社会公众的"四川本地""包头办事宝"等账号进行永久关停、禁言、暂停或取消营利权限。

在规范重点流量环节网络秩序专项行动中，首先，对伪造主流新闻媒体进行新闻报道的"人民日报""人民日报网""央广新闻 TB"等账号进行处理；其次，对一些冒充新闻主播的账号进行了整治；最后，打击网络空间中一些有代表性的虚假新闻信息，并且对违规账号和违规信息进行曝光。

（三）行业自律

对媒体的监管除了依靠法律监管和政府行政监管之外，媒体行业更需要重视内部监管体系的建设，通过"法律监管＋行政监管＋行业自律"三位一体的监管格局来最大程度保障媒体的信息传播秩序，从而让媒体可以在良好的传播生态中实现社会效益与经济效益的统一。

1. 媒体内部监管

为了保证信息传播活动正常进行，各媒体都会设置专门的监管部门，对信息制作、发布等生产流程进行监控，实行事前审查、实时监管和事后处罚制度。

网络媒体对信息生产的监管方式主要分为两种，即技术管理和人工审核。目前，在技术监管方面，我国网络媒体监管普遍采用的就是阻止进入技术、过滤技术和分级技术。阻止进入技术是指用户在通过媒体平台访问某个网址时，如果该网址的内容存在违法违规的情况，那么该平台就会提示用户

---

① 陈海峰．"清朗·从严整治'自媒体'乱象"专项行动取得阶段性成效［EB/OL］.（2023-05-27）［2023-12-25］. https：//www.chinanews.com.cn/gn/2023/05-27/10014833.shtml.

访问该网址有风险，无法提供该网址的内容。过滤技术是指对文章关键词、音视频关键帧、图片关键画面的过滤，例如，在微博、抖音、小红书等网络媒体平台发表帖文的时候，如果帖文中的图片不符合平台规定，就会无法展现图片的画面并显示该图暂时无法查看；如果发布的视频不符合平台规定，那么就会被自动下架；此外，如果评论区的评论内容不符合平台规定，同样也会被自动过滤无法显示。分级技术则是指针对用户对特定内容的观看权限或平台使用时长进行规制的一项技术，比如，有些网络平台提供的信息内容不适合 18 岁以下的青少年观看，就会通过实名认证的方式禁止他们进入该网站或使用该 APP，还有抖音、哔哩哔哩、微信视频号等平台为了防止青少年沉迷，都推出了青少年模式，启用该模式后，青少年浏览视频的时间和内容都会受到平台限制。相较于技术监管，人工审核的效率较低，所以现在各平台在进行内容监管时，主要是以技术监管为主，以人工审核为辅，也就是当技术无法辨别信息内容是否违规或用户对技术监管的结果不满意提出申诉时，平台就会采用人工审核的方式对信息内容进行再次辨别分析以确定该内容是否违规。

目前，广播电视媒体在内容监管方面也与时俱进，采用人工智能技术进行内容的审查。在广告监测方面，可以通过 AI 技术对长短广告进行识别和审核，以确定被审核广告是否符合播出要求；在节目内容评议方面，利用人脸识别、文字识别、关键帧抓取等技术，对节目内容进行拆条或标签化处理，从而高效完成节目内容评议工作；与此同时，广播电视媒体还根据国家要求，打造了 IPTV 监测系统，以保证 IPTV 节目的顺利播出。①

2. 行业监督

除了媒体内部在内容生产时进行技术监管和人工审核，中国媒体还成立了行业自律组织对媒体行为进行监督，例如，中国广播电视社会组织联合会、中国互联网协会、中国记者协会等组织。近年来，随着媒体融合进程的加快，媒体行业自律组织针对行业中出现的问题也纷纷制定了行业自律公约或媒体从业人员公约并且发布了各种行业倡议。

中国广播电视社会组织联合会（简称中广联合会）成立于 1986 年，是

---

① 吴桂芳．媒体融合传播下视听内容监管方向的思考［J］．广播电视信息，2023，30（10）：18—21.

由中国广播电视行业及相关行业的社会组织和会员自愿结成的全国性、联合性、综合性的非营利性社会组织。[①]为了规范中国广播电视行业的秩序，中广联合会制定了《中国广播电视业人员自律公约》《新闻出版广播影视从业人员职业道德自律公约》《城市电视新闻从业人员自律公约》《中国电视经济节目工作者自律公约》等多部行业自律公约；随着互联网视听节目产业的繁荣发展，中广联合会因时制宜，制定了《中国互联网视听节目服务自律公约》，以推动互联网视听节目服务产业向好向善发展。除此之外，面对网络空间中出现的不文明现象，中广联合会还联合抖音、快手科技和虎牙等媒体发布了《共建清朗网络生态》倡议书，希望全行业能够为构建清朗网络生态，推动互联网事业健康发展做出贡献。

中国互联网协会作为网络媒体行业的自律组织成立于 2001 年，由国内从事互联网行业的网络运营商、服务提供商、设备制造商、系统集成商以及科研、教育机构等 70 多家互联网从业者共同发起成立，是由中国互联网行业及与互联网相关的企事业单位自愿结成的行业性的全国性的非营利性的社会组织。[②]在制定行业自律公约方面，中国互联网协会发布了《中国互联网行业自律公约》《加强互联网平台规则透明度自律公约》《关于抵制非法网络公关的行为的自律公约》等来规范网络媒体的信息传播秩序。除此之外，为了针对互联网新闻信息服务中出现的乱象，中国互联网协会发布了《互联网新闻信息服务行业公约》，对加入协会的互联网新闻信息服务商做出了具体要求。在个人信息泄露情况普遍化的时代背景下，中国互联网协会还制定了《用户个人信息收集使用自律公约》来推动网络媒体依法合理收集并使用用户个人信息。在对互联网单位的倡议方面，中国互联网协会发布了《抵制网络谣言倡议书》《个人信息保护倡议书》，希望互联网界能够在治理网络谣言和保护网民信息方面贡献力量。

中国记者协会作为与新闻媒体联系最为紧密的行业协会，在对新闻媒体行业的监督方面起着至关重要的作用。从 2014 年起，中国记协就联合中央宣传部建立了媒体社会责任报告制度，要求媒体从政治责任、阵地建设责

---

① 中国广播电视社会组织联合会章程［EB/OL］．［2024-05-30］．http：//www.carft.cn/2020-01-10/8fb5cb70-ff97-de7b-7218-65ed64b055b6.html.

② 中国互联网协会简介［EB/OL］．［2024-01-18］．https：//www.isc.org.cn/article/9661083678273536.html.

任、服务责任、人文关怀责任、文化责任、安全责任、道德责任、保障权益责任、合法经营责任等方面对社会责任进行报告。①从 2014 年首批十一家媒体试点发布社会责任报告到 2022 年，发布媒体责任报告的新闻媒体已经超过了 500 家，并且为了适应媒体融合的发展趋势，越来越多的新媒体机构开始加入发布媒体责任报告的行列之中，有效强化了新媒体自律和职业道德观念。②

【问题思考】

1. 你认为针对媒体融合的现实情况，国家还需出台哪方面的政策？
2. 你认为我国是否应制定媒体融合的专项法律规范？请阐述理由。
3. 你认为媒体融合的监管措施还应该有哪些？

---

① 彭静，王潇潇．二〇二二年度媒体社会责任报告发布［EB/OL］．（2023-07-04）［2023-12-25］．http：//cpc. people. com. cn/n1/2023/0704/c64387-40027171. html.

② 匡文波，罗江．新媒体监管策略研究［J］．新闻论坛，2022，36（5）：7—8.

参考文献

图书类

[1] 罗杰·菲德勒．媒介形态变化——认识新媒介［M］．明安香，译．北京：华夏出版社，2000：45－46．

[2] 王晓宁．融合新闻传播新论［M］．南京：南京师范大学出版社，2020：2．

[3] 徐明华．融合新闻报道［M］．武汉：华中科技大学出版社，2019：12，20．

[4] 郭庆光．传播学教程［M］．北京：中国人民大学出版社，2011：23．

[5] 亨利·詹金斯．融合文化：新媒体和旧媒体的冲突地带［M］．杜永明，译．北京：商务印书馆，2015：157．

[6] 王晓宁．融合新闻传播新论［M］．南京：南京师范大学出版社，2020：4．

[7]《新闻采访与写作》编写组．新闻采访与写作［M］．北京：高等教育出版社，2019：114－115，135．

[8] 李良荣．新闻学概论［M］．上海：复旦大学出版社，2001：263．

[9] 田烨．融合新闻理论与实践研究［M］．南昌：江西人民出版社，2021：94，101．

[10] 黄河，刘琳琳．新媒体实务（第 2 版）［M］．北京：中国人民大学出版社，2021：43，58．

[11] 曾祥敏．电视采访：融合报道中的人、故事与视角（第 3 版）［M］．北京：中国传媒大学出版社，2018：42－44．

[12] 杨慧霞．融媒体报道实务研究［M］．武汉：武汉大学出版社，2023．

[13] 刘涛，黄雅兰，谷虹，等．融合新闻学［M］．北京：高等教育出版社，2021：9，37．

[14] 纪希晨．新闻是时代的镜子［M］．北京：人民日报出版社，2004．

[15] Schudson，M. Discovering the news：A social history of American

newspapers，New York：Basic Books，1978：121—144.

［16］陈力丹．新闻理论十讲［M］．上海：复旦大学出版社，2008：118.

［17］戴维·赫尔曼．新叙事学［M］．马海良，译．北京：北京大学出版社，2002：63.

［18］Sassen S. The Global City：New York，London，Tokyo［M］．Princeton University Press，2013-01-01.

［19］陈昌凤．媒体融合：策略与案例［M］．北京：中国社会科学出版社，2019：306.

［20］胡正荣，黄楚新，吴信训．中国新媒体发展报告（2022）［M］．北京：社会科学文献出版社，2022：217.

［21］刘冰．融合新闻采集与呈现［D］．济南：山东大学，2015：57—59.

报告类

［1］中国互联网络信息中心．第52次《中国互联网络发展状况统计报告》［R/OL］．（2023-08-28）［2024-01-19］．https：//www.cnnic.net.cn/n4/2023/0828/c88-10829.html.

学位论文类

［1］那宁宁．全球“数据新闻奖”的数据可视化类获奖作品研究［D］．兰州：兰州大学，2018：27—28.

［2］章永宏．重建客观：中国大陆精确新闻报道研究［D］．上海：复旦大学，2012：163.

［3］唐亚杰．网络时代我国媒体监管机构建设研究［D］．北京：华北电力大学，2018：33.

专利文献类

［1］周怡兵，奚易堃，吴徐森．一种色温原理检测方法：CN202110423167.9［P］．CN113324664A［2024-11-14］.

期刊中析出的文献

［1］吴海民．媒体变局：谁动了报业的蛋糕？——关于报业未来走势的若干

预测 [J]. 中国报业，2005 (11)：23.

[2] 蔡雯，汪惠怡．主流媒体平台建设的优势与短板——从三大央媒的平台实践看深化媒体融合 [J]. 编辑之友，2021 (5)：26—31.

[3] 渠波．浅谈新闻主题的重要性 [J]. 新闻传播，2011 (10)：115.

[4] 田云兵，向腾蛟．报纸安全出版须把好“三关” [J]. 中国地市报人，2019 (04)：53—55.

[5] 陈向荣．新闻采访和报道的创新思维 [J]. 电视指南，2018 (7)：104.

[6] 陶喜红，周也馨．媒介融合背景下传媒人产品思维的养成 [J]. 青年记者，2021 (4)：21—23.

[7] 覃露莹．媒体融合背景下重大主题宣传创新创优的四种融合新闻思维——以庆祝建党百年融合报道创新案例为例 [J]. 视听，2021 (12)：7—9.

[8] 金曲欣．浅谈出镜记者的素质与修养 [J]. 才智，2011 (23)：169.

[9] 刘勤兵，杨淼彬，刘续．从“空中漫步”看视频报道三个“一” [J]. 中国记者，2021 (5)：19—21.

[10] 郝周成．新媒体语境下“融合报道”的叙事学分析——以第二十九届中国新闻奖媒体融合奖项获奖作品为例 [J]. 出版广角，2020 (14)：68—70.

[11] 龚瀛琦，张志安．融合报道的特征及生产机制 [J]. 新闻界，2011 (3)：11—14.

[12] 胡胜红．数字时代主流媒体融合报道研究——以央视新闻党的二十大报道为例 [J]. 新闻研究导刊，2023，14 (16)：116—118.

[13] 刘亚东．遏制网络虚假新闻要从内容生产源头做起 [J]. 传媒，2022 (17)：21—23.

[14] Boesman J，Meijer C I. Nothing but the Facts? [J]. Journalism Practice，2018，12 (8)：997—1007.

[15] 姚琦．融媒体时代新闻真实性的实现方式 [J]. 出版广角，2018 (15)：70—72.

[16] 王斌．互联网新闻学：一种对新闻学知识体系的反思 [J]. 编辑之友，2020 (8)：63—74.

[17] 蔡雯，凌昱．从“新冠肺炎”热点传播看新闻边界的颠覆与重构 [J]. 新闻与传播研究，2020，27 (7)：5—20，126.

[18] 杨保军. 论新闻的“有机真实”[J]. 新闻大学，2020（1）：40—52，126.

[19] Creech B，Roessner A. Declaring the Value of Truth [J]. Journalism Practice，2019，13（3）：263—279.

[20] Muñoz-Torres R J. TRUTH AND OBJECTIVITY IN JOURNALISM [J]. Journalism Studies，2012，13（4）：566—582.

[21] 杨保军. 论收受主体视野中的新闻真实 [J]. 现代传播（中国传媒大学学报），2017，39（8）：25—28.

[22] 史安斌，杨云康. 后真相时代政治传播的理论重建和路径重构 [J]. 国际新闻界，2017，39（9）：54—70.

[23] 常江，罗雅琴. 对抗异化：数字时代新闻业的权威重建之路 [J]. 山西大学学报（哲学社会科学版），2023，46（6）：99—107.

[24] 张华.“后真相”时代的中国新闻业 [J]. 新闻大学，2017（3）：28—33，61，147—148.

[25] 郑东丽. 移动互联时代捍卫与坚守新闻真实性的对策 [J]. 新闻爱好者，2022（1）：96—98.

[26] 谢静. 微信新闻：一个交往生成观的分析 [J]. 新闻与传播研究，2016，23（4）：10—28，126.

[27] 夏倩芳，王艳. 从“客观性”到“透明性”：新闻专业权威演进的历史与逻辑 [J]. 南京社会科学，2016（7）：97—109.

[28] Lippmann W. Liberty and the news [J]. American Journal of Sociology，1920：82.

[29] Tuchman，Gaye. Objectivity as Strategic Ritual：An Examination of Newsmen's Notions of Objectivity [J]. American Journal of Sociology，1972，77（4）：660—679.

[30] 陈映，董天策. 新闻客观性：语境、进路与未来 [J]. 暨南学报（哲学社会科学版），2010，32（6）：149—155，164.

[31] 孙藜. 从客观性到透明性？网络时代如何做新闻 [J]. 当代传播，2013（1）：19—22.

[32] 吴静，陈堂发. 新闻透明性：内涵、逻辑与价值反思 [J]. 新闻大学，2021（4）：28—41，120.

[33] 曾庆香，姜秋俊. 演进、争论与在地化：对新闻客观性原则的再认识

[J]. 青年记者，2022（6）：9－12.

[34] 王润泽，李静．内涵、演进与反思：新闻客观性再认识 [J]. 全球传媒学刊，2023，10（1）：129－147.

[35] 郑保卫．客观与公正原则 [J]. 采·写·编，2007（2）：52－54.

[36] 张彦哲．新闻报道的公正性原则探析 [J]. 现代商贸工业，2010，22（13）：93－94.

[37] 王泉珍，李大敏．从写作角度把握新闻报道的客观公正 [J]. 新闻知识，2010（9）：91－92.

[38] 童隆．新闻报道中的公正价值观分析 [J]. 新闻界，2012（19）：11－13.

[39] 陈堂发．新闻舆论引导与公正价值 [J]. 南京社会科学，2012（3）：65－66.

[40] 秦杰，刘良龙．新闻语言如何做到自然生动 [J]. 新闻知识，2007（10）：25－26.

[41] 张光，史瑞红，王同录．融媒体时代内容为王的建构与创新 [J]. 新闻爱好者，2017（8）：55－57.

[42] 许建俊．内容为王——树立新闻传播品牌第一要素 [J]. 电视研究，2018（10）：37－39.

[43] 马鹤彤．浅析新闻报道中新闻主题的确立与策划 [J]. 新闻研究导刊，2020，11（1）：154－155.

[44] 殷乐，杨默涵．创意·边界·方向：融合新闻发展的思考 [J]. 青年记者，2023（17）：23－26.

[45] 王煜东．媒体深度融合背景下新闻报道如何创新理念、内容与形式 [J]. 传媒，2023（16）：69－71.

[46] 栾轶玫，徐雪莹．时政报道的“轻量化”传播——以央视《物印初心》为例 [J]. 新闻爱好者，2020（1）：39－42.

[47] 郭小平，彭媛．从技术可供到技术赋能：新型主流媒体两会报道的融合创新 [J]. 电视研究，2022（4）：9－13.

[48] 曾祥敏，杨丽萍．论媒体融合纵深发展“合”的本质与“分”的策略——差异化竞争、专业化生产、分众化传播 [J]. 现代出版，2020（4）：32－40.

[49] 韩云．融合新闻策划的界定、功能与过程 [J]. 青年记者，2021

(23)：56—58.

[50] 刘涛，杨烁燏．融合新闻叙事：语言、结构与互动 [J]. 新闻与写作，2019 (9)：67—73.

[51] 田浩．数字新闻的美学化：形式创新、文化共生与价值反思 [J]. 江西师范大学学报（哲学社会科学版），2023，56 (1)：74—82.

[52] 黄雅兰．感官新闻初探：数字新闻的媒介形态与研究路径创新 [J]. 新闻界，2023 (7)：4—12，22.

[53] 宋文婧．媒体融合现状及发展新思维 [J]. 中国广播电视学刊，2019 (11)：48—51.

[54] 胡亚敏．数字时代的叙事学重构 [J]. 社会科学文摘，2022 (5)：49—51.

[55] 喻国明．当前新闻传播"需求侧"与"供给侧"的现状分析 [J]. 新闻与写作，2017 (5)：44—48.

[56] 白岩．嵌入与超越：社交生态下主流时政新闻的扩散能力与提升路径探析 [J]. 中国编辑，2020 (4)：54—59.

[57] Haeyeop S，Jaemin J，Youngju K. Perceived News Overload and Its Cognitive and Attitudinal Consequences for News Usage in South Korea [J]. Journalism & Mass Communication Quarterly，2017，94 (4)：1172—1190.

[58] 余赛尔．以有"温度"的服务离用户更近——浙江新闻客户端社群运营推广策略解析 [J]. 中国记者，2016 (3)：91—92.

[59] 程早霞，李芳园．融媒体矩阵如何发挥传播优势 [J]. 人民论坛，2020 (Z1)：120—121.

[60] 韩晓宁，何畅．传媒产业：创新驱动与跨行业合作 [J]. 青年记者，2020 (36)：17—18.

[61] 吴兢，冯海青，姚军，等．构建凸显专业优势的多元传播矩阵——行业媒体新闻资讯账号运营管理专题调研报告 [J]. 传媒，2021 (6)：30—32.

[62] 崔金贵，盛杰，谈国鹏，等．编辑的新媒体素养培养 [J]. 中国科技期刊研究，2014，25 (7)：970—974.

[63] 杨艳妮，尚丹蕊．全媒体时代新媒体编辑的教学探索 [J]. 出版广角，2017 (19)：84—86.

[64] 郭晓敏．人民日报融合新闻生产的特色 [J]. 传媒，2021 (10)：31—32.

[65] 郑晓迪．美国网站新闻编辑数字化工具使用分析 [J]. 编辑之友，2017 (4)：108—112.

[66] 庄永志．平台与媒体的“协作式新闻生产”——以新京报“我们视频”为例 [J]. 新闻记者，2023 (4)：36—43.

[67] 常江，罗雅琴．数字新闻与开放生产：从实践创新到理念革新 [J]. 传媒观察，2023 (10)：5—15.

[68] 蔡雯，韩逸伦．新闻业务智能化趋势及其应对 [J]. 当代传播，2023 (3)：76—81.

[69] 李子甜．工具性收益与系统性风险：新闻从业者的人工智能新闻技术认知 [J]. 新闻大学，2022 (11)：29—42，117.

[70] 韩志涛．基于媒体融合背景下新闻生产方式的变革分析 [J]. 科技传播，2018，10 (7)：33—34.

[71] 宋芳．传统电视新闻融媒体转型的路径与思考 [J]. 新闻爱好者，2023 (9)：93—95.

[72] 王款，唐沛．媒体融合时代电视新闻的创新策略 [J]. 传媒，2022 (18)：41—43.

[73] 魏佳．车载移动电视的内容策划 [J]. 新闻爱好者，2011 (22)：91—92.

[74] 谢新洲，林彦君．用户评论形式变迁对舆论形成的影响研究 [J]. 新闻与写作，2023 (3)：54—62.

[75] 欧阳日辉．从新闻门户到社交媒体：门户网站的商业模式变迁与发展路径 [J]. 新闻与写作，2019 (2)：11—17.

[76] McEwan B，Sobre-Denton M. Virtual Cosmopolitanism：Constructing Third Cultures and Transmitting Social and Cultural Capital Through Social Media [J]. Journal of International and Intercultural Communication，2011，4 (4)：252—258.

[77] Soffer O，Gordoni G. Opinion expression via user comments on news websites：analysis through the perspective of the spiral of silence [J]. Information，Communication & Society，2017，21 (3)：388—403.

[78] Himelboim I，McCreery S. New technology，old practices [J]. Con-

vergence, 2012, 18 (4): 427—444.

[79] Zelizer, Barbie. Journalists as interpretive communities [J]. Critical Studies in Mass Communication, 1993, 10 (3): 219—237.

[80] 常江．策略化逃避：门户新闻网站在人工智能时代的实践理念转型[J]. 编辑之友，2018（12）：58—64.

[81] 张晶，钟丹丹．超媒体平台模式：《人民日报》客户端的媒体融合特征[J]. 新闻界，2021（2）：40—45，56.

[82] 张路曦．我国新闻 App 的现状、困境与进路 [J]. 济南大学学报（社会科学版），2022，32（1）：162—172.

[83] 周珂．浅析微信传播的特点 [J]. 视听，2018（12）：153—154.

[84] 俞敏，吴逊眉，武瑾媛．基于移动端的科技期刊新媒体内容多平台发布策略研究——以“中国科技期刊卓越行动计划”梯队期刊的 100 个中文刊为例 [J]. 编辑学报，2020，32（3）：307—313.

[85] 孙彦然．《华盛顿邮报》的媒介融合之路 [J]. 新闻战线，2018（11）：147—149.

[86] 陈国权．中国媒体“中央厨房”发展报告 [J]. 新闻记者，2018（1）：50—62.

[87] 朱春阳，刘波洋．媒体融合的中国进路：基于政策视角的系统性考察（2014—2023 年）[J]. 新闻与写作，2023（11）：12—23.

[88] 顾烨烨，方兴东．中国媒体融合 30 年：基于政策的视角 [J]. 传媒观察，2023（6）：13—24.

[89] 李明德，刘娇杨．新质生产力引领下的全媒体传播体系建设 [J]. 编辑之友，2024（10）：53—62.

[90] 郑保卫，谢建东．2015 年新闻启示录 [J]. 当代传播，2016（1）：96—98，104.

[91] 尤红，谢建东，杨柳，等．新时代中国共产党新闻政策创新发展案例（一）[J]. 青年记者，2021（7）：35—37.

[92] 政策要闻 [J]. 中国编辑，2014（5）：93.

[93] 黄楚新，陈伊高，雷婕妤，等．蓄力与突破：华中四省地市党报媒体融合现状 [J]. 中国记者，2022（2）：87—93.

[94] 杜康．主流媒体的国际传播与中国形象建构——以央媒 Facebook“十

九大”报道为例 [J]. 国际传播，2019：29.

[95] 周贝贝 . 面对版权问题云服务等新业态的权利与义务 [J]. 新产经，2019（08）：48—50.

[96] 郑一媛 . “避风港原则”在移动新闻聚合平台的适用性——以今日头条胜诉为例 [J]. 传播力研究，2018，2（5）：16—17，24.

[97] 孙靖洲 .《个人信息保护法》下网络平台的地位和责任构造 [J]. 中国人民大学学报，2023，37（6）：117—131.

[98] 互联网等信息网络传播视听节目管理办法 [J]. 中国有线电视，2003（07）：89—90.

[99] 陈海 . 新兴媒体语境下的内容监管政策与原则 [J]. 新闻大学，2013（5）：149—152.

[100] 王融 . 中国互联网监管的历史发展、特征和重点趋势 [J]. 信息安全与通信保密，2017（1）：52—65.

[101] 吴桂芳 . 媒体融合传播下视听内容监管方向的思考 [J]. 广播电视信息，2023，30（10）：18—21.

[102] 匡文波，罗江 . 新媒体监管策略研究 [J]. 新闻论坛，2022，36（5）：7—8.

报纸中析出的文献

[1] 共同为改革想招一起为改革发力 群策群力把各项改革工作抓到位 [N]. 人民日报，2014-08-18（1）.

[2] 刘婧宇 . 融媒故事 22 [N/OL]. 新华每日电讯，2021-03-13. https：//mp. weixin. qq. com/s/8J5EpwXgiz6kRPiq7iseWA？poc _ token = HDSynWWjxwhcZCrCT2YmOSFxKNhoNlQJF _ 7O79Nq.

[3] 唐淑楠 . 人民网：习近平谈媒体融合发展，关键在融为一体、合而为一 [N/OL]. 求是网，2019-03-26 [2023-12-23]. http：//www. qstheory. cn/2019-03/26/c _ 1124282589. htm.

[4] 中共中央关于全面深化改革若干重大问题的决定 [N/OL]. 环球网，2013-11-15 [2024-12-23]. https：//china. huanqiu. com/article/9CaKrnJDaOm.

[5] 张国圣，李宏 . 探索“新闻+”的无限可能 [N/OL]. 光明网，2020-08-21 [2023-12-24]. https：//news. gmw. cn/2020-08/21/content _

34105678. htm.

[6] 杨帆．侵害英烈名誉荣誉，罗昌平被判有期徒刑七个月并公开赔礼道歉[N/OL]. 检察日报，2022-05-06 [2023-12-25]. https：//newspaper. jcrb. com/2022/20220506/20220506 _ 001/20220506 _ 001 _ 7. htm.

[7] 陈海峰．"清朗·从严整治'自媒体'乱象"专项行动取得阶段性成效[N/OL]. 中国新闻网，2023-05-27 [2023-12-25]. https：//www. chinanews. com. cn/gn/2023/05-27/10014833. shtml.

[8] 彭静，王潇潇．二〇二二年度媒体社会责任报告发布 [N/OL]. 人民网，2023-07-04 [2023-12-25]. http：//cpc. people. com. cn/n1/2023/0704/c64387-40027171. html.

电子资源

[1] 中共中央办公厅 国务院办公厅印发《关于加快推进媒体深度融合发展的意见》[EB/OL]. 中国政府网，2020-9-26，http：// www. gov. cn/zhengce/2020-09/26/content _ 5547310. htm.

[2] 模型君．为什么熵增定律让好多人一下子顿悟了 [OL]. 制造界，2021-04-19. https：//www. eet-china. com/mp/a46805. html.

[3] 钱学森 1993 年 7 月 3 日给汪成为的信。

[4] 上游新闻．聚焦中关村论坛｜互联网预言家凯文·凯利：物联网将是实现 Web4. 0 的重要平台 [OL]. 上游新闻，2023-05-27. https：//finance. sina. com. cn/jjxw/2023-05-27/doc-imyvfpwz0400754. shtml.

[5] 中华人民共和国中央人民政府．关于加快推进广播电视媒体深度融合发展的意见．中国政府网．https：//www. gov. cn/gongbao/content/2021/content _ 5582647. htm.

[6] 中华人民共和国民法典．中国政府网．https：//www. gov. cn/xinwen/2020-06/01/content _ 5516649. htm.

[7] 参见北京市西城区人民法院（2021）京 0102 民初 22597 号民事判决书。

[8] 中华人民共和国刑法．国家法律法规数据库．https：//flk. npc. gov. cn/detail2. html? ZmY4MDgxODE3OTZhNjM2YTAxNzk4MjJhMTk2NDBjOTI%3D.

[9] 参见河南省郑州市中级人民法院（2014）郑刑二终字第 111 号刑事判决书。

[10] 中华人民共和国著作权法．中国政府网．https：//www.gov.cn/guoqing/2021-10/29/content_5647633.htm.

[11] 参见北京互联网法院（2020）京0491民初25502号民事判决书。

[12] 参见北京互联网法院（2022）京0491民初2138号民事判决书。

[13] 中华人民共和国立法．中国人大网．http：//www.npc.gov.cn/zgrdw/npc/lfzt/2014/2000-11/29/content_1875256.htm.

[14] 互联网直播服务管理规定．中国网信办官网．http：//www.cac.gov.cn/2016-11/04/c_1119847629.htm.

[15] 互联网信息服务算法推荐管理规定．中国政府网．https：//www.gov.cn/zhengce/2022-11/26/content_5728941.htm.

[16] 中国广播电视社会组织联合会章程．中国广播电视社会组织联合会.http：//www.carft.cn/2020-01-10/8fb5cb70-ff97-de7b-7218-65ed64b055b6.html.

[17] 中国互联网协会简介．中国互联网协会．https：//www.isc.org.cn/article/9661083678273536.html.